HEDY DARLING
Hollywood-Ikone. Technik-Pionierin. Gefallener Stern.
Das filmreife Leben der Hedy Lamarr, erzählt von ihrem Sohn

Originalausgabe, Oktober 2012
Alle Rechte vorbehalten.
© 2012 by Ankerherz Verlag GmbH, Hollenstedt

Autoren: Jochen Förster, Hamburg,
Anthony Loder, Los Angeles
Fotografien: S. 47: Thomas D. Mcavoy/Time Life Pictures/Getty Images;
S. 116: Paramount Pictures/Photofest; S. 119: Paramount Pictures/Photofest;
S. 144: Keystone/Getty Images; S. 150: Photofest;
alle anderen: Privatarchiv Anthony Loder
Titelfoto: Sunset Boulevard/Corbis

Gestaltung und Satz: Jana Meier-Roberts, München
Illustrationen: Kagan McLeod, Toronto
Bildredaktion: Jane Yeomans, New York
Lektorat und Korrektorat: Patrick Schär, Berlin

Druck und Bindung: Friedrich Pustet KG, Regensburg
Gedruckt auf fsc-zertifiziertem, holz- und
säurefreiem Papier der Firma Munkedals, Schweden.
Printed in Germany

Bibliografische Informationen der Deutschen Bibliothek:
Die Deutsche Nationalbibliothek verzeichnet diese Publikation
in der Deutschen Nationalbibliografie; detaillierte
bibliografische Angaben sind im Internet unter http://d-nb.de abrufbar.

Ankerherz Verlag GmbH, Hollenstedt
info@ankerherz.de
www.ankerherz.de

ISBN: 978-3-940138-25-5

VON **JOCHEN FÖRSTER** & **ANTHONY LODER**

HEDY *Darling*

Inhalt

:PROLOG: ....
DAS LEBEN, EIN FILM
„Ich kann alles entschuldigen. Außer Langeweile."

Seite 7

:KAPITEL 1: ....
WIENER BLUT
– KINDHEIT, PAPA, BECCACINE, HEDILENDELEIN –
„Ich habe nie einen anderen Mann so sehr geliebt wie meinen Vater."

Seite 15

:KAPITEL 2: ....
DIE NACKTE KANONE
– BERLIN, EKSTASE, GEFÄNGNIS, FLUCHT –
„Selbstvertrauen? Ich hatte schon immer Unmassen davon."

Seite 29

:KAPITEL 3: ....
HOW THE WEST WAS WON
– MAYER, LA MARR, ALGIERS, ALLÜREN –
„Die interessantesten Leute habe ich im Flugzeug und auf dem Schiff kennengelernt."

Seite 49

:KAPITEL 4: ....
VERRÜCKT NACH HEDY
– TONDELAYO, CASABLANCA, HEDGEROW, JAMESY –
„Glamourös sein ist einfach. Alles, was man tun muss, ist stillstehen und dumm gucken."

Seite 73

Seite 99

:KAPITEL 5:

SECHS MÄNNER UND DREI BABYS

– LODER, D'N'T, 919 NORTH ROXBURY DRIVE, DELILAH –

„Was für eine gute Ehe notwendig ist, habe ich nie ganz feststellen können."

Seite 123

:KAPITEL 6:

HOW I WON THE WAR

– ANTHEIL, FREQUENZSPRUNG, WAR BONDS, DR. SOLOMON –

„Im Filmgeschäft geht es nicht darum, was man macht, sondern wer man ist."

Seite 143

:KAPITEL 7:

SCHATTEN UND NEBEL

– ACAPULCO, PICASSO, ROM, TEXAS –

„Menschen sind pervers. Zeigt man ihnen Zuneigung, gehen sie in die andere Richtung."

Seite 173

:KAPITEL 8:

CONFESSIONS OF A DANGEROUS MIND

– MAY STORE, PROZESSE, ANDRÉ, EKSTASE UND ICH –

„Als Schauspielerin fand ich mich stets am überzeugendsten vor Gericht."

Seite 191

:KAPITEL 9:

EINE DAME VERSCHWINDET

– NEW YORK, MIAMI, COREL, CASSELBERRY –

„Nach dem Geschmack des Starseins ist alles andere Armut."

Seite 217

:KAPITEL 10:

INTO THE WILD

– ASCHE, ERBE, ERINNERUNG, BILANZ –

„Ich fühle mich ganz allein, in einem Ruderboot, mitten auf dem Meer."

„Ich kann alles entschuldigen. Außer Langeweile."

Prolog

Das Leben, Ein Film

Dieses Buch erzählt zwei Geschichten, eine traumhafte und eine traumatische. Die traumhafte handelt von einer jungen Frau, die von der Welt vergöttert wurde wie kaum je eine vor ihr. Die gesegnet war mit einem Gesicht von aphroditischer Perfektion, mit außergewöhnlichem Intellekt, Cleverness und einer gehörigen Portion Verwegenheit. Die von der verwöhnten Wiener Bürgerstochter in kürzester Zeit zu einem der höchstdotierten Hollywood-Stars der späten Dreißiger-, Vierziger- und frühen Fünfzigerjahre avancierte. Die Leben und Liebe in fast allen uns bekannten Facetten genoss. Und die ganz nebenbei eine Erfindung zuwege brachte, die für unser heutiges Alltagsleben maßgeblich ist.

Die andere, traumatische Geschichte handelt von einer Frau, deren Ruhm ihr zum Verhängnis wurde. Die von Hollywood so hofiert, vom Kinopublikum so vergöttert und von den Männer so begehrt wurde, dass sie selbst sich irgendwann als Göttin begriff. Und deren Leben von dem Moment an zum schlechten Film wurde, als dieses Hollywood, dieses Kinopublikum, diese Männer nichts mehr von ihr wissen wollten.

Beide Geschichten handeln von ein und derselben Frau. Zusammen ergeben sie ein Drama, wie es im wirklichen Leben selten so extrem spielt, eine Geschichte von rasantem Aufstieg und noch steilerem Fall, so steil, dass diese Frau heute kaum jemand noch kennt. Beginnen wir fürs Erste bei Letzterem. Beginnen wir also an jenem Punkt ihres Lebens, von dem aus es nur aufwärtsgehen konnte (aber leider nicht mehr ging). Beginnen wir ganz unten.

UNTER DEN MEHR ALS SECHZIG KINOFILMEN, die Andy Warhol zwischen 1963 und 1968 drehte, zählt *The 14 Year Old Girl* ganz sicher zu den unterhaltsameren. Der gut einstündige Film, auch als *Hedy* oder *The Shoplifter* bekannt, erzählt tragikomische Szenen einer schlecht gealterten Frau. Gleich zu Beginn sehen wir, wie sie unterm Messer liegt, Chirurgen schnippeln an ihrem Gesicht herum, derweil sie ihnen in den Ohren liegt, sie mögen sie doch bitteschön „beautiful" machen. Nach getaner Arbeit betrachtet sie sich im Spiegel und sagt, verzückt von ihrem Angesicht, sie sehe ja aus wie eine Vierzehnjährige. „I feel pretty", singt sie, sie fühle sich so hübsch. Später klaut sie in einem Warenhaus wahllos Sachen, wird verhaftet, vergiftet die Verkäuferin und landet vor Gericht, wo der zuständige Richter sie zum Tod durch die Giftspritze verurteilt. Die Verurteilte lächelt entrückt dazu und trällert wahlweise „I feel pretty", „Young at heart" oder ein Lied darüber, wie man eine echte Kleptomanin wird. Diverse Unverschämtheiten der anwesenden Chirurgen, Verkäuferinnen und Ex-Ehemänner registriert sie gar nicht. Sie dreht sich nur noch um sich selbst.

The 14 Year Old Girl ist für Warhols Verhältnisse ungewöhnlich sarkastisch geraten. Diese Frau ist ein Wrack, keine Frage. Äußerlich eine Kunstfigur – passenderweise dargestellt von Mario Montez, neben Candy Darling damals Warhols Lieblings-Drag-Queen – und innerlich ziemlich plemplem. Der Film zeigt plakativ, schrill und gnadenlos, was Schönheitskult, Ruhmsucht und Konsumwahn bei einer Frau anrichten können. Und er hat, noch ungewöhnlicher für Warhol, einen kaum getarnten biografischen Bezug. *The 14 Year Old Girl* erzählt die Geschichte von Hedy Lamarr.

1966 – ALS WARHOLS FILM ERSCHIEN – war Hedy Lamarr einundfünfzig Jahre alt und in Hollywoods interner Wertschätzungsskala bei ziemlich genau null angekommen. Im Januar wurde sie in Los Angeles wegen Ladendiebstahls verhaftet, sie hatte in einem Drugstore Waren im Wert von 86 Dollar mitgehen lassen. Bis zu diesem Zeitpunkt hatte Hedy Lamarr allein an Gagen um die 30 Millionen Dollar verdient. In den folgenden Monaten gab sie Interviews, die selbst eingefleischte Fans an ihrem Geisteszustand zweifeln ließen. Im Oktober 1966 veröffentlichte sie ihre Autobiografie *Ekstase und ich*, die eine Indiskretion an die andere reihte und selbst für heutige Verhältnisse als außergewöhnlich freizügig gelten kann. In den Folgejahren ließ sie zahlreiche Schönheitsoperationen an sich vornehmen und verklagte so ziemlich jeden, der nicht bei drei auf dem Baum war. Sie verhielt sich wie in einer drittklassigen Reality Soap. 1967 verschwand sie aus dem Rampenlicht, in das sie bis zu ihrem Tod im Januar 2000 nicht zurückkehrte. Hedy Lamarr wurde fünfundachtzig Jahre alt. Mit Andy Warhol könnte man sagen: Die zweite Hälfte ihres Lebens war ziemlicher Trash.

Die erste Hälfte von Hedy Lamarrs Leben war das genaue Gegenteil. Sie war so reich an Abenteuern, Facetten, Höhe- und Glanzpunkten, dass sie Stoff genug für mehrere Filme böte – weniger nach Art einer Warhol-Satire, eher eines Hollywood-Thrillers. Junge Jüdin aus Österreich erlernt die Schauspielkunst in Berlin, wird dort zum Protegé des Regisseurs Max Reinhardt, der sie zur „schönsten Frau der Welt" erklärt. Mit gerade mal siebzehn Jahren dreht sie in Prag den Arthouse-Film *Ekstase*, dessen Nackt- und Sexszenen sie mit einem Schlag weltberühmt machen. Doch statt weiterzufilmen, entsagt sie dem Kinogeschäft und heiratet einen (ebenfalls jüdischstämmigen) Waffenfabrikanten und Austrofaschisten, der nebenbei manisch besitzgierig ist, ihr das Schauspielen verbietet und sie zu Hause einsperren lässt.

Hedy flieht über Paris, London und New York nach Los Angeles, wo sie den Neuanfang in einer fremden Welt wagt, im Gepäck kein Wort Englisch, die skandalträchtige erste Sexszene der Filmgeschichte sowie ein Gesicht, das fortan Scharen von Fans und Kritikern, Filmbossen und Schauspielkollegen zu Superlativen hinreißt. Aus Hedwig Kiesler wird Hedy Lamarr, Hollywoods schönste Entdeckung der späten Dreißigerjahre. In kürzester Zeit spielt sie sich in die erste Star-Reihe, dreht mit Charles Boyer, Spencer Tracy, Clark Gable, William Powell, James Stewart. Mehr als ein Jahrzehnt zählt sie zu den begehrtesten Kinostars, gilt als Inkarnation perfekter Schönheit, wird das populärste Covergirl der USA, eine Art Marilyn Monroe für die Weltkriegs-Ära. Dazu Trendsetterin, Fashion Icon, Dauerthema der Klatschspalten. Nebenbei – einzigartig für Hollywood-Diven – versucht sie sich erfolgreich als Erfinderin und patentiert, gemeinsam mit dem Komponisten George Antheil, das sogenannte Frequenzsprungverfahren. Gedacht ist es als Kriegswaffe gegen die verhassten Nazis. Heute gilt die Erfindung als Grundlage aller kabellosen Kommunikation. In jedem Mobiltelefon, jedem Bluetooth, jedem WLAN-Netzwerk steckt der Pioniergeist Hedy Lamarrs.

Doch sowenig Ruhm ihr zeitlebens als Erfinderin zuteilwurde, sowenig Wertschätzung erfuhr sie in Hollywood als Filmkünstlerin, Charismatikerin, moderne Frau. Ihre Marke war das makellose Äußere. Beauty-Experten probierten anhand ihrer Proportionen den Archetypus weiblicher Schönheit zu ergründen, so wie zuvor in ähnlichem Ausmaß nur bei Greta Garbo. „The American Garbo" nannte man sie auch, da war Hedwig Kiesler in der US-Öffentlichkeit längst eingebürgert.

Entsprechend eigenschaftslos wirkte sie in den meisten ihrer Filmrollen. „Sie spielt nicht, sie erscheint", schrieb der Filmkritiker Peter Körte in seiner Kurzbiografie *Hedy Lamarr. Die stumme Sirene.* Auf der Leinwand wie in der People-Presse war Hedy Lamarr eine Art menschgewordenes Marmorgesicht, mehr fürs Standfoto als fürs Bewegtbild geschaffen, das erste Schauspiel-Model mit Superstar-Status, zu einer Zeit, als es Supermodels noch gar nicht gab. Wäre sie heute noch einmal Anfang zwanzig, man könnte sich Hedy Lamarr unschwer als Chanel-Gesicht und Lagerfeld-Darling vorstellen.

An dem, was hinter der Marmorfassade lag, war im Hollywood der Weltkriegsjahre kaum ein Studioboss interessiert. Dabei war die private Hedy alles andere als eigenschaftslos. Sie war politisch interessiert, waghalsig und äußerst intelligent. Ihr Liebesleben war mindestens so atemberaubend wie ihre Karriere, sie hatte sechs Ehen, ungezählte Liebhaber und ein für damalige Zeiten außerordentlich aktives, genießerisches, selbstbewusstes Verhältnis zum Sex. Nebenbei malte sie regelmäßig, besaß eine enorme Kunstsammlung, jagte gern und gut, liebte Hunde und Hyazinthen, Schach und Poker, Bidets und Nacktbaden. Sie hatte jede Menge ruhmreiche Freunde. Im Übrigen dürfte sie einer von wenigen westlichen Stars sein, der in seiner Autobiografie behauptete, Adolf Hitler habe ihm die Hand geküsst, obwohl das nachweislich nie der Fall war.

Hedys erste Lebenshälfte verlief turbulent, nach hinten raus lief dann einiges schief. Irgendwann in ihren Mittdreißigern ließen die Studios sie fallen, so wie sie seit jeher Schauspielerinnen fallen lassen, die aufgrund ihres Sex-Appeals besetzt werden. „Die Selbstmordjahre" nannte Hedy Lamarr selbst diese Zeit, das Mitte-Dreißig-Alter für Leinwandgöttinnen, in ihrer Autobiografie. Die Doppelbödigkeit des Ruhms, das Abgründige des Superstardaseins verkörpert Hedy Lamarr wie kaum eine andere. Marilyn Monroe und Romy Schneider machten ihrem Leben ein Ende und sich so selbst unsterblich. Greta Garbo und Marlene Dietrich machten sich im Alter unsichtbar. Brigitte Bardot und Liz Taylor fanden ihr Heil im Tierschutz beziehungsweise in acht Ehen. Ingrid Bergman, Lauren Bacall und Grace Kelly wirkten in vielen unvergesslichen Filmen mit, bevor sie privatisierten. Sie alle haben ihren sicheren Platz im kollektiven Gedächtnis.

Hedy Lamarr ist heute – außer bei ein paar Cineasten, Wiener Lokalpatrioten oder Technik-Freaks – weitgehend vergessen. Von allen Göttinnen der Filmgeschichte ist sie am tiefsten gefallen, und unter den vergessenen Superstars ist sie die vielleicht schillerndste, vielschichtigste Figur. Was trieb Hedy Lamarr in so kurzer Zeit zu solchem Ruhm? Was machte sie derart unwiderstehlich? Wie lebte sie ihr wildes Jetset- und Liebesleben hinter den Kulissen? Wie ging all das in den Vierziger-, Fünfziger- und Sechzigerjahren zusammen mit ihrer Rolle als Mutter? Was trieb sie über Hollywood hinaus zum Erfinden, Malen, Nomadendasein, und was trieb sie derart ins Bodenlose? War sie am Ende zu schlau für Hollywood?

DER MANN, DER ANTWORTEN auf diese Fragen weiß, wohnt in Culver City, einem hübschen Villenvorort von Los Angeles. Anthony Loder, Hedy Lamarrs einziger Sohn, ist ein groß gewachsener Mittsechziger von einnehmendem Wesen, charmant, eloquent und überaus hilfsbereit. Vor allem wenn es um seine Mutter geht. Anthony hat eine ganz ansehnliche Karriere als Netzwerk-Unternehmer hingelegt, die Paläste so mancher Hollywood-Stars hat er mit Telefon-, Netzwerk- und Alarmsystemen ausgestattet, von Michael Douglas bis Kevin Costner, von Cher bis Sharon Stone. Sein größtes Hobby, seine Herzensangelegenheit aber blieb stets das Leben seiner Mutter. Viele Jahre hat er über sie geschrieben. Sein Computer steckt voller Notizen und Erinnerungen, ein ganzes Zimmer steht voll mit gesammelten Hedy-Gemälden, alten Heften, Briefen und unveröffentlichten Fotos.

Im Frühjahr 2012 hatte ich das Glück, einige Wochen Anthony Loders Gast sein zu dürfen. Er zeigte mir die Orte, an denen sich Hedys wildes Leben abspielte, und das abgründige Drama ihrer Familie. Er erzählte mir eine abenteuerliche Anekdote nach der anderen und gewährte mir Zugang zu seinem umfänglichen Archiv. Irgendwann fragte ich ihn, ob er in wenigen Sätzen formulieren könne, wie er seine Mutter heute sieht. Er sagte:

HEDYS LEBEN WAR EIN UNVOLLENDETER Kinofilm, der zweite Teil war für die Katz. Das Starsystem hat meiner Mutter nicht gutgetan. Es hat letztlich eine paranoide Person aus ihr gemacht. Schönheit war erst ihr Kapital, dann ihr Fluch. Meine Mutter mochte es nicht, Hedy Lamarr zu sein. Ihr Sohn zu sein, hat mich ein Leben lang verfolgt.

DIESES BUCH ERZÄHLT DIE FILMREIFE Lebensgeschichte Hedy Lamarrs aus der Perspektive und über weite Strecken mit den Worten ihres Sohnes. Sie beginnt 1914 in Wien, während der letzten Jahre der Habsburg-Monarchie.

„Ich habe nie einen anderen Mann so sehr geliebt wie meinen Vater."

Kapitel 1

Wiener Blut

– KINDHEIT, PAPA, BECCACINE, HEDILENDELEIN –

Puppen, jede Menge hübsche Holzpuppen, in einem großen, hellen Kinderzimmer, in einer prächtigen Villa voller Hausangestellter, in einer strahlenden Stadt voller heiterer Menschen, frischer Heuriger, saftiger Bratwürste und beschwingter Musik. Wann immer meine Mutter mir von ihren ersten Lebensjahren erzählte – jedes Mal fiel dieses Wort: „Bilderbuchkindheit". Hedy schwärmte dann von zahllosen Ausflügen mit ihrem Vater Emil an die nahe Donau oder in den ebenso nahen Wienerwald, erinnerte sich an viel Natur, liebevolle Eltern, eine leichte Lebensart und nur ganz, ganz wenige Sorgen. Immer wenn ich davon träume, einen Film über meine Mutter zu drehen, beginnt dieser zu den ersten Takten von Johann Strauß' Walzer *An der schönen blauen Donau*. Dadada dadam – dit dit, dit dit. Dadada dadam – dit dit, dit dit …

WIEN IN DEN 1910ER-JAHREN muss ein berauschender Ort gewesen sein. In den Kaffeehauszirkeln der Wiener Moderne verkehrten Männer von Weltgeltung – die Schriftsteller Arthur Schnitzler und Hugo von Hofmannsthal, die Komponisten Gustav Mahler und Arnold Schönberg, die Maler Gustav Klimt und Egon Schiele, der Arzt Sigmund Freud. Schon seit einer Weile galt die Hauptstadt Österreich-Ungarns als Europas heimliche Kulturhauptstadt, eingerahmt vom neoklassizistischen Pomp der kaiserlich-königlichen Ringstraßen-Architektur. Das Wiener Nachtleben galt als ausschweifend, die Moral als freizügig und das „süße Mädel", das sich gern von wohlhabenden Herren aushalten lässt, brachte es sogar zum eigenen literarischen Typus. „Man lebte gut, man lebte leicht und unbesorgt in jenem alten Wien", schrieb Stefan Zweig.

Im November 1914 war Wien allerdings mehr denn je eine Weltstadt in Endzeitstimmung. Ein paar Monate zuvor hatte Österreich-Ungarn den Ersten Weltkrieg ausgelöst, nachdem Thronfolger Franz Ferdinand in Sarajevo von bosnisch-serbischen

Frühes Foto als Schauspielerin, um 1932

Geburtsurkunde

ISRAELITISCHE KULTUSGEMEINDE WIEN Nr 1990/1914

- - - Hedwig Kiesler - - -

am 9.11.1914 neunten November eintausendneunhundertvierzehn- -

in Wien, XIX. Osterleitengasse 2 B - - -   geboren

Vater   Emil Kiesler - - -

Mutter   Gertrud geborene Lichtwitz - - -

Änderungen der Eintragung

Klein Hedwig im Jahr 1916 und zwei Jahre später (2.v.li. vorn) mit ihrer Mutter (re.) und ihrer Großmutter (li. vorn)

Nationalisten ermordet worden war. Der Weltkrieg dauerte vier Jahre, danach war Österreich-Ungarn passé und die Monarchie gleich mit. Als Hedwig Eva Maria Kiesler zur Welt kam, war Wien Dreh- und Angelpunkt eines Riesenreiches kurz vor dem Zerfall. Allein Kaiser Franz Joseph I., „Sissis" Ehemann, hielt den Vielvölkerstaat zusammen. Nach seinem Tod brach das k.u.k.-Reich auseinander – und mit ihm die Fassade bürgerlicher Sicherheit und Unbeschwertheit, für die die Kapitale zuvor so berühmt gewesen war. Wien – vor dem Krieg mit mehr als zwei Millionen Einwohnern nach London, New York und Paris die viertgrößte Stadt der Welt – hatte rund ein Viertel seiner Einwohner verloren. Der kaiserliche Hof war emigriert, die junge österreichische Republik instabil, die Armut überall sichtbar. Sozialdemokraten kämpften gegen Austrofaschisten. Der Antisemitismus wurde immer populärer.

Die kleine Hedwig bekam von alldem wenig mit. Sie hatte gebildete, kunstsinnige, betuchte Eltern, die ihr eine unbeschwerte Kindheit ermöglichten. Zwischen Hedys Kosmos und der Welt draußen bestand von Beginn an ein himmelweiter Unterschied. Und so sollte es bleiben.

Im Stadtteil Döbling, 19. Gemeindebezirk, liegt Johann Strauß begraben, Beethoven hat hier seine *Eroica* komponiert, Peter Alexander starb hier, Christoph Waltz wuchs hier auf. Die Gegend am Südrand des Wienerwalds zählt heute zu den teuersten der Stadt. Als Hedwig Kiesler hier aufwuchs, galt Döbling als Zentrum der liberalen, jüdisch geprägten Kulturelite des Landes – vor allem das Cottageviertel, benannt nach den vielen im englischen Landhausstil erbauten Häusern. Nach ihrer Geburt bewohnte Hedwig mit ihren Eltern die beiden obersten Stockwerke einer dreistöckigen Villa in der Peter-Jordan-Straße 3. Ihre Eltern gehörten dem jüdischen Bürgertum an, das damals zu weiten Teilen assimiliert war und sich seit der Jahrhundertwende mit wachsendem Erfolg in der Wiener Wirtschaft etablierte.

Vater Emil, geboren 1876 in Lemberg, war ein attraktiver, ambitionierter Mann, der 1905 nach Wien immigriert war und es in wenigen Jahren zum Direktor der „Kreditanstalt Bankverein" gebracht hatte. Mutter Trude, geboren 1894 als Gertrud Lichtwitz in Budapest, stammte aus einer kunstliebenden Familie; für die Ehe mit Emil gab sie ihre Karriere als Konzertpianistin auf. Als die beiden im Frühjahr 1910 in Budapest heirateten, war Trude zum Katholizismus konvertiert. Sie zogen nach Wien. Die Ehe galt als „Mischehe" – nichts Unübliches zu dieser Zeit.

Die Kieslers genossen das kulturelle und das gesellschaftliche Leben der Stadt, gingen ins Theater oder in die Operette, besuchten Vernisagen oder Kaffeehäuser. Die kleine Hedwig blieb meist allein daheim, ausgestattet mit einem Stab an Haushaltshilfen. Es gab eine Köchin, ein Stuben- und ein Kindermädchen. Inmitten der

Erwachsenen wuchs Hedwig wie eine Prinzessin heran. Bedienstete waren für sie selbstverständlich. Die ganze Aufmerksamkeit schenkte sie ihren Lieblingspuppen. Sie steckte sie in schöne Kleider, eigene Betten und eigene Kinderwagen, gab ihnen zuliebe Tea Partys und weinte bitterlich, wenn die Puppen infolge übermäßiger Teeverköstigung irgendwann auseinanderfielen. Ihre Lieblingspuppe, genannt Beccacine, war ihre beste Freundin und Komplizin, bis ins Teenageralter nahm sie sie überallhin mit. „Da draußen gab es hungrige Kinder und dünne Babys", erinnerte sich Hedy Lamarr Jahrzehnte später, „ich dagegen war ein dickes Baby. Der Krieg kam mir niemals wirklich nah. Wie durch einen magischen Zirkel schirmten meine Eltern mich vor allem Elend, jeder Ahnung von Unheil ab, die dem Rest Europas drohten."

Andererseits ging vor allem Mutter Trude durchaus nicht zimperlich mit ihrer Tochter um. Sie ermahnte sie, sich nicht ständig im Spiegel zu betrachten, sparte mit Komplimenten und versuchte die kleine Hedwig so wenig wie möglich zu verwöhnen. „Ich hatte kein Fahrrad, machte keine Party, hatte nur Bücher, Bücher, Bücher. Niemand scherte sich um mich, außer meinem Vater und meinem Kindermädchen", sagte Hedy später. „Meine Mutter hatte sich sehnlichst einen Sohn namens Georg gewünscht. Und nun hatte sie nur eine Tochter." Ob das stimmt, sei dahingestellt. Die späte Hedy machte ihre Mutter für vieles verantwortlich, was in ihrem eigenen Leben schieflief. Doch dazu später mehr.

Anthony Loder erfuhr von der Kindheit seiner Mutter aus deren Erzählungen, vor allem aber aus den Erzählungen ihrer Mutter, seiner Großmutter Trude. Anfang der Siebzigerjahre nahmen er und seine damalige Frau Dominique Trude Kiesler bei sich auf. Die letzten Jahre ihres Lebens, bis zu ihrem Tod im Februar 1977 im Alter von zweiundachtzig Jahren, verbrachte Trude in Anthonys Haus, 5721 West Olympic Boulevard, Beverly Hills. Sie erzählte oft aus Hedwigs Kindheit und Jugend. Zum Beispiel wie sie ihren Mann Emil traf, während eines Skiurlaubs in den österreichischen Alpen, im Dezember 1909:

EMIL WAR MIT FREUNDEN für ein Wochenende zum Skilaufen gefahren, wie fast jedes Wochenende im Winter. Trude war mit ihrer Familie auf einem einwöchigen Skiurlaub. An diesem Sonntag wachten beide früher auf als üblich. Normalerweise las Trude an solchen Tagen, bis ihre Eltern aufwachten, und Emil ging mit seinen Freunden frühstücken – an diesem Morgen entschieden sie beide, allein auf die Piste zu gehen. In einem roten Gondellift saßen sie nebeneinander. Emil begann eine freundliche Konversation mit dem hübschen Mädchen neben ihm – sie hielt bis ans Lebensende dieses glücklichen Mannes.

Gertrud (2. v. li.) und Emil Kiesler (8. v. li.) mit Freunden im Skiurlaub, um 1912

• • • • • • • •

EMIL WAR EIN SELFMADEMAN und eine imposante Gestalt. Ein Hüne, mehr als 1,90 Meter groß, athletisch und gut aussehend. Im Winter ging er Ski fahren, im Sommer bergsteigen, er ruderte gern und galt als besonnen und integer. Als Trude ihn kennenlernte, war sie Anfang zwanzig und er zwanzig Jahre älter als sie. Nach dem Skiurlaub fuhr Emil eine Zeit lang weniger Ski, stattdessen saß er freitags im Zug nach Budapest. Die beiden beschlossen zu heiraten. Kurz darauf wurde sie schwanger. Emil war der einzige Mann meiner Großmutter, ihre große Liebe. Und er war zugleich die große Liebe meiner Mutter. Emil Kiesler liebte Hedy so, wie sie geliebt werden wollte. Stark und unbedingt.

Emil und Trude waren ein glückliches Paar. Im vierten Jahr ihrer Ehe, am 9. November 1914, kam ihre einzige Tochter zur Welt. Sie tauften sie Hedwig, nach einer von Trude besonders geschätzten Cousine. Ihre Mutter nannte sie zumeist „Hedl", ihr Vater wahlweise „kleine Prinzessin", „Hedilendelein" oder „hässliches Entlein". Für alle anderen war „Hedy" ihr gängiger Spitzname. Nur wenige Monate nach Hedys Geburt geriet mein Vater, John Loder, bei der Schlacht um Gallipoli vor der türkischen Küste in Kriegsgefangenschaft. Doch dazu später.

Wien, circa 1928

HEDY WAR EIN GLÜCKLICHES KIND. Sie war oft bei ihren Großeltern in Budapest zu Besuch. Sie hatte ein französisches Kindermädchen, Nicolette, das ihr die erste Fremdsprache beibrachte. Und sie wuchs auf in der Überzeugung, dass sich die Welt um sie drehte. Jeder um sie herum zerriss sich für Hedy, jeder gab ihr das Gefühl, etwas ganz Besonderes zu sein. Allen voran ihr Vater.

In ihrer geräumigen Stuckwohnung in der Peter-Jordan-Straße gab es im Wohnzimmer einen großen Kamin, davor ließ sich Emil nach getaner Arbeit auf seinem Ledersofa nieder und las die Abendzeitung, seine kleine Prinzessin auf dem Schoß.

Später würde ihr Emil, wie fast jeden Abend, Szenen aus ihren Lieblingsbüchern vorlesen, *Grimms Märchen, Heidi, Struwwelpeter, Max und Moritz,* während Trude im Hintergrund leise Klavier spielte. Oder er würde einfach seine Hände falten, so als umklammerten sie ein Buch, und ihr irgendeine ausgedachte Geschichte vortragen. Unterbrach sie ihn mit irgendeiner Frage, erklärte er ihr geduldig alles und tat dann so, als suche er nach der verlorenen Stelle in seinem eingebildeten Buch. Hedy liebte solche Szenen. Vor allem aber liebte sie es, von ihm geliebt zu werden. Emil nahm sein „hässliches Entlein" an Nachmittagen mit in den Wienerwald, genoss mit ihr die Aussicht auf Wien, schlug ihr keinen Wunsch ab. Er erklärte ihr, wie Druckerpressen funktionierten und was Autos antrieb. Ihr Leben lang sprach meine Mutter von diesen Jahren als den glücklichsten ihres Lebens. Noch ein paar Tage bevor sie starb, am Neujahrstag 2000, rief sie mich aufgeregt an und sagte: „Schalt den Fernseher ein! Die Wiener Philharmoniker sind auf Sendung!"

Hedy wuchs umgeben von schönen Künsten auf. Schon als Kind begleitete sie ihre Eltern in Museen und zu Freiluftkonzerten im Park. Sie reisten gemeinsam nach England, Irland, München, Berlin, Paris, London, Genf, Venedig, Florenz, Rom und Madrid. Am Wochenende machten sie gern Schaufensterbummel in der Innenstadt, sahen den Straßenkünstlern zu oder saßen in Parkcafés, wo Hedy mit Vorliebe ihr Lieblingsgericht aß, Wiener Schnitzel mit Kartoffel-Gurken-Salat. Ein paarmal im Jahr durfte sie im Prater auf dem Riesenrad fahren. Den Sommer verbrachten die Kieslers in ihrem Seehaus nahe Salzburg. Schon im Alter von sechs Jahren durchschwamm Hedwig erstmals den See bis zu einem Holzplateau, wo sie sich von nun an regelmäßig sonnte. Sie war ein Naturkind, von Anfang an, und sie sollte es, trotz aller Hollywood-Irrungen, ihr Leben lang bleiben.

Die kleine Hedwig war wohlerzogen, wohlgeformt und sehr neugierig. Schon als Kind gab sie darauf Acht, aufrecht zu stehen. Ihr Vater hatte ihr beigebracht, sich einen Stock mit beiden Ellenbogen hinter den Rücken zu klemmen, um so ihr Rückengewölbe gerade zu biegen. „Dank meinem Vater habe ich eine perfekte Körperhaltung", sagte Hedy einmal zu mir.

Der rückhaltlosen Verwöhnung durch den Vater versuchte Trude mit zunehmendem Alter entgegenzuwirken. Im Sommerhaus bekam Hedwig Aufgaben zugeteilt, etwa musste sie den Vogelkäfig reinigen und instand halten. Ihre Mutter unterrichtete sie in Ballett und Klavierspiel, ermahnte sie zu Disziplin und Zurückhaltung, sparte mit Lob und gemahnte sie, sich nicht übertrieben zu schminken.

Hedy warf Trude später oft vor, sie habe sich einen Jungen gewünscht und aus Enttäuschung gegenüber ihrem einzigen Kind Strenge und Distanz walten lassen –

infolge von Geburtskomplikationen konnte Trude keine weiteren Kinder bekommen. „Mutter wollte einen Jungen", sagte Hedy. „Hedy hätte ein Junge sein sollen", sagte Trude. Ich glaube, ihre Strenge war eher das Ergebnis der frühen Erkenntnis, dass Hedy zum perfekten Prinzessinnen-Fräulein heranreifte. „Ihre spätere Launenhaftigkeit und Selbstverliebtheit waren nicht ihr Fehler", sagte Trude später einmal zu mir. „Ihr Vater hat sie einfach viel zu sehr verwöhnt."

SO UM DAS JAHR 1925 herum war allmählich allen Beteiligten klar, dass Hedwig sich zu einem außergewöhnlich hübschen Mädchen entwickelte. Sie selbst muss sehr früh gemerkt haben, dass sie Eindruck machte – und wie sie solchen Eindruck zum eigenen Vorteil nutzen konnte. Einher mit ihrem betörenden Äußeren gingen: ein starker Wille, ein sehr großes Selbstvertrauen sowie eine ausgeprägte Lust an der Selbstinszenierung.

Schon als Kind hatte Hedy Gefallen am Theaterspiel gefunden, der Schreibtisch ihres Vaters war ihre erste Bühne, wo sie für sich selbst Märchen aufführte oder sich Szenen ausdachte, in denen sie wahlweise Norma Talmadge, Gloria Swanson oder Alice White war, die Heldinnen der Kinomagazine, die sie seit Kindesalter verehrte. Mit fünf begann sie zu lesen. Mit acht belohnte Trude ihre Tochter mit einem Theaterbesuch für schulische Leistungen, eine „unvergessliche" Erfahrung, die sie fortan in jede Schultheatergruppe, auf jedes Musikfestival trieb. Mit zehn erzählte sie jedem, sie liebe Kino über alles und werde dereinst „ein Star" sein. Mit vierzehn nahm sie heimlich an einem Schönheitswettbewerb teil, den sie selbstredend gewann und sich vom Preisgeld flugs ihren ersten Pelzmantel gönnte. „Sie wusste schon immer, was sie wollte", erzählte ihre Mutter Trude der bekannten Hollywood-Klatschkolumnistin Gladys Hall 1942, „auch wenn es nicht das war, was wir für sie wollten. Die Bühne zum Beispiel. Ihr Vater war dagegen, und ich später auch. Aber sie fragte uns nicht mal. Sie wusste von Anfang an: Die große Bühne war ihr Ziel."

Eine überragende Schülerin war Hedwig eher nicht. Unterricht schien sie zu langweilen, sie interessierte sich stattdessen leidenschaftlich für amerikanische Musik, amerikanische Filme, überhaupt alles Amerikanische. Und außerdem schon recht frühzeitig für ihre enorme Wirkung auf Männer, die weit älter waren als sie. Als sie fünfzehn war, war die halbe Stadt in Hedwig Kiesler verliebt. Sie erhielt viele Komplimente. Einmal erzählte sie, der acht Jahre ältere Wolf Albach-Retty (Romy Schneiders Vater) sei ihr erster echter Schwarm gewesen. Einige Biografen vermuteten eine kurze Liaison zwischen den beiden. Belege dafür gibt es nicht. Sicher ist dagegen, dass sie sich im Sommer 1929 mit vierzehn Jahren in einen Vierundzwanzigjährigen namens Hans verliebte, Sprössling einer wohlhabenden russischstämmigen Wiener Familie.

Die beiden trafen sich laut Hedy erstmals auf einer Party in Salzburg, während des Sommerurlaubs der Familie. Hans ging damals mit Hedys bester Freundin und Nachbarstochter Hansi aus. Die beiden forderten Hans auf, sich zu entscheiden. In ihrer Autobiografie *Ekstase und ich* schreibt Hedy: „Selbstvertrauen ist etwas, womit man geboren wird. Ich weiß, ich hatte Unmassen davon, schon im Alter von fünfzehn Jahren." Sie habe damals Hansi gesagt, sie dürfe Hans nicht heiraten, bis sie herausfänden, wen er wirklich liebe. Das Entscheidungstreffen zu dritt fand unter freiem Himmel statt. „Ich ging in den Wald und sie ging in eine andere Richtung. Er folgte mir. Er war vierundzwanzig und sehr reich. Ich war schön und wusste das. (…) Er war sehr liebevoll und sanft. Ich musste aufs Ganze gehen, weil ich dann beweisen konnte, dass er mich liebt. Von da an gingen wir fest miteinander (…) Er liebte mich, weil ich häufige Orgasmen hatte. Es gab ihm das Gefühl, sehr anziehend auf mich zu wirken. Es gab ihm das Gefühl, ein Mann zu sein. Was er nicht wusste, war, dass ich bei jedem Mann häufige Orgasmen hatte."

An dieser Stelle sei erwähnt, dass *Ekstase und ich* ein sehr frivoles Buch ist, das mit dem offenkundigen Interesse geschrieben wurde, durch allerlei aufsehenerregende Sexszenen verkaufsfördernd zu wirken. Nach seinem Erscheinen 1966 beteuerte Hedy Lamarr, der Großteil sei von ihren Ghostwritern erfunden worden – eine Haltung, die so von der Nachwelt weitgehend übernommen wurde. Dabei sind viele Fakten nachweislich detailgetreu geschildert, und viele der nicht nachweislichen Szenen wirken eher zu detailgetreu, um komplett aus der Luft gegriffen zu sein. Überdies hat Hedy Lamarr, wie wir sehen werden, ihr eigenes Verhältnis zu Wahrheit und Lüge stets sehr flexibel gehandhabt.

Wie auch immer, ein ausschweifendes Sexleben prägte Hedys öffentliches Image von Beginn an, und das, wie wir ebenfalls sehen werden, aus konkreten Gründen. Sex hatte für die junge Hedy einen hohen Stellenwert. Ihr Sohn Anthony Loder sagt: „Hedy war schon früh sehr sexuell. Anders als viele gut erzogene Mädchen ihrer Zeit hatte sie ein sehr freies Verhältnis zu ihrem Körper und genoss all seine Freuden und Vorzüge. Sie handelte, um zu gefallen, und Sex gefiel Hedy sehr."

Hans und Hedy trafen sich heimlich, bis ihre Eltern von der Liaison erfuhren und ihr Vater ihr jeden weiteren Kontakt untersagte. Eines Abends, als sie erst um halb zehn Uhr nach Hause kam, platzte ihm der Kragen und er forderte eine Entschuldigung. „Nun gut, ich werde mich entschuldigen, ich werde diese Worte sagen", entgegnete Hedy, nun stolzer denn je. „Aber die Gedanken sind frei!"

Hedwig Kiesler, angehender Spielfilmstar, um 1930

Nach dem Besuch der Mädchenmittelschule sandten die Kieslers Hedy auf ein Mädcheninternat in Luzern, um die Mittlere Reife zu erlangen und ein braves, heiratsfähiges Mädchen zu werden. Hedy hasste es dort und ergriff gleich mehrere Male die Flucht, bis ihre Eltern es schließlich aufgaben, sie zurück nach Wien holten und sich Hedy in der Döbling Akademie für das Studienfach Kunst und Design einschrieb.

Ihr Ziel aber war das Filmgeschäft. Einmal war sie zufällig in den Dreh eines Kinofilms hineingestolpert, was sie nachhaltig beeindruckte. „Die Leute hatten wunderschöne weiße Perücken und alte Kostüme. Ich konnte meine Augen nicht abwenden." Sascha-Film, Wiens erstes Studio, war von nun an ihr Traum. Eines Tages fälschte sie eine Schulentschuldigung, betrat das Filmbüro und bewarb sich als Skriptgirl. Bereits am nächsten Tag hatte sie ihre erste Statistenrolle in dem Kinofilm *Geld auf der Straße*. Hedy überredete ihre Eltern, dort weiterarbeiten zu dürfen. Sie gaben nach. Ihr Part als Sekretärin in *Sturm im Wasserglas* war schon ein wenig größer, wenn auch von ernst zu nehmender Schauspielerei noch weit entfernt.

Zwei Ereignisse fielen in diese Jahre, die so gar nicht zu ihrer bisherigen Bilderbuchjugend passten und sie nach eigenem Bekunden traumatisierten. Das erste wurde viele Jahre später zum Thema diverser Psychotherapien, das zweite führte sie weg von zu Hause. Als sie vierzehn war, versuchte ein Bote von der Wäscherei sie zweimal zu vergewaltigen, als ihre Eltern nicht daheim waren. Beim zweiten Versuch gelang es ihm, wobei Hedwig ihn mit einer Miniatur-Elfenbeinplastik so hart im Genitalbereich schlug, dass die Plastik zerbrach. Hedy hielt den Vorfall vor ihren Eltern geheim und kassierte einige Ohrfeigen für die zerbrochene Kostbarkeit.

Etwa ein Jahr später, im Sommer 1930, reiste Hedy mit einigen Freundinnen zum Bergsteigen in die Schweizer Alpen. In Vevey, unweit von Lausanne, traf Hedy eines Nachts in einem Club einen jungen Deutschen namens Franz von Hochstetten, den Sohn einer oberbayrischen Industriellenfamilie aus altem Rittergeschlecht. Zwischen beiden entspann sich eine geheime Wochenendbeziehung mit regelmäßigen Rendezvous in Hotelzimmern. Ritter Franz verliebte sich unsterblich, und Hedy wurde schwanger. Er bekniete sie, ihn zu heiraten und mit ihm nach Berlin zu ziehen, wo er ihr ein Luxusleben in Aussicht stellte. Hedy lehnte ab und ließ das Kind abtreiben. Ihrem Sohn erzählte sie einmal, außer Sex hätten sie wenig gemein gehabt, davon abgesehen habe er sie gelangweilt. Kurz nachdem Hedy ihm ihr Nein mitgeteilt hatte, wurde Franz von Hochstetten mit einer Kugel im Kopf gefunden – er hatte sich in dem Hotelzimmer umgebracht, in dem Hedy und er sich stets verabredet hatten.

Als Hedwigs erster Skandal öffentlich wurde, setzte die Döbling Akademie sie unehrenhaft vor die Tür. Sie bat Alex Granowsky, den Direktor der Sascha-Studios, ihr einen Vorstellungstermin in Max Reinhardts Theaterschule zu arrangieren. Ihre Eltern flehte sie an, ihr ein Schauspielstudium zu ermöglichen – immerhin lag Berlin gerade weit genug entfernt vom Skandal um den Liebesselbstmord ihres Verlobten. Irgendwann gaben Emil und Trude nach. Die Bewerbung klappte. Im Herbst 1930 verließ sie Wien in Richtung Berlin.

„Selbstvertrauen?
Ich hatte schon immer
Unmassen davon."

Kapitel 2

DIE NACKTE KANONE
– BERLIN, EKSTASE, GEFÄNGNIS, FLUCHT –

Otto Preminger war ein mittelgroßer Mann mit kahlem Kopf und scharf geschnittenen Zügen. Natürlich ahnte damals niemand, dass er später ein ruhmreicher Hollywood-Regisseur werden würde, mit Filmen wie *Laura*, *Carmen Jones*, *Exodus* oder *Porgy And Bess*. Als meine Mutter in Berlin ankam, war er ein junger, aufstrebender Theaterregisseur von Mitte zwanzig. Auch er Österreicher, wie Hedy – und wie Max Reinhardt, als dessen Assistent er am Deutschen Theater arbeitete. Für Hedy war Preminger das einzige, das entscheidende Bindeglied zum Impresario. Meine Mutter hatte ein Empfehlungsschreiben des Journalisten Géza Herczeg im Gepäck, eines alten Freundes Premingers aus Wiener Tagen. Eines Tages tauchte sie unangemeldet in Premingers Sekretariat auf und eröffnete dem Assistenten mit zitternder Stimme, sie heiße Hedwig Kiesler, werde Hedy genannt, sei sechzehn Jahre alt und wolle Schauspielerin werden. Preminger nahm sie bei der Hand und eskortierte sie ins Auditorium, wo er ihr einen leeren Sitz anbot und sich unauffällig davonmachte. Es war still – die Probenden hatten aufgehört zu spielen. Alle starrten Hedy an. Sie wusste damals nicht, dass Max Reinhardt es hasste, wenn Unbekannte bei seinen Proben dabei waren. Noch dazu unangemeldet.

„Und wer zum Teufel sind Sie, einfach so in meine Klasse hereinzuplatzen? Kommen Sie mal auf die Bühne!"

Meine Mutter tat, wie geheißen, stand kerzengerade wie immer und sagte: „Ich wollte nur bei einer Ihrer Proben zusehen. Ich war schon bei einer in Salzburg, als Sie den *sterbenden Schwan* inszenierten, und würde gern sehen, wie Sie arbeiten, wenn es Ihnen nichts ausmacht."

„Mein Name ist Reinhardt."

Urlaubs-Aufnahme aus dem Salzburger Land, um 1935

„Und meiner Kiesler."

„Was haben Sie vorzuweisen?"

„Ich sollte wohl meinen, ich will Schauspielerin werden, darum bin ich hier."

„Gut, wir sprechen später. Nehmen Sie dort hinten Platz."

DIE SZENE IHRER ERSTEN Begegnung mit dem berühmten Theatermann hat Hedy ihrem Sohn später wohl Dutzende Male erzählt. Es war sozusagen ihr erster großer Auftritt, und ein wegweisender dazu.

Reinhardt war nicht irgendwer. Er konnte Karrieren machen. Seit 1905 leitete der Sohn eines jüdischen Kaufmanns das Deutsche Theater, Brecht und Zuckmayer waren dort Dramaturgen, Gründgens Regisseur, Emil Jannings und Heinrich George, Conrad Veidt und Marianne Hoppe zählten zum Ensemble, und nebenbei gründete Reinhardt auch noch die Salzburger Festspiele und die Komödie am Kurfürstendamm. Obwohl er bereits auf die sechzig zuging, galt er als großer Innovator und Pate modernen Schauspiels – und als Symbol einer aufregenden Metropole, die Wien längst den Rang abgelaufen hatte. In den Kinos war soeben Marlene Dietrich als „blauer Engel" erschienen, in den Buchläden lag Döblins *Berlin Alexanderplatz* aus, die Comedian Harmonists aus Friedenau eroberten landesweit die Konzertsäle. Wer im Jahr 1930 nach kulturellen Ereignissen suchte, war in Berlin genau richtig.

Was genau Hedwig Kiesler dazu bewog, sich auf Reinhardts Schauspielschule in Berlin (der heutigen Ernst-Busch-Schule) zu bewerben, ist nicht ganz klar. Aber allein die Tatsache, dass er als der Beste seines Fachs galt, passt zu Hedys enormem Ehrgeiz. Während der Ausbildung lernte sie emsig, doch ihr Hauptziel war es von Beginn an, Reinhardts Gunst zu erobern.

Gleich der erste Versuch glückte. Nach besagter Probe kam er zu ihr und sagte ohne Umschweife, ihr Mut und ihre Unerschrockenheit imponierten ihm, ihre Stimme sei nicht uninteressant. „Darüber hinaus sind Sie ungewöhnlich hübsch. Sprechen Sie Englisch?" Hedwig bejahte, und so bekam sie ihre erste Theaterrolle, einen kleinen Part in *Das schwache Geschlecht*, einer Boulevardkomödie von Édouard Bourdet. Sie spielte das „zweite amerikanische Mädchen". Premiere war am 8. Mai 1931. Der Anfang war gemacht. Doch schon kurze Zeit später verließ Reinhardt Berlin wieder – relativ abrupt und zu Hedys Leidwesen. Er zog endgültig zurück nach Wien, wo er bereits seit 1924 das Theater in der Josefstadt leitete. Hedy war niedergeschlagen. Nur eine Minirolle in einem Jahr – den schleppenden Weg zum Ruhm empfand sie als nicht gerade ermutigend. Ihren Eltern gestand sie in Briefen, in Berlin sei sie einsam. Ihr Vater Emil bestand darauf, sie solle nun endlich etwas Anständiges lernen.

Nur ein Jahr nach ihrer Ankunft verließ Hedy Berlin wieder und kehrte nach Wien zurück. Auf Bitten ihres Vaters schrieb sie sich erneut für ein Design-Studium ein. Aber auch Reinhardt hatte sie nicht vergessen. Er besetzte sie ein zweites Mal als „amerikanisches Mädchen", für die Wiener Bourdet-Aufführung, die im November startete. Zudem ergatterte Hedy bei den Sascha-Studios eine kleine Rolle in *Die Koffer des Herrn O.F.*, an der Seite von Peter Lorre, der gerade als Kindermörder in *M – Eine Stadt sucht einen Mörder* für Furore gesorgt hatte. Reinhardts dritte Rolle für Hedwig kam dann dem ersehnten Ruhm schon ziemlich nahe: In seiner Adaption von Noël Cowards Beziehungskiste *Private Lives* spielte sie eine von vier Hauptfiguren.

Während der Proben sagte Max Reinhardt einen Satz, der Hedy ein Leben lang begleiten sollte. „Wir probten gerade eine Kaffeehausszene", erinnerte sich ihr Partner George Weller später, „und ein paar Zeitungsleute durften zugucken. Plötzlich wandte sich Professor Reinhardt, sonst nicht für Superlative bekannt, den Reportern zu und sagte kurz und knapp: ›Hedy Kiesler ist die schönste Frau der Welt.‹ Fünf Minuten später war der lakonische Satz in den Pressehäusern und Nachrichtenagenturen der Stadt gelandet, wo er umgehend gedruckt, gemeldet und in die halbe Welt gesendet wurde." Bei der Premiere im Januar 1932 wurde Hedwig erstmals die volle Aufmerksamkeit des Publikums zuteil.

Es ging aufwärts mit ihr, und im weiteren Verlauf des Jahres erst recht. *Die Koffer des Herrn O.F.* hatte sich im Winter als großer, europaweiter Erfolg erwiesen, zugleich begann Hedy mit den Dreharbeiten für ihre erste Kinohauptrolle: In der Sascha-Studios-Produktion *Man braucht kein Geld* spielte sie an der Seite Heinz Rühmanns, Hans Mosers und Kurt Gerrons. Volksschauspieler Moser mimte darin einen armen Schlucker, der sich mitten in der Weltwirtschaftskrise als Millionär ausgibt, so zwei Banken vor dem Ruin rettet und nebenbei seine Nichte Käthe (Kiesler) mit dem Bankangestellten Heinz (Rühmann) verkuppelt. Das Lustspiel wurde in wenigen Wochen gedreht, feierte bereits im Februar Premiere und lief im November sogar in New York, wo die *New York Sun* Hedys erstes Kritikerlob in Übersee druckte: „Einziger Lichtblick in diesem trüben Klamauk ist die beeindruckende Attraktivität eines neuen teutonischen Fräuleins, Hedy Kiesler."

Der Anfang war gemacht. Der bei Weitem größte Schritt des Jahres aber war Hedys Entscheidung für ihre zweite Hauptrolle. Anstatt sich im deutschen Starsystem weiter zu etablieren, entschied sie sich für ein ambitioniertes, wenig erfolgsträchtiges Filmprojekt des Tschechen Gustav Machatý. Der Regisseur, damals einunddreißig, hatte bereits Tolstois *Kreutzersonate* und Hašeks *Schwejk* verfilmt und mit dem recht freizügigen, dabei von der Kritik gefeierten *Erotikon* für Aufsehen gesorgt. Gegen *Ekstase*

Werbe-Foto für
den Skandalfilm
Ekstase, 1932

war der Aufruhr um *Erotikon* ein mickriges Vorspiel. Hedy war vorgewarnt. Oder aber angestachelt. Oder sie hatte einfach Glück.

Nach allem, was wir heute wissen, nahm Hedy die Rolle weniger des Films selbst, eher der Liebe wegen an. „Ich ging nach Prag, weil ich mich verliebt hatte", erzählte sie Jahrzehnte später. In wen, sagte sie nicht, doch Kollegen zufolge handelte es sich um den einundzwanzigjährigen britischen Adeligen, Gelegenheitsschauspieler und Frauenhelden Charles Guy Fulke Greville. Auch mit ihrem Schauspielkollegen Fred Döderlein hatte sie damals eine Affäre, außerdem mit Aribert Mog, der sich bereits beim Dreh zu *Die Koffer des Herrn O.F.* in sie verliebt hatte und in *Ekstase* ihren Liebhaber spielte. Wer auch immer der Grund war – Hedy reiste im Sommer 1932 nach Prag, kassierte fünftausend Dollar Gage und löste mit *Ekstase* den Sexskandal des Jahrzehnts aus.

Anders als vielerorts behauptet, beinhaltet *Ekstase* keineswegs die erste Nacktszene der Filmgeschichte, auch nicht des Mainstream-Films. Schon 1915 war Audrey Munson entblößt zu sehen gewesen, und zwar großformatiger und länger als Hedy knapp zwei Jahrzehnte später: In dem frühen US-Kinoerfolg *Inspiration* gab sie das Nacktmodell eines Skulpturkünstlers. Aber auch so wirkt die damalige Aufregung um *Ekstase* aus heutiger Sicht schon fast drollig. Es ging im Grunde um zwei Szenen, eine längere Nackt- und eine kürzere Sexaufnahme, und vor allem Letztere rief die Zensoren auf den Plan, zumal sie tatsächlich ein filmhistorisches Novum darstellte: Noch nie zuvor im (nichtpornografischen) Kino war das Gesicht einer Frau zu sehen gewesen, während sie beim Sex zum Orgasmus kommt.

Hedy spielt Eva, Ehefrau eines reichen, aber gefühlskalten älteren Mannes. Eines Tages reitet sie aus, badet nackt, und ihr Pferd samt ihren Kleidern rennt von dannen. Bauingenieur Adam fängt das Tier für sie ein. Adam und Eva verlieben sich und beschließen, zusammen fortzugehen. In einem Landhotel kommt es zum dramatischen Höhepunkt: Während Eva sich in einem Hotelzimmer mit Adam vergnügt, begeht ihr Ehemann, vergeblich auf sie wartend, in einem anderen Zimmer desselben Hotels Selbstmord. Am nächsten Morgen gehen Adam und Eva zum Bahnhof, doch Adam schläft ein und Eva nimmt allein den Zug. Ob sie eine gemeinsame Zukunft haben, bleibt offen.

Ekstase ist, von seinen Sexszenen mal abgesehen, noch heute ein bemerkenswerter Film und – so viel sei vorweggenommen – das künstlerisch wertvollste Werk von Hedys Karriere. Das liegt nicht zuletzt an der ungewöhnlich progressiven Machart des Films, der viel mit markanter Symbolik arbeitet und dessen Schnitttechnik stark vom sowjetischen Revolutionskino beeinflusst ist; einen „Sergej Eisenstein der Lust" nannte ein Filmkritiker Machatýs Opus treffend. Vor allem aber liegt es an der modernen Perspektive der Erzählung. Anders als fast alle zeitgenössischen Filme kommt *Ekstase* ganz ohne moralisierende Kommentare zum Ehebruch aus. Zu keinem Zeitpunkt wird Evas Affäre verdammt, und das trotz des Selbstmords ihres Gatten. Eher wird die spießige, lustfeindliche Umgebung des Liebespaars vorgeführt. Wenig verwunderlich, dass Henry Miller, damals Anfang vierzig und in Paris, den Film gleich mehrmals sah und flugs einen begeisterten Essay verfasste. In „Reflections on Ekstase" stellte der berühmte Schriftsteller (*Wendekreis des Krebses*) den Film in eine Reihe mit D.H. Lawrences *Lady Chatterley's Lover*, als kühnes Werk der Auflösung herkömmlicher Rollenmuster, mit einer selbstbestimmten Frau als Heldin. „In dieser Konstellation muss die Initiative zwingend von der Frau ausgehen. Der Ehemann ist hoffnungslos gefangen im Morast falscher Werte, die sein Geschlecht selbst installiert hat. Dieser Mann ist entmannt."

Es wirkt heute erstaunlich, wie eklatant die Hauptdarstellerin noch Jahrzehnte später die Relevanz des Filmes unterschätzte. In *Ekstase und ich* wird das titelgebende Werk in wenigen Sätzen abgehandelt. Hedys knappes Urteil: „ein harmloses kleines Sexstück". Schon in der Einschätzung ihres ersten Welterfolges zeichnete sich ab, was sich für Hedy Lamarrs Status in Hollywood (und ihren Nachruhm in der Filmwelt) später als echtes Problem erweisen sollte: Davon, was einen guten Film ausmacht, hatte sie mehr oder weniger keine Ahnung.

Das Publikum offenbar schon eher. Am 20. Januar 1933 in Prag uraufgeführt, wurde *Ekstase* zum Überraschungserfolg des Jahres. Interessant ist dabei auch die Rezeptionsgeschichte des Films, die die sich abzeichnenden geistig-moralischen Machtverhältnisse in Europa spiegelte. Kritiker in der Tschechoslowakei, in Frankreich und Großbritannien rühmten vor allem den Kunstcharakter des Films, der auf der Filmbiennale in Venedig 1934 den Regiepreis gewann und im Pariser Théatre Pigalle zweiundzwanzig Wochen lang nonstop lief. In Österreich, Deutschland, im Vatikan und den USA hingegen war die Empörung groß. Die Wiener *Neue Zeitung* schrieb, die Zensoren müssten während des Films „wohl geschlafen haben". In Berlin hatten die Nazis zehn Tage nach der *Ekstase*-Premiere die Macht übernommen, der Film wurde prompt verboten und erst im Januar 1935 in verstümmelter Form gezeigt.

In den USA erreichte der Kampf gegen das „liberale Machwerk" aus Europa gar den Präsidenten persönlich. Die damals einflussreiche Legion of Decency, eine katholische Kontrollorganisation wider unsittliche Filme, hatte Franklin D. Roosevelt in einem persönlichen Brief aufgefordert, *Ekstase* zu verbieten. Roosevelt hatte die Sache an Henry Morgenthau Jr. weitergeleitet, damals Finanzminister (und später Initiator des Morgenthau-Plans zur Demilitarisierung Deutschlands). Im Januar 1935 verbot Morgenthau *Ekstase* – in einem Zeitungsinterview gab er unumwunden zu, er selbst habe den Film nicht gesehen, dafür allerdings seine Ehefrau Elinor. Die Verleihfirma Eureka Productions klagte gegen das Verdikt, doch ein Geschworenengericht bestätigte es unter dem Hinweis, der Film verstoße gegen das sechste Gebot (Du sollst nicht ehebrechen). Die Version, die schließlich nach mehreren Auflagen im April 1936 in Washington Premiere feierte, enthielt einen eingeblendeten Tagebucheintrag mit dem Vermerk „Adam und ich haben heute heimlich geheiratet." Die oft beschriebene Szene, in der Hedy nackt durchs Gebüsch läuft, war dagegen nicht gekürzt worden. Der Aufruhr in Amerika um *Ekstase* ging über Jahre. Der Film galt als Synonym für den verruchten Liberalismus der Europäer. Die meisten Amerikaner hatten davon gehört, die wenigsten den Film gesehen.

Für Hedwig Kiesler war *Ekstase* ein entscheidender Schritt auf dem Weg nach Hollywood. Die Vorab-Vorführung in Wien hingegen geriet zum Fiasko. Ihre Eltern saßen auf den besten Plätzen, Hedy daneben, wie sie in ihrer Autobiografie beschreibt: „Der Film begann und *die* Szenen rückten näher. ›Er ist künstlerisch‹, flüsterte ich meinen Eltern nervös zu. (…) Sekunden später rannte ich nackt durch den Wald. Du liebe Güte, die Kamera war nicht mehr als sechs Meter entfernt. Ich fühlte, wie mein Gesicht rot anlief. Die Schwimmszene war kurz, aber nicht kurz genug. Der Trick war offensichtlich. Sie hatten Teleobjektive benutzt. Wie ich so dasaß, hätte ich den Regisseur umbringen können. Dann hatte ich das Bedürfnis fortzulaufen und mich zu verstecken. Mein Vater rettete die Situation. Er stand einfach auf und sagte düster: ›Wir gehen.‹ Mit einem Griff hatte ich meine Habseligkeiten. Meine Mutter schien wütend, aber irgendwie unwillig hinauszugehen. Nichtsdestoweniger, wir gingen hinaus. Ich stammelte pausenlos etwas über die Teleobjektive. Mein Vater redete wutentbrannt über unschickliche Bloßstellung. Ich wollte nie wieder in einem Film mitwirken (Glauben Sie mir, in dem Augenblick hatte ich auch wirklich nicht die Absicht.) Eine Woche verging, ehe ich es wagte, das Haus zu verlassen."

Die Szene, so filmreif sie klingt, mag sich so zugetragen haben, Hedys Version des vorgeblichen Teleobjektiv-Tricks ist dagegen ein Märchen. Mehrfach beteuerte Hedy im Lauf ihres Lebens, sie habe von den Nacktszenen erst nichts gewusst und sich dann Kameraaufnahmen aus weiter Ferne zur Bedingung für ihr Mitwirken gemacht. Das ist schlicht gelogen, wie ein kurzer Blick auf die betreffende Filmszene zeigt: Darin finden sich nämlich einige Kameraeinstellungen aus nächster Nähe. Hedy hat, wie oft in ihrem Leben, im Nachhinein die Geschichte in ihrem Sinne nachbearbeitet – in diesem Fall offenbar mit dem Ziel, ihre Ehrenhaftigkeit als junge Frau in Hollywood

Starpostkarten aus der *Ekstase*-Phase, in Deutsch und Tschechisch

zu dokumentieren. Die Mär vom naiven Mädchen, das von fiesen Filmprofis ausgetrickst worden ist, bot sich da an.

Ein zweiter Hedy-Mythos betraf die Orgasmus-Szene. In *Ekstase und ich* behauptet Hedy, Regisseur Machatý habe einen leidenschaftlichen Ausdruck auf ihrem Gesicht gefordert und diesen herbeigeführt, indem er sich unter die Couch legte und Hedy mit einer Stecknadel in den Hintern piekste, während Emil (alias Aribert Mog) auf ihr lag, langsam an ihr herunterglitt und unmissverständlich Oralverkehr zu praktizieren schien. *Ekstase*-Produzent Joseph Auerbach erinnerte sich 1952, er habe mehrere Kilometer Filmmaterial persönlich verbrannt, weil vieles „zu sexy" und „zu knisternd" gewesen sei. „Die Liebesszenen waren echt", so Auerbach, „damals war Hedy ja auch mit ihrem Filmpartner verlobt." Welche Version stimmt, lässt sich heute nicht mehr klären. Fest steht: Auerbach hatte kaum Gründe, zu lügen. Hedy schon.

Fest steht auch, dass Hedy ihr Gelöbnis, nie wieder aufzutreten, sehr schnell brach, um es dann fünf Jahre lang mehr oder minder unfreiwillig zu erfüllen. Der Grund dafür war ihr erster Ehemann.

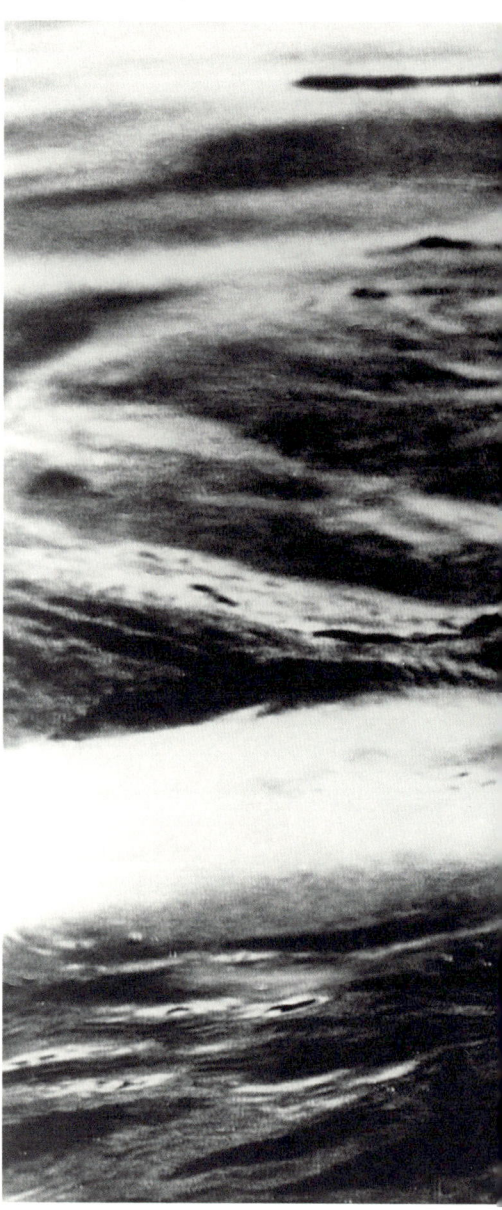

Eva in der Natur: Szenen aus *Ekstase*

Friedrich Alexander Maria Mandl, geboren 1900 in Wien, genannt „Fritz", war ein Typ, der ziemlich genau wusste, was er wollte, und der früh auf hohem Niveau erprobt hatte, wie er es bekam. Ein Kraftpaket, willensstark, ehrgeizig, skrupellos und sehr solvent. Als er 1920, nach einem Chemiestudium, in die Hirtenberger Patronenfabrik eintrat, war sein Vater dort Chef. Vier Jahre später war er es selbst. Hirtenberger hatte zu den größten Waffenproduzenten der Habsburger Zeit gezählt, während des Ersten Weltkrieges arbeiteten bis zu viertausend Menschen in der Fabrik südlich von Wien. Nach dem Krieg war es Mandl Junior, der das strenge Exportverbot der alliierten Siegermächte für österreichische Rüstungshersteller stets aufs Neue umging – er verkaufte Waffen an Polen für dessen Krieg gegen Sowjetrussland, später wickelte er internationale Großgeschäfte über eine Tarnfabrik im schweizerischen Solothurn ab, ein Joint Venture mit dem deutschen Rüstungsriesen Rheinmetall. Mandl war ein gewiefter Geschäftsmann mit starken Sympathien für den Faschismus. Er verfügte über beste Verbindungen in die österreichische Spitzenpolitik sowie zu Ungarns Staatschef Miklós Horthy, einem dezidierten „Volksnationalen" und Judenhasser. Mit Benito Mussolini verband ihn eine enge Freundschaft, die ihm zeitweilig eine monopolähnliche Position für Waffenimporte nach Italien eintrug. 1933 unterhielt er eine eigene Flugzeugfabrik, finanzierte die austrofaschistische Heimwehr-Miliz, besaß eine Zehn-Zimmer-Luxuswohnung in Wien sowie die palastähnliche Villa Fegenberg, vierzig Kilometer südwestlich der Hauptstadt. Er war der drittreichste Mann Österreichs, mit gerade mal dreiunddreißig Jahren.

Seit April stand Hedy wieder im Theater an der Wien auf der Bühne, in Fritz Kreislers Operette *Sissy* spielte und sang sie die Kaiserin von Österreich, als Zweitbesetzung für die vielbeschäftigte Theaterdiva Paula Wessely. Sie hatte viele heimliche Verehrer. Einer tat sich besonders hervor. Täglich schickte er ihr Blumen in ihren Umkleideraum; einmal, beim Schlussapplaus, gaben Platzanweiser ihr auf sein Geheiß hin ein ganzes Bündel an Sträußen, so groß, dass sie es selbst kaum von der Bühne tragen konnte. Irgendwann stellte er sich backstage vor. „Ich nehme an, Sie haben viel von mir gehört", waren seine ersten Worte. „Ja, und nichts Gutes", entgegnete Hedy.

Seine Entschlossenheit beeindruckte sie dennoch. Gleich am nächsten Tag durfte er ihre Eltern treffen, um in aller Form die Erlaubnis zu erbitten, ihrer Tochter den Hof zu machen. Er erhielt sie. Einige Wochen lang sah man Fritz und Hedy oft in einer schwarzen Limousine mit Chauffeur durch die Stadt fahren. „Eines Tages schwirrte er mit mir in sein Jagdrevier ab", schreibt Hedy in *Ekstase und ich*, „stellte mir siebzehn Hunde und ein freundliches kleines Haushaltspersonal vor, worunter sich Köche, Butler, Gärtner, ein Mädchen für die oberen und eins für die unteren Räume befanden.

Und schließlich fragte – nein, verlangte er, dass ich ihn heirate." Ende Juli schied Hedy aus dem *Sissy*-Ensemble aus. Am 10. August 1933 gaben sich Fritz Mandl und Hedwig Kiesler in der Wiener Karlskirche vor zweihundert handverlesenen Gästen das Jawort. Hedy war achtzehn, Mandl dreiunddreißig. „Ich glaube, meine Eltern wollten mich damals loswerden, deshalb arrangierten sie schnellstens diese Ehe", sagte Hedy 1977. „Ich wollte Mandl nicht heiraten, doch bevor ich mich versah, war es schon passiert. Wir hatten effektiv nichts gemeinsam."

Auf den ersten Blick kamen die beiden aus grundverschiedenen Umfeldern. Hedy war eher unpolitisch und sehr kultiviert, Fritz ein Draufgänger mit dubiosen Verbindungen, gerade für liberale Juden wie die Kieslers. Das Seltsame daran: Mandls Vater war Jude, weshalb Mandl selbst den Nazis als sogenannter „Geltungsjude" galt, auch wenn seine Mutter Katholikin war und ihn katholisch erzogen hatte. Seinem Firmenimperium wurde dies 1938 zum Verhängnis, als die Nazis ihn nach dem „Anschluss" aus dem Land jagten. Er selbst hatte jahrelang versucht, von den mächtigen deutschen Geschäftspartnern als Nichtjude anerkannt zu werden, mehr als eine zeitweilige Statusverbesserung als sogenannter „Ehrenjude" erreichte er jedoch nicht. Die katholische Hochzeit mit Hedy passt zu dieser Strategie. Beide wollten hoch hinaus, und wer in den Dreißigerjahren in Österreich ein High-Society-Star sein wollte, tat besser daran, seinen jüdischen Hintergrund zu verbergen.

Als Hedy ihn heiratete, genoss Mandl in Wien einen Ruf als Frauenheld und Bonvivant. Mit einundzwanzig hatte er die Schauspielerin Helene „Hella" Strauss geheiratet, die ihm zuliebe ihre Karriere aufgab. Zwei Jahre später wurde die Ehe geschieden. Wieder zwei Jahre später begann er eine Affäre mit seiner Cousine Eva May. Ihre Familie missbilligte Evas Neigung zu Fritz, der ihr eines Tages auf einer Champagnerparty eröffnete, er werde sie nicht heiraten. Wenige Tage später schoss sie sich in einem Hotelzimmer mit einer Pistole in den Kopf. In der anderen Hand hielt sie ein Foto von Fritz. Zwei Menschen, deren Abwendung von ihren Geliebten diese in den Selbstmord trieb – Hedy und Mandl verband auch diese Erfahrung.

Die ersten Monate mit Mandl waren gute Monate für Hedy. Sie genoss es, im Luxus zu schwelgen, ihren 11-Karat-Diamanten-Gold-Ehering bei jeder Gelegenheit in Szene zu setzen und die Kellner im Restaurant zu berichten, wenn sie sie als „Fräulein" ansprachen. „Wir hatten einen riesigen Dienerstab, und bei unseren Abendessen waren selten weniger als dreißig Leute beisammen", erinnerte sich Hedy später. „Unsere Gäste reichten von Industriellen bis zu Royals. Ich fühlte mich wie Schneewittchen." Laut Christopher Young, 1966 Autor der ersten Hedy-Lamarr-Biografie, aßen unter anderem Ödön von Horváth und Franz Werfel, Benito Mussolini

Als ruhmreiche Kaiserin in der Operette *Sissy*, Wien, Frühjahr 1933

und Sigmund Freud bei den Mandls zu Abend. Gemeinsam reisten Fritz und Hedy nach Paris, Venedig und Monte Carlo. In Paris, erinnerte sich Hedy später, standen sie auf der Place Vendôme vor einem Juwelierladen, in dessen Schaufenster vier erlesene Ringe lagen. „Er fragte mich, welchen ich mochte. Ich sagte, keine Ahnung, ich mag sie alle. Also ging er hinein und kaufte alle vier."

Mandl war auf seine neue Frau äußerst stolz. Stets saß sie bei Empfängen juwelenbestückt an seiner Seite, ganz die allseits beneidete Trophäe, nach der sich der Großkapitalist gesehnt hatte, sozusagen sein schönster Kauf. Ansonsten war sein Leben strikt von seiner goldenen Stoppuhr bestimmt. Hedys kulturelles Interesse teilte er nicht, und dass sie ausging und Freunde traf, ließ er nicht zu. Binnen Kurzem erwies sich, dass Mandl krankhaft eifersüchtig war. In ihrem Wiener Apartment ließ er sieben Schlösser anbringen, über deren Schlüssel außer ihm nur das Hauspersonal verfügte, um sicherzustellen, dass Hedy vor Versuchungen sicher war. Nachdem er ihr zu Beginn Blankoschecks für ihre Shoppingtouren ausgestellt hatte, limitierte er nun ihr Kreditlimit. Und nachdem er 1934 erstmals *Ekstase* gesehen hatte, gab er über Jahre ein Vermögen aus, um alle verfügbaren Kopien des Films aufzukaufen und zu verhindern, dass jemand seine Frau nackt sähe. Manch trickreichen Filmvervielfältiger machte er so reich. Auf Benito Mussolini machte er jedoch wenig Eindruck. Der „Duce", der eine eigene Kopie besaß, ließ Mandl ausrichten, diese sei für kein Geld der Welt zu verkaufen.

Hedys Ehe hatte sich in kürzester Zeit als goldenes Gefängnis entpuppt. Die Wiener Wohnung durfte sie nur verlassen, um ihre Eltern zu besuchen oder auf den Landsitz zu fahren. „Ich musste mich neben ihn setzen, während er die Post öffnete, und durfte die Fabrik nicht betreten. Er erlaubte mir nicht einmal, allein im Meer zu schwimmen. Ich verachtete ihn." Auf dem Landsitz langweilte sie sich mitunter so sehr, dass sie einmal alle sechzehn Toilettensitze aus dem Haus abmontierte, auf dem Hof nebeneinander aufreihte und in den verschiedensten Farben bemalte, als Mandl plötzlich und unangemeldet mit wichtigen Geschäftsgästen auf dem Landsitz vorfuhr. „Als er aus dem Auto stieg und sich das Szenario mit den Toilettensitzen besah, warf ich einen kurzen Blick auf sein Gewittergesicht. Da wusste ich, ich würde meinen Hollywood-Traum wieder aufnehmen."

AM DONNERSTAG, DEM 14. FEBRUAR 1935 fand Trude Kiesler ihren Mann tot zu Hause vor. Emil hatte sich in Hedys Kinderzimmer ausgeruht und dort einen Herzinfarkt erlitten. Er wurde achtundfünfzig Jahre alt. Hedy war außer sich und erschien nicht zur Beerdigung ihres Vaters. In den Wochen darauf verbrachte sie viel Zeit mit

Trude und klagte ihr ihr Leid mit der Ehe. Später, in den USA, erzählte sie einem Journalisten, ihre Mutter habe ihr damals gesagt, was auch immer sie tue, sie stehe hinter ihr, aber sie wolle nicht eingeweiht sein. Schließlich wolle sie Mandl guten Gewissens sagen können, sie habe von nichts gewusst. In den Monaten darauf begann Hedwig Maria Kiesler ihre Flucht von Fritz Mandl vorzubereiten.

Ihr erster Versuch schlug kläglich fehl. Eines Abends im Frühsommer 1935 hatten die Mandls einen englischen Oberst zu Gast, der sich besonders um die reizende Hedy bemühte und sich ungewohnt nazi-kritisch äußerte. Hedy vermutete einen Komplizen vor sich. Als Colonel Righter, einem leidenschaftlichen Raucher, die Zigaretten ausgingen und Mandl den Raum verließ, um dem Colonel einige aus dem eigenen Fundus zu holen, wandte sich Hedy nach eigenen Angaben an ihn wie folgt: „Können Sie mir helfen, aus Wien zu fliehen? Ich bin buchstäblich eine Gefangene hier in meinem Zuhause und in diesem Land. Bitte, können Sie mir helfen?' Er schien zu glauben, ich hätte den Verstand verloren: ‚Was ist denn los?' – ‚Wo wohnen Sie?', entgegnete ich schnell, verzweifelt bemüht, die Dinge zu arrangieren, ehe Mandl zurückkehrte. Er nannte mir den Namen seines Hotels. ‚Ich muss fliehen', sagte ich. ‚Mein Mann hat die Dienstboten angewiesen, mich zu beobachten, und die Kontrolle wird immer unbarmherziger.' Oberst Righter war furchtbar nervös. ‚Nehmen Sie Kontakt zu mir auf', sagte er nach einer Pause. ‚Ich werde Ihnen irgendwie helfen.'"

Was er allerdings nicht tat. Stattdessen betrat Mandl, nachdem der Oberst sich verabschiedet hatte, Hedys Schlafzimmer, in der Hand eine Schallplatte. „Ich habe einen seltenen Strauß-Walzer", sagte er. „Ich dachte, du möchtest ihn vielleicht anhören." Tatsächlich hörte man Musik – und dann eine Stimme. Hedys Stimme. „Können Sie mir helfen, aus Wien zu fliehen?" Mandl hatte ihr Gespräch mit Mr. Righter heimlich mitgeschnitten. Darauf erklärte Mandl ihr, Righter werde ihr nicht helfen, weil er auf seiner, Mandls, Lohnliste stehe, und sagte: „Selbstverständlich werde ich deine Bewachung verstärken müssen. Und vielleicht solltest du für eine Weile deine Aktivitäten auf deine Zimmerflucht beschränken."

Hedy gab sich nicht geschlagen, aber sie brauchte ein ganzes Jahr für den zweiten Befreiungsversuch. Im Sommer 1936 begann sie eine heimliche Affäre mit Ernst Rüdiger von Starhemberg – Adliger, mächtiger Politiker, von 1934 bis 1936 sogar Vizekanzler der Republik, und Fritz Mandls bester Freund. Mandls Schwachpunkt bei der Überwachung seiner Frau lag darin, dass er selbst regelmäßige Geschäftsreisen unternehmen musste. War er außerhalb der Stadt, schlich sich Hedy aus der Wohnung und in Starhembergs Palast, zu dem sie einen Schlüssel hatte. Diesmal hatte sie Budapest als Fluchtort ausgewählt, wo der Prinz sie einigen bekannten Theatermachern

Hochzeit mit Fritz Mandl, August 1933; Mandl im Gestus des Großindustriellen

vorstellen wollte. Gemeinsam bestiegen sie den Zug Wien-Budapest. Mandl, gerade in Rom unterwegs, wurde von seinen Spionen unterrichtet, nahm umgehend seinen Privatjet und fing das Paar am Budapester Hauptbahnhof ab. Seinen Freund Starhemberg ignorierte er völlig, wandte sich direkt an seine Frau und sagte mit sanfter Stimme und flackerndem Blick zu ihr: „Du kommst jetzt mit nach Hause, meine Hedy. Selbstverständlich wird es keinen Skandal geben." Hedy ergab sich ein zweites Mal seiner Macht. Und Starhemberg, von Mandl vor die Wahl Freundschaft oder Affäre gestellt, versprach ihm, die Liaison zu lösen. Die Schlüssel zu Starhembergs Palast warf Hedy kurzerhand in die Donau.

Bis zum dritten Versuch verging ein weiteres Jahr. Diesmal war Hedy besser vorbereitet. Im August 1937 packte sie ihr heimlich gespartes Geld zusammen und sandte einer guten Freundin in Paris einige ihrer kostbarsten Juwelen. An einem Donnerstag, als Mandl gerade zum Jagen auf dem Landsitz weilte, verkleidete sich Hedy als ihr eigenes Dienstmädchen und floh, mit Koffer und Ausweis, erfolgreich aus einem Fenster der Mandl-Festung – dem Journalisten Hans Janitschek erzählte Hedy später, ein englischer Diplomat habe ihr bei der Flucht aus dem Fenster geholfen und sie zum Bahnhof gebracht, in anderen Versionen war ihr ein Dienstmädchen behilflich. Jedenfalls nahm sie am Bahnhof den Zug in die französische Hauptstadt. Bei ihrer Ankunft erhielt sie ein Telegramm: Mandl sei bereits auf dem Weg, sie einzufangen. Anstatt auszupacken und wie geplant in Paris die Scheidung einzureichen, nahm sie ein Taxi nach Calais und von dort die Fähre nach England.

Mandl gab auf. Nach England traute er sich dann doch nicht. Am 18. September 1937 gab Fritz Mandl bekannt, Hedy und er würden sich scheiden lassen.

„Die interessantesten Leute habe ich im Flugzeug und auf dem Schiff kennengelernt."

Kapitel 3

How The West Was Won

– MAYER, LA MARR, ALGIERS, ALLÜREN –

Die 1930er-Jahre waren das Jahrzehnt, in dem die glanzvollsten Ozeanriesen gebaut wurden, die es auf der Welt je gab, und die *Normandie* war ihr exklusivstes Exemplar. Äußerlich war der 313,58 Meter lange Dampfer aus Le Havre schon markant genug, mit einer schmalen, schwungvollen Flanke und Schornsteinen in Tropfenform. Als das Schiff 1935 vom Stapel lief, war es das größte, längste und schnellste aller Zeiten – gleich bei seiner Jungfernfahrt gewann es das Blaue Band für die schnellste Atlantiküberquerung. Vor allem aber der Innenbereich der *Normandie* war legendär: ein Statement an französischer Geschmackskultur, der Inbegriff schwimmenden Art décos. Es gab einen gewaltigen, lichtdurchfluteten Speisesaal mit Glassäulen und Deckenlampen von René Lalique, es gab formvollendete Türen und Wandbilder, eine holzgetäfelte Grande Allée sowie allenthalben Pagen in scharlachroten Uniformen. „Das ist der Eindruck, der alles prägt: Gold, Lalique-Glas und Scharlach", schrieb der britische Essayist Harold Nicolson. „Man kommt sich vor wie im Bühnenbild zu einem Ballett."

Innerhalb kürzester Zeit wurde die *Normandie* zum Lieblingsschiff der Hollywood-Prominenz. Hier traf man sich zur Überfahrt, hier ließ man sich blicken, hier hatte man Zeit, um in Ruhe über neue Trends, auslaufende Verträge oder die Stars von morgen nachzudenken und nebenbei französische Extravaganz zu genießen. Auch Louis B. Mayer pflegte hier mit Vorliebe Geschäfte zu machen. Auf der *Normandie* ergriff Hedwig Kiesler ihre Chance.

Bereits in ihrer Wiener Zeit hatte Hedy die Bekanntschaft des Film-Managers gemacht, der in Hollywood damals der mächtigste Mann war. Mayer, geboren als Eliezer Meir 1884 in Weißrussland, hatte das Filmstudio Metro-Goldwyn-Mayer seit Mitte der Zwanzigerjahre zum erfolgreichsten und profitabelsten unter den „Major

Makellos, unnahbar, irgendwie traurig: Star-Porträt aus den ersten Hollywood-Jahren

Studios" geformt, zwischen 1936 und 1947 galt er als bestverdienender Manager der Welt. Den Sommer 1934 verbrachte er in Europa, auf der Suche nach Talenten. Im August nahm er eine Einladung Max Reinhardts auf Schloss Leopoldskron in Salzburg an, das Reinhardt bereits 1918 erworben hatte und auf dem er bis zu seiner Enteignung 1938 durch die Nazis logierte.

Bei dem festlichen Dinner zu Ehren Mayers waren auch Hedy und Mandl zugegen. Gut möglich, dass Reinhardt das Treffen arrangiert hatte, um seinen schönsten Schützling dem amerikanischen Studioboss vorzustellen. Nach unbestätigten Angaben brachte der Impresario höchstselbst bei Tisch das Gespräch auf Hedys mögliche Karriere-Aussichten in Hollywood. Mayer, schon damals berühmt für sein konservatives Familienbild und sein Pochen auf „saubere Filme", antwortete demnach in aller Freundlichkeit, als Hollywood-Star sei Frau Mandl nach ihrem Nacktauftritt in *Ekstase* für ihn leider unvorstellbar. Die Moral in Amerika sei eben so. Und außerdem spreche Hedwig, so entzückend sie sei, ja nun mal kein Wort Englisch.

Zurückweisungen dieser Art stachelten Hedy seit jeher an – sie war es vom Umgang mit ihrem Vater gewohnt, dass sich selbst ein kategorisches Nein durchaus bearbeiten ließ. In London angekommen, suchte und bekam sie kurzerhand die Chance, Mayers Standhaftigkeit zu testen. Der Mogul weilte wieder in der Stadt. Er hatte es sich in diesen Jahren zur Gewohnheit gemacht, sommers in Europa vielversprechende Filmgesichter zu sichten und die besten nach Los Angeles zu lotsen (auch und gerade Juden auf der Flucht vor den Nazis). Stars wie Greta Garbo und Greer Garson, Regisseur Julien Duvivier (*Pépé le Moko*) und Drehbuchautor Walter Reisch (*Ninotschka*) landeten auf diese Weise in Hollywood.

Ein paar Tage nachdem Hedy im Hotel Regent Palace am Londoner Piccadilly Circus eingecheckt hatte, fädelte sie ein Treffen mit MGMs Talentscout Robert Ritchie ein. Er versprach, ihr zu helfen, und arrangierte tatsächlich ein Treffen mit Mayer im Claridge Hotel. Mayer empfing sie in seinem „Plüsch-Apartment", wie Hedy sich in *Ekstase und ich* erinnert. Seine Leute mixten ihr einen starken Highball-Cocktail, derweil Mayer, die Kappe verwegen seitlich auf dem Kopf sitzend und mit erloschener Zigarre in der Hand, sich vor ihr aufbaute und jenes Mantra wiederholte, das sie bereits von Schloss Leopoldskron her kannte: Sie sei ja durchaus entzückend, aber nach *Ekstase* könne er ihr keine Hoffnung auf Star-Ruhm in Übersee machen. „Ich nehme den Familienstandpunkt ein", ließ er sie durch seinen Übersetzer wissen. „Wir machen saubere Filme und sehen es gern, wenn unsere Stars einen sauberen Lebenswandel führen. Ich möchte nicht wissen, was die Leute über ein Mädchen denken würden, das mit nacktem Hintern über die Leinwand flitzt." Hedy ließ nicht locker.

In aller Ausführlichkeit setzte sie Mayer auseinander, sie sei bei *Ekstase* erst siebzehn gewesen und habe sich zu den Nacktszenen zwingen lassen. Nun brenne sie auf eine Chance, sich in Hollywood als gute Schauspielerin zu beweisen. Er möge ihr doch bitte diese Chance geben. Diese eine. Er werde es sicher nicht bereuen.

Mayer, ganz gewiefter Geschäftsmann, machte ihr ein Angebot: Wenn sie ihre Reise selbst bezahle, sei er bereit, sie unter Vertrag zu nehmen – für 125 Dollar die Woche. Er hatte sich verrechnet. Hedy hatte ihn angefleht, doch sie war eine stolze Frau voller Selbstvertrauen. Mayers Angebot empfand sie als demütigend. In radebrechendem Englisch erklärte sie, einen solch „billigen Vertrag" müsse sie ablehnen, und wandte sich zum Gehen. Mayer war erst überrascht, dann beeindruckt. „Sie haben Mut", sagte er, während er sie zum Ausgang seiner Hotelsuite geleitete. „Das gefällt mir. Und Sie haben einen größeren Busen, als ich dachte."

Beim Kaffee mit Talentscout Robert Ritchie befielen Hedy Zweifel. Hätte sie das Angebot nicht besser annehmen sollen? Vielleicht war und blieb es ihr einziges Ticket nach Hollywood. Sie überlegte, nachzuverhandeln. Das Problem war nur: Mr. Mayer würde sich anderntags mit der *Normandie* von Le Havre aus nach New York einschiffen. Ein paar Anrufe, und Hedy wusste, die *Normandie* war hoffnungslos ausgebucht. Robert Ritchie hatte die rettende Idee: Einer seiner Klienten, der vierzehnjährige Wundergeiger Grisha Goluboff, hatte gerade eine erfolgreiche Konzerttournee in Europa beendet und auf dem Schiff eine eigene Kabine gebucht. Hedy würde als seine Gouvernante mitreisen.

Der Plan ging auf. Am nächsten Morgen bestieg Hedy die Fähre von Portsmouth nach Le Havre und ging dort mit Grisha an Bord der *Normandie*. Sie hatte kaum Gepäck bei sich, dafür 900 Dollar in der Tasche. Ihre Juwelen hatte sie in London fast vollständig versetzt.

Schon kurz nach ihrer Ausfahrt hatte die *Normandie* Probleme mit der Schiffsschraube und musste zwecks Reparatur in den Hafen zurückkehren. Während die Arbeiten über Nacht andauerten, veranstaltete Mayer eine Schiffsparty für ausgesuchte Gäste. Grisha erschien mit Hedy im Schlepptau. Wie genau Hedy mit „L.B." (wie Mayer damals gemeinhin genannt wurde) ins Gespräch kam, ist nicht überliefert. Jedenfalls muss sie sehr überzeugende Argumente gehabt haben. Gegen Ende ihres ersten Abends auf der *Normandie* verließ Hedy die Party mit der Zusage Mayers für einen Sieben-Jahres-Vertrag bei einer Wochengage von 550 Dollar. Mayers einzige Bedingung: Sie müsse möglichst schnell Englisch lernen.

Die Atlantiküberfahrt geriet für Hedy zu einer einzigen Erfolgs- und Promotiontour in eigener Sache. Mayer war ganz vernarrt in sie – nicht zuletzt wohl deshalb, weil

Durchbruch als Weltstar: mit Charles Boyer in *Algiers*, 1938

er merkte, wie vernarrt der Rest der vornehmen Gästeschar in sie war. Der Gedanke, Hedwig Kiesler zu einer echten Hollywood-Erscheinung zu machen, begann ihn erkennbar zu faszinieren. Da sie kaum Kleidung besaß, hatte Mayer, sonst als eher knauserig bekannt, ihr erlaubt, auf Studiokosten in den Chanel- und Dior-Boutiquen an Bord einzukaufen und sich ein schickes Paar Koffer zuzulegen. Was nun noch fehlte, war ein klangvoller Name.

Nach ein paar Tagen auf See saß er eines Abends auf dem A-Deck mit einigen Mitgliedern seiner Entourage beisammen – dem Autor Walter Reisch sowie seinen Agenten Benny Thau und Howard Strickling. Wie Reisch sich später erinnerte, erklärte Mayer ihm, er suche nach einem geeigneten Künstlernamen für Hedwig Kiesler. Bei Kiesler wisse man nie, wie es auszusprechen sei, ob nun Key-sler, Kay-slur oder Kie-slar. „Es ist einfach zu deutsch", befand „L.B.". Gemeinsam dachte man nach. Irgendwann fiel Mayer Barbara La Marr ein, auch bekannt als „the too beautiful girl". La Marr, geboren 1896, galt als außergewöhnliche Schönheit und zählte zwischen 1921 und 1925 zu Hollywoods bestverdienenden Stars. Beim Dreh ihres dreizehnten Films *Souls For Sale* 1923 verletzte sie sich unglücklich am Knöchel. Um weiterdrehen zu können, verschrieb ihr der Studioarzt Betäubungsmittel – darunter Morphin, Kokain und Heroin. Der Schauspielerin wurde zunächst nicht mitgeteilt, was für eine Art „Medizin" sie erhielt. Als der Film abgedreht war, war sie abhängig. Gesundheitlich am Ende, starb sie 1926 an Tuberkulose. Zu ihrem Begräbnis erschienen vierzigtausend Menschen. In den nicht mal dreißig Jahren ihres Lebens hatte Barbara La Marr fünf gescheiterte Ehen, zahllose Affären sowie einen unehelichen Sohn, den sie offiziell adoptierte, um ihm den öffentlichen Makel seiner Abstammung zu ersparen. Die Parallelen zwischen La Marrs Schicksal und dem, was Hedy Lamarr in ihrem weiteren Leben passieren sollte, sind im Nachhinein erstaunlich. Vielleicht spürte Mayer intuitiv, dass Barbara La Marr und Hedwig Kiesler manche Gemeinsamkeit hatten. „Hedy Lamarr", sagte er. „Das klingt nach genau dem richtigen Namen." Reisch nickte bestätigend und befand: „Wir werden Tod durch Leben ersetzen."

Wie bei den meisten ihrer schillernden Lebenswendungen hat Hedy die Geschichte der Namensgebung oft erzählt und oft variiert. Mal hatte sie selbst die Idee, mal fiel Mayer der Name erst viel später in Los Angeles ein, mal war sie zugegen, als Margaret Mayer, Louis' Ehefrau, beim gemeinsamen Brainstorming den Namen des Stummfilmstars ins Gespräch warf. „Lamarr, das klingt wie la mer, Französisch für das Meer", sagte sie demnach. „Wir sind auf der *Normandie*, mitten auf dem Ozean. Hedy Lamarr klingt perfekt für mich." Wie immer es auch gewesen sei – die erfolgreiche Lamarr-

Hedy kurz nach ihrer Ankunft in Hollywood. Schwimmen war zeitlebens ihre Lieblingssportart

Taufe auf dem Schiff war ein weiterer großer Schritt auf ihrer alles in allem triumphalen Überfahrt. Am 30. September 1937 lief die *Normandie* in New York ein.

Ankünfte großer Dampfer waren für die Zeitungen dieser Zeit immer ein Thema, meist waren große Stars aus Europa oder vielversprechende Immigranten an Bord. Auf der *Normandie* befanden sich damals, neben Hedy und „L.B.", immerhin Cole Porter, Douglas Fairbanks Jr. und Danielle Darrieux. Die *New York Times* aber berichtete anderntags vor allem über die Ankunft des berüchtigten *Ecstasy*-Stars aus Österreich, der nun unter neuem Namen sich anschickte, Hollywood zu erobern. „Miss Kiesler, who will be known henceforth as Miss Hedy Lamarr, signed a contract during the voyage with Louis B. Mayer", hieß es. Und der junge Ed Sullivan, damals Kolumnist der *New York Daily News* und später jahrzehntelang Talkshowmaster der *Ed Sullivan Show*, kürte sie in Anlehnung an Max Reinhardt schon mal zur „schönsten Frau des Jahrhunderts". Die Reporter überschütteten die „Ecstasy Lady" mit Fragen zu absolvierten und geplanten Nacktauftritten. „Ich verstehe nicht ganz, warum der Film zensiert wurde", entgegnete Hedy. „Männer schauen Frauen doch andauernd an und ziehen sie mit ihren Blicken aus." Sie genoss es spürbar, in Übersee keine Unbekannte zu sein. Schon bei der ersten Gelegenheit ließ sie ein Talent erahnen, das Hollywoods Boulevardpresse in der Folgezeit so sehr an ihr schätzte: Als Interviewpartnerin war sie die geborene Entertainerin.

Trotzdem blieb ihr New Yorker Auftritt bis auf Weiteres ihr letzter. Louis B. Mayer hatte seinen Untergebenen eine klare Hedy-Strategie auferlegt: die Ruchbarkeit ihres Ruhms zwecks MGM-Tauglichkeit schleunigst auszuräumen. Ein neuer Name für die geplanten „sauberen Filme" war da sicher vorteilhaft. Allerdings auch eine „klare Kante" gegenüber der Presse. Zurück in Los Angeles war Mayers erste Amtshandlung entsprechend. Nachdem Hedy am 4. Oktober mit dem Zug Los Angeles erreicht und sich im Chateau Marmont Hotel einquartiert hatte, ließ Mayer ihr einen Strauß rote Rosen schicken und sie zu sich ins Büro bringen. Mit dabei beim ersten Termin: Howard Strickling, Mayers PR-Profi. Erster und einziger Programmpunkt: die Imagefrage. „Howard, wir haben da ein kleines Problem", sagte „L.B.". „Miss Lamarr hat unter dem Namen Hedwig Kiesler in Europa einen Film mit dem Titel *Ekstase* gemacht. Sie war schlecht beraten, als sie ihn drehte. Er enthält verschiedene zensuranfällige Szenen … Ich will nicht, dass ihr Name jemals wieder im Zusammenhang mit diesem Film irgendwie öffentlich erwähnt wird."

Howard kümmerte sich darum, und tatsächlich tauchte der Name *Ekstase* fortan kaum noch auf. Der Hauptgrund dafür war einfach: Hedy, gerade erst aufsehenerregend in Amerika angekommen, verschwand sofort wieder aus dem Rampenlicht. Die ersten Monate verbrachte sie damit, sich einen hollywoodkompatiblen Look zuzulegen, im Taxi L.A. zu erkunden, Journalisten zu meiden und intensiv Englisch zu lernen. Mayer besorgte ihr ein Apartment und eine Mitbewohnerin: Ilona Massey, gebürtige Ilona Hajmássy, auch sie eine attraktive junge Schauspielerin, auch sie eben erst aus Europa importiert, auch sie mit neuem Namen ausgestattet, auch sie ohne Englischkenntnisse. In Deutschland hatte sie mit Heinz Rühmann in *Der Himmel auf Erden* gespielt, in den USA sollte sie 1949 in *Love Happy (Die Marx Brothers im Theater)* ihren größten Erfolg haben, als diamantenbesessene Madame Egelichi. Hedy und Ilona verstanden sich blendend, schulten gemeinsam ihr Englisch und gingen oft gemeinsam ins Kino oder auf Partys.

Irgendwann im Winter zog Hedy in ein größeres Apartment am Benedict Canyon, nördlich von Beverly Hills, mit einem schönen kleinen Garten. Sie versuchte sich zu beschäftigen, verbrachte viel Zeit mit der Wohnungseinrichtung, malte ein Bild nach dem anderen (übrigens ein lebenslanges Hobby von ihr) und zog auf Filmpartys regelmäßig die meisten Blicke auf sich.

Dennoch fühlte sie sich in den ersten Monaten einsam. Ausgedehnteren Unterhaltungen auf Englisch konnte sie noch immer nicht folgen. „Nach Soirée-Abenden war mir ganz schwindlig", erinnerte sie sich später. „Wenn jemand den fünften Satz sagte, war ich noch dabei, den ersten zu verdauen. Ich hasste diese Partys." Hinzu kam, dass ihr langsam klar wurde, wie wenig sich Hollywood um sie scherte. MGM war eine Riesenfirma mit rund hundertvierzig Abteilungen und Dutzenden Stars, und Mayer hatte Wichtigeres zu tun, als sich über Hedys erste Rolle Gedanken zu machen. Sie brannte darauf, ihr Können zu zeigen, aber mehr als ein paar Fototermine und ein Screentest sprangen fürs Erste nicht heraus, und ihr Vertrag lief offiziell nur bis April 1938. Louis B. Mayers schönster Europa-Import der Saison war buchstäblich allein zu Hause. PR-Mann Howard Strickling setzte eigens seine Leute darauf an, mit ihr auszugehen, um sie zu zerstreuen. F. Scott Fitzgerald, Autor des später weltberühmten *großen Gatsby*, damals allerdings weitgehend erfolglos und bei MGM als Drehbuchautor unter Vertrag, begegnete Hedy eines Tages im Restaurant und sagte zu seiner Begleiterin: „Wie passend zu Hollywood – die schönste Frau der Welt nimmt ihr Dinner an einem Samstagabend allein ein."

Ihr erster Retter war Reginald Gardiner. Brite, gut aussehend, vierunddreißig, Single und damals als Komödienstar recht gefragt. Die beiden wurden Freunde und Gefährten, sie unterhielten eine längere Affäre, und durch „Reggie" erhielt Hedy Zugang zu den exklusiveren Hollywood-Partys, wo sie unter anderem Joan Crawford und Myrna Loy kennenlernte. Vor allem mit Loy entwickelte sie eine langjährige Freundschaft.

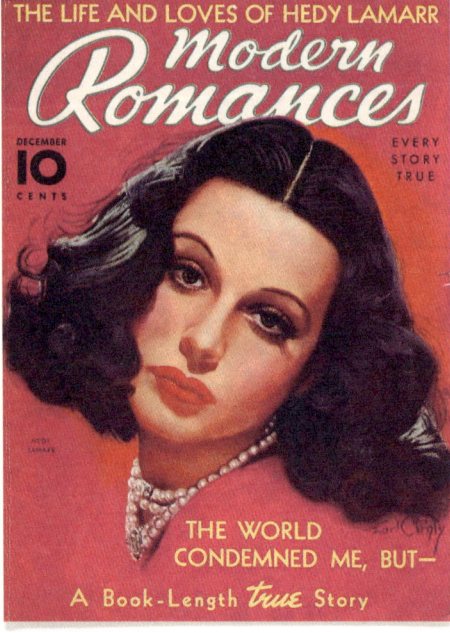

Herrin der Magazintitel: Vor allem während der Weltkriegsjahre zählte Hedy Lamarr zu Hollywoods beliebtesten Cover-Stars

Der Mann aber, der sie nicht allein vor dem Dahindämmern in Hollywood rettete, sondern mit einem Mal in die erste Star-Riege katapultierte, war Charles Boyer. Es war ein regnerischer Abend im Februar 1938, als, wie Hedy in ihrer Autobiografie beschreibt, Reggie in ihr Apartment hereinschneite und sie bat, ihn zu einer Party zu begleiten. Nach einigem Hin und Her stimmte sie schließlich widerwillig zu. Feste dieser Art bedeuteten für sie noch immer mehr Anstrengung als Entspannung. Noch keine zehn Minuten auf der Party, hörte sie eine tiefe Stimme mit französischem Akzent hinter sich sagen: „Von hinten sieht sie wie eine schöne Frau aus." Sie drehte sich um. Boyer.

Der Franzose war damals in Hollywood eine große Nummer, hatte mit Marlene Dietrich (*The Garden Of Allah*), Katherine Hepburn (*Break Of Hearts*) und Danielle Darrieux (*Mayerling*) gespielt und war gerade als Napoleon neben Greta Garbo in *Maria Walewska* zu sehen gewesen. Sie wandte sich ihm zu und dankte artig für das Kompliment, man stellte sich vor und Boyer meinte, er kenne sie und man habe ihm gesagt, sie werde an diesem Abend hier sein. „Sie sind wirklich schön", sagte er. „Würden Sie es erwägen, einen Film mit mir zu machen?" Auf ihr zögerliches Nicken hin führte er

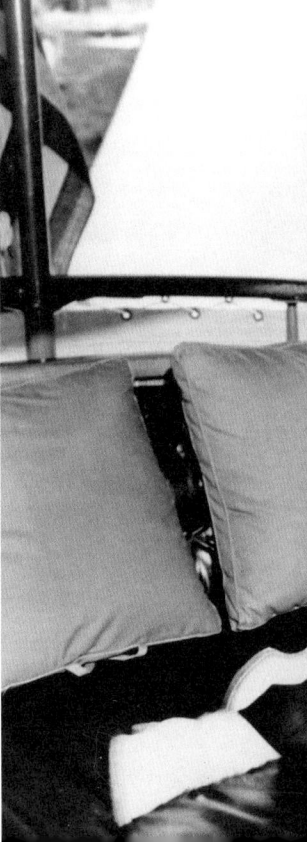

sie quer durch das Zimmer zu einem distinguiert aussehenden Herrn, den er als Walter Wanger vorstellte. Dann passierte in Hedys Worten Folgendes: „,Nun, was meinen Sie?', fragte Boyer den anderen. Ich hatte natürlich keine Ahnung, wovon sie sprachen. Wanger starrte mich an: ‚Sagen Sie einige Sätze.' – ‚Ich war glücklich zu Hause beim Malen im Regen', improvisierte ich, ‚und jetzt überlege ich, ob es klug war auszugehen. Ich bin in sogenannter kleiner Konversation ziemlich schlecht und mein Englisch ist immer noch schwer zu meistern.' Wanger nickte. ‚Ja, es könnte sein. Könnte sein.'"

Die beiden erklärten ihr, worum es ging. Wanger hatte gerade die amerikanischen Rechte für den Film *Pépé le Moko* erworben, der Jean Gabin in Frankreich kurz zuvor zum Superstar gemacht (und dessen Rolle zuvor Boyer abgelehnt) hatte. Nun wollte Boyer im US-Remake die Scharte auswetzen. Wanger fungierte als Produzent. Sylvia Sidney und Dolores del Río waren Wangers erste Wahl für die weiblichen Parts gewesen, hatten aber beide abgesagt. Man war auf der Suche. Und man war offensichtlich ganz angetan von der Newcomerin aus Österreich. Nach dem Gespräch hörte Hedy heimlich mit, wie die beiden Männer über sie sprachen. „Sie hat kleine Titten, aber ein herrliches Gesicht", sagte Walter Wanger.

Hedy privat: in L.A. und Venedig, späte Dreißigerjahre

Die kommenden Tage ließ er einige Testaufnahmen mit ihr machen, sprach bei Louis B. Mayer vor und überredete ihn, Hedy für *Algiers* auszuleihen. Solche Leihgeschäfte waren in Mayers bisherigem Geschäftsgebaren undenkbar, doch diesmal passte alles zu gut. Er hatte mit Hedy sowieso keine weiteren Pläne, sie saß ihm deswegen fast täglich im Nacken, Wanger zahlte ihm das Dreifache dessen, was er selbst Hedy zahlte, darüber hinaus war er so mit Wanger quitt, schließlich hatte dieser ihm seinen Vertragsschauspieler Boyer im Jahr zuvor für *Maria Walewska* ausgeliehen. Die Dreharbeiten begannen am 1. April in den Warner-Bros.-Studios, Ende Mai war der Film im Kasten. Am 13. Juli feierte *Algiers* Premiere im Four Star Theatre von Hollywood.

Die Reaktionen waren grandios, von Kritikern und Publikum, vor allem aber für Hedy. Das Gros der Rezensenten nannte sie „das Beste am ganzen Film". Sie spielte die französische Touristin Gaby, die im Labyrinth der Kasbah mit dem berühmten Juwelendieb und Frauenheld Pépé anbandelt. Schon bei ihrem ersten Auftritt ist sie ganz göttliche Erscheinung, eine elegant gekleidete, makellos proportionierte, sehr selbstbewusste, dabei unnahbar-geheimnisvolle Frau.

Auch wenn Hedys Rolle relativ klein ausfiel (sie hatte nur sechs größere Szenen), war sie unbestritten der heimliche Star des Films und stahl Boyer auch nach Ansicht der Kritiker die Show. Neben Regisseur John Cromwell hatte daran vor allem Kameramann James Wong Howe entscheidenden Anteil. Howe, gebürtiger Chinese, zählte damals zu Hollywoods gefragtesten Kameraleuten und war vor allem für den gekonnten Einsatz von Licht- und Schattengegensätzen bekannt. Bei der Inszenierung von Hedys Gesicht in *Algiers* kann man sehen warum. Ständig liegt ein Teil im Dunkeln, mal sind ihre Augen schattiert, mal verdeckt ein Hut den Anblick. Bei ihrem ersten Auftritt verweilt die Kamera minutenlang auf ihrem Gesicht, und im Lauf des Films gewinnt Hedys Rolle eine zunehmend exotische, orientalische Aura, auch wenn sie eine Französin spielt.

Algiers, einer der größten Kinoerfolge des Jahres 1938, definierte die „neue Hedy" in Hollywood und brachte das Image des „most beautiful girl in the world" perfekter als all ihre folgenden Filme zur Geltung. Hedy war nicht länger Hedwig Kiesler, die frivole Nackte aus *Ekstase*. Sie war jetzt Hedy Lamarr, die perfekt ausgeleuchtete Frau mit dem Augenaufschlag aus *Algiers*, Hollywoods größte Neuentdeckung der späten Dreißigerjahre.

In der Nacht nach der Premiere fuhr sie mit Reginald Gardiner in dessen verstecktes Haus in den Bergen mit Blick auf Malibu Beach. „Und jetzt erzähl mir alles, was ich hören möchte", sagte sie zu ihm. „Sprich über den Film, sag mir, wie gut ich war, wie schön ich war. Ich will keine Zurückhaltung in diesem wunderbaren Moment. Und bitte sprich langsam." Reggie sprach. „Bei Mondlicht tranken wir Lavendel-Sherry", erinnerte sich Hedy in *Ekstase und ich*. „Wir liebten uns die ganze Nacht und schliefen dann fast den ganzen nächsten Tag. In Pyjama und Pantoffeln fuhr Reggie los, um mir die Zeitungen zu holen."

Die folgenden Monate verliefen berauschend. Über Nacht galt Hedy Lamarr als „next big thing" in Hollywood, das verführerischste Versprechen der Traumfabrik. Fotos von ihr waren überall. Der neue, leicht mondäne „Lamarr-Look" – akribisch gestaltet von MGMs berühmtem Hairstylisten Sydney Guilaroff – wurde zum Dauerthema in People-Magazinen und Hedy selbst zwischen Ende der Dreißiger- und Anfang der Fünfzigerjahre zu einem der meistbegehrten Cover-Stars der Zeitschriften. Renommierte Blätter wie *Life*, *Newsweek* oder die *Cahiers du Cinema* setzten Hedys Gesicht auf ihre Titel. Eine regelrechte Hedy-Mode brach aus. Über Nacht wechselten gestandene Schauspielerinnen wie Joan Crawford, Joan Bennett und Claudette Colbert ihre Haarfarbe von blond auf brünett und trugen Mittelscheitel, und plötzlich trugen trendbewusste Frauen in New York und Los Angeles Turban, weil Hedy in *Algiers* einen solchen auf dem Kopf gehabt hatte.

„Traumfrau von fünfzig Millionen Männern", „Heaven with an accent", das waren ihre Spitznamen. „Come with me to the Casbah" wurde unter Filmliebhabern zum geflügelten Wort für verführerischen Exotismus – und das, obwohl der Satz zwar in *Algiers*-Trailern auftauchte, im Film selbst aber dem Schnitt zum Opfer gefallen war. Und seit Richard Rodgers und Lorenz Hart anno 1935 für ihr Broadway-Musical *Jumbo* einen Hit-Song namens *The Most Beautiful Girl In The World* komponiert hatten, gab es nun auch ein Gesicht zur Melodie beziehungsweise eine Melodie zum Gesicht. Als das People-Magazin *Look*, damals mit Millionenauflage, seine Leser im Frühling 1944 befragte, wen sie für die schönste Frau der Welt hielten, landete Hedy Lamarr auf Platz eins, gemeinsam mit Ingrid Bergman. „Sie war mit Sicherheit die größte Sensation ihrer Zeit, möglicherweise der Filmgeschichte schlechthin", schrieb der renommierte Hollywood-Autor Larry Swindell.

Das Besondere, Superlativische an ihr war mit einem Wort zu beschreiben: Ihre Marke war die Schönheit. Auf diese Frau konnten sich alle einigen, endlich schien es eine objektive Schönste zu geben, die alle, einfach alle aus dem Häuschen brachte. „Wenn es um klassische Schönheit geht, kann niemand sie toppen." (Errol Flynn). „Ihr Gesicht – fabelhaft, einfach fabelhaft!" (Myrna Loy). „Dieses unglaubliche Gesicht, dieses herrliche Haar. Sie hat das Zeug, Männer in Ohnmacht fallen zu lassen." (Lana Turner). „The Knockout Beauty." (Bob Hope). „Versuch, als Frau in einem Film neben diesem Lamarr-Gesicht aufzutreten, und sieh zu, dass du nicht Selbstmord begehst." (Claudette Colbert). Et cetera pp.

Mit Hedy eroberte ein Frauentyp Hollywood, nach dem sich das Amerika der Kriegs- und Vorkriegsjahre gesehnt hatte. Weniger üppige blonde Sexbombe (wie vor ihr Jean Harlow und Mae West oder später Jane Russell und Rita Hayworth), weniger giftiges Luder (wie Joan Crawford und Bette Davis im Großteil ihrer Rollen), mehr ein familienkompatibler, indirekter Sex-Appeal, mondän, mysteriös, „sophisticated". Oder wie es Hedys Agent Robert Lantz einmal formulierte: „Hedy ist kein Busen-Beine-Girl. Der Sex sitzt in ihrem Gesicht."

Die Angebetete selbst kam sich vor wie im Traum. Mit einem Mal stand sie im Mittelpunkt des Interesses, Existenzsorgen waren wie weggeblasen, man sagte ihr die ersehnte große Karriere, Reichtum und Huldigung voraus. Als sie 1942 den Film *Comrade X* drehte, war ihre Garderobe am ersten Drehtag mit Blumen übersät, schreibt sie in *Ekstase und ich*, und von Schauspielpartner Clark Gable bis Regisseur King Vidor kamen alle zu ihr, um ihr persönlich zu sagen, wie glücklich sie über Hedys Mitwirken seien. „Das Studio schickte mir das Mittagessen in meine Garderobe, weil ich gern meine Rolle lernte, während ich aß. Ein Skriptgirl half mir bei meinen Rollentexten. Meine eigene Friseurin, die Garderobenfrau und die Sekretärin umsorgten mich hinten und vorne." Es war ein Prinzessinnenleben, wie damals in Wien. Anthony Loder sagt über Hedys Anfangszeit in Hollywood:

HEDYS ERSTE JAHRE WAREN DIE PARTYJAHRE. So viele Dinge passieren auf Partys, erst recht in Hollywood, erst recht in Hedys Fall. Auf Louis B. Mayers Bootsparty auf der *Normandie* bezirzte sie ihn so sehr, dass er sein Vertragsangebot an sie erneuerte, obwohl sie es abgelehnt hatte, und ihr viermal mehr zahlte, als ursprünglich geplant. Auf einer Hollywood-Party traf sie Charles Boyer. Auch Gene Markey, ihren zweiten Mann, traf sie auf einer Party, außerdem Georg Antheil, den Mann, mit dem gemeinsam sie ihre größte Erfindung machte. Dabei hasste sie Partys, wie sie mir später oft sagte. Sie ging hin, weil man es als Schauspielerin tat, zu tun hatte, weil es ihr Image zu polieren half, weil gute Kontakte im Filmgeschäft wichtig sind und weil sie es mochte, ihre immense Wirkung auf andere Menschen, vor allem Männer, immer wieder bestätigt zu finden. In den ersten Jahren in Hollywood gab es davon mehr als genug. Hedy wurde hofiert wie kaum jemand sonst und mit der immer gleichen Bewunderung, der immer gleichen Bestätigung konfrontiert.

In meiner Erfahrung sind Schauspieler geradezu prädestiniert dafür, gespaltene Persönlichkeiten zu sein. Sie verdienen eine Menge Geld, um vor einer Kamera zu

Werbefoto für den Agentenfilm
The Conspirators, 1944

stehen und Sätze zu sprechen, die andere geschrieben haben. Sie werden in Limousinen umhergefahren. Sie kriegen Geschenke von Fremden, werden ständig hofiert, werden systematisch verleitet, sich auserwählt zu fühlen. Irgendwann glauben sie, sie seien irgendwie wichtig. Aber diese Wichtigkeit ist zeitlich stark limitiert, ein Schauspieler berührt meist nur für kurze Zeit sein Publikum. Hollywood gab Hedy Lamarr in den ersten Jahren das Gefühl, sehr wichtig zu sein, ja sie schien auserwählt, archetypische Schönheit zu verkörpern.

Dabei fällt mir eine Szene ein. Irgendwann in den späten Vierzigern, ich war wohl etwa fünf Jahre alt und meine Schwester Denise sieben, fuhren wir im Auto durch Beverly Hills und wurden von einem Motorradpolizisten gestoppt – Hedy hatte eine rote Ampel überfahren, als Autofahrerin war sie nie besonders, schon gar nicht mit Verkehrsregeln. Als sie ihr Fenster herunterkurbelte, erkannte er sie sofort. „Miss Lamarr!", rief er sichtlich begeistert. Kurzerhand machte er ihr ein Angebot. „Wenn Sie mit Ihren Kindern gleich bei Wil Wright vorbeikommen, tun wir einfach so, als sei dies hier nie passiert." Fünfzehn Minuten später saßen wir drei in Wil Wrights Eiscremeladen und aßen Pfefferminzeis aus silbernen Bechern mit Makronenkeksen obendrauf. Um uns herum der Polizist, seine Familie und noch gefühlte zwei Dutzend andere Leute, die Autogramme von Hedy bekamen und uns munter fotografierten.

In den Vierzigern wurde Hedy Lamarr zur Trendsetterin, vor allem bei Mode und Frisuren. Hier Hut-Szenen aus *Crossroads*, *Algiers*, *Lady Of The Tropics* und *The Heavenly Body* (v. links)

So war es fast immer. Mit Hedy ins Kino zu gehen, war uns peinlich. Sie wäre nie auf den Gedanken gekommen, sich in die Warteschlange vor dem Kassenhäuschen zu stellen, das hat sie ihr Leben lang nie getan. Sie ging einfach an der Herde der normalen Menschen in der Schlange vorbei, als ginge sie das nichts an. Sie benahm sich wie eine Königin, ob in einem Laden, im Restaurant oder eben im Kino. Dort ging sie schnurstracks zum Kartenkontrolleur, sagte: „Ich bin Hedy Lamarr", und ging ohne Weiteres in den Saal. „Ja natürlich, Frau Lamarr", hieß es dann immer. Ich hoffte jedes Mal, irgendjemand würde den Mut aufbringen und ihr einen Platz in der Schlange zuweisen. Aber dazu kam es nie. Unsere Mutter stolzierte überall hinein, über die Massen hinweg, ohne zu warten und ohne jemals zu bezahlen. Wann würde mal einer seinen Mumm zusammennehmen und sagen: „Wissen Sie was, mir egal, wer Sie sind, warten Sie, bis Sie an der Reihe sind, wie alle anderen!" Niemals, soweit ich mich erinnere. So ging und geht es vielen Kinostars. Ihr Status in der Welt verleitet sie allzu leicht dazu, sich wie Götter zu fühlen. Ich verabscheue das. Diesen Hype um einzelne Menschen, die mit Ruhm und Komplimenten und Anreizen und Vergötterung so zugemüllt werden, bis sie glauben, ihre Scheiße rieche besser als die der anderen. Dabei wissen wir doch: All shit smells the same.

DASS HEDYS PLÖTZLICHER HIMMELSSTURM sie charakterlich prägte und veränderte, kam keineswegs überraschend, auch ihr selbst war der abgründige Reiz des Ruhms durchaus klar. „Ein Star zu sein, heißt, die Welt zu besitzen und all die Leute darin", schrieb sie 1966. „Ein Star kann alles haben. Wenn es etwas gibt, das er sich nicht kaufen kann, ist immer ein Mann da, der es ihm gibt … Jeder verehrt einen Star. Fremde kämpfen, nur um sich ihm zu nähern. Nach dem Geschmack des Stardaseins ist alles andere Armut."

Hedy reagierte fürs Erste, indem sie sehr gezielt zwischen Hollywood-Hedy und privater Hedy unterschied. Sie könne nirgends gesehen werden, „ohne dass ich ein paar Dutzend Autogramme schreiben muss", schrieb sie in einem Brief an ihre Mutter im Oktober 1939. Und ein paar Monate später: „Du musst deinen Körper in zwei teilen. Was man sieht – die Schale. Und was man nicht sieht – du selbst." Eine Zweiteilung, die sich vor allem auf den zahllosen Fotos dieser Jahre zeigt. Die offizielle Hedy, die der Glamourshootings und Starschnitte, hatte sich einen Blick zugelegt, der notorisch ausdruckslos war (und womöglich gerade deshalb so viele Männer faszinierte). Die lockere, impulsive, expressive Hedy der privaten Fotos war das genaue Gegenteil.

Trude Kiesler war in den ersten Jahren wichtigste Bezugsperson und familiärer Anker für Hedy, obwohl sie seit 1938 – nach ihrer Flucht aus Wien – in London festsaß. Hedy setzte sich bei verschiedensten Gelegenheiten für sie ein und machte ihren Einfluss für ein Visum geltend, das zu der Zeit schwer zu bekommen war. Überdies schrieb sie ihrer Mutter in den ersten Kriegsjahren zahlreiche Briefe, denen sie oft Geld beilegte und in denen sie die Mutter zum Durchhalten ermutigte, ihr einen Nerzmantel bei Ankunft in L.A. in Aussicht stellte und auch Persönlichstes besprach – Liebesglück und -leid, Ängste und Sorgen, neue Filmprojekte, den Krieg, Begegnungen. Einmal schrieb sie Trude, sie sei Charlie Chaplin auf einer Party begegnet, „der schneeweiße Haare hat, sehr gut aussieht und unerkenntlich ist für denjenigen, der ihn nur im Film gesehen hat. Er spricht unaufhörlich und hat meine Arbeit im Film unendlich gelobt, was mir mehr bedeutet als das Lob aller anderen." Die damals sehr enge Bindung zu Trude ist umso bemerkenswerter, als Hedy ihrer Mutter gegenüber später immer abweisender auftrat und sich abfällig über sie äußerte.

Nachdem Joseph P. Kennedy (der Vater von John F., Bobby und Edward), der US-Botschafter in London war und den Hedy gut kannte, persönlich für Trudes US-Visum interveniert hatte, gelangte sie im Januar 1942 tatsächlich über New York nach Los Angeles, wo sie den Rest ihres Lebens verbrachte. Bis dahin hielt Hedy über ihre Mutter engen Kontakt zu den Ereignissen in Europa. Längst machte sich der Krieg auch in Hollywood bemerkbar. Die Nazis hatten, seit März 1938 in Österreich an der Macht, das Land dem Deutschen Reich einverleibt, Hedys Noch-Ehemann Fritz Mandl enteignet und rund achthundert jüdische Filmschaffende in die Flucht getrieben. Zu den Tausenden deutschen Emigranten seit 1933 kamen nach Kriegsausbruch im September 1939 zahllose Flüchtlinge aus aller Welt hinzu, doch die Einreise nach Amerika wurde zunehmend schwierig, da die US-Behörden die fixe Zahl der Einwanderungsquote nicht erhöhten. Insgesamt durften jährlich maximal 165.000 Menschen einwandern. Deutschland hatte mit 51.227 den bei Weitem höchsten Anteil, Österreich lag bei gerade mal 785. Entsprechend groß war das Gerangel.

Als der Weltkrieg begann, war Hollywood voll mit exilierten Stars aus Übersee. Hedy lebte damals in unmittelbarer Nachbarschaft zu Fritz Lang und Billy Wilder, Lotte Lenya und Kurt Weill, Peter Lorre und Jean Gabin. Einstige Wiener Größen wie Arnold Schönberg und Vicki Baum waren in L.A., dazu die halbe Riege der deutschen Star-Schriftsteller, Leute wie Remarque, Brecht, Döblin, Thomas und Heinrich

Hedy und ihre Mutter in den Rocky Mountains, kurz nach Trudes Flucht aus Europa

Mann, in der US-Presse sprach man schon von „New Weimar". In Franz Werfels Villa nahe dem Sunset Boulevard und in Lion Feuchtwangers Villa Aurora traf und sammelte sich die deutschsprachige Kulturszene. Ein Großteil der Exilierten hatte es nicht leicht. Autoren wie Döblin oder Heinrich Mann kamen in Amerika überhaupt nicht zurecht, und alle gemeinsam litten unter der wachsenden Abneigung, die Amerikas Kinopublikum gegen alles Deutsche, sogar Europäische hegte. Einstige Superstars wie Greta Garbo oder Marlene Dietrich galten neuerdings als „Kassengift", glorreiche Neuankömmlinge wie Jean Gabin (der 1941 seiner großen Liebe Marlene Dietrich nach Hollywood folgte) scheiterten kläglich, Filmregisseure mit deutsch klingenden Namen legten sich umgehend einen neuen zu (aus Detlef Sierck wurde Douglas Sirk, aus Samuel Wilder wurde Billy Wilder, aus Wilhelm Weiller wurde William Wyler) und deutsche Schauspieler hatten kaum eine Chance.

Hedy Lamarrs großes Glück bestand darin, trotz anfänglicher Sprachprobleme in Rekordzeit eingemeindet worden zu sein. Spätestens seit Weltkriegsbeginn galt Lamarr in US-Medien als „homebody". Und das, obwohl sie die 1938 beantragte US-Staatsbürgerschaft erst 1953 erhielt.

„Glamourös sein ist einfach. Alles, was man tun muss, ist stillstehen und dumm gucken."

Kapitel 4

Verrückt Nach Hedy
– Tondelayo, Casablanca, Hedgerow, Jamesy –

In Europa herrschte Krieg, in Kalifornien drehte Hedy Lamarr einen Film nach dem anderen. In insgesamt vierzehn Filmen zwischen 1939 und 1945 spielte sie eine Haupt- oder tragende Nebenrolle, macht im Schnitt 2,33 Filme pro Jahr – so viel schafft in Hollywoods Topriege heute niemand mehr. Die Weltkriegsära war für Hedy die kommerziell erfolgreichste. Und es war zugleich die Zeit, in der die Außen- und Innenwelt ihres Berufslebens, ihre Karriere im Filmgeschäft und ihr Bild vom Filmgeschäft auseinanderzudriften begannen. Nach außen lief es prächtig. Hollywood schien sie zu lieben. Nach innen dagegen machte sich erst Ernüchterung, dann Abneigung breit. Langsam, aber sicher begann Hedy Hollywood zu hassen.

Mit den beiden Filmen, die auf den Sensationshit *Algiers* folgten, hatte sie zunächst Pech – und das, obwohl Louis B. Mayer wild entschlossen war, aus Lamarr die neue Garbo zu machen, und dafür kaum einen Aufwand scheute. Für *A New York Cinderella* verpflichtete er Spencer Tracy als Filmpartner und Josef von Sternberg als Regisseur. Tracy hatte gerade den Oscar als bester Hauptdarsteller gewonnen und Sternberg hatte Marlene Dietrich zum Superstar gemacht, erst in Deutschland mit *Der blaue Engel*, später in Hollywood mit *Shanghai-Express*. Im Oktober 1938 begannen die Dreharbeiten. Hedy spielt Georgi, eine aus Europa geflüchtete Lebedame, die sich auf einem Schiff in die USA das Leben nehmen will, weil ihr Liebhaber sie sitzen ließ, und von dem Arzt Dr. Karl Decker (Tracy) gerettet (und später geheiratet) wird.

Am Set lief von Beginn an fast alles schief. Regisseur Sternberg monierte das unausgegorene Drehbuch, Tracy machte sich über Hedys schlechtes Englisch sowie ihr steifes Spiel lustig und Mayer höchstselbst fungierte als Produzent (das einzige Mal neben *Ben Hur*), achtete penibel auf eine perfekte Ausleuchtung von Hedys Auftritten und mischte sich auch sonst in alle Regiebelange ein. Am 5. November

„You stepped out of my dream": als Filmgöttin in *Ziegfield Girl*

Mit Judy Garland und Lana Turner, ihren Partnerinnen in *Ziegfield Girl*

hatte Sternberg die Nase voll und stieg aus. Anderntags übernahm Frank Borzage die Regie – allerdings hatte dieser 1938 bereits zwei Filme gedreht, war müde und hatte wenig Lust auf *Cinderella*. Immerhin bekam der Film ein neues Drehbuch und einen neuen Namen: *I Take This Woman*. All das rettete ihn nicht davor, im Februar 1939 vorerst beerdigt zu werden. Im Dezember 1939 wurde von Neuem gedreht. Am 26. Januar 1940 feierte *I Take This Woman* tatsächlich Premiere – und geriet zu genau jenem Misserfolg, der nach den Umständen seines Zustandekommens absehbar war. Hedys drittem Hollywood-Engagement *Lady Of The Tropics* erging es kaum besser. Das Melodram erzählt die Geschichte der schönen Französin Manon (Hedy), die in Saigon an der Liebe zu zwei Männern (einer davon: Robert Taylor) zerbricht und im Freitod endet. Gefilmt wurde von April bis Juni 1939, der Film startete im August, erhielt mäßige Kritiken und spielte etwas Geld ein – lobend erwähnt wurde vielerorts Hedys glamouröse Erscheinung, mit aufwendigen Kostümen des Kostümbildners Adrian Greenberg. Alles in allem war *Lady Of The Tropics* zu Recht schnell vergessen.

Danach lief es umso besser. Von den folgenden zwölf Filmen wurden elf zu Kassenschlagern. Den Anfang machte *Boom Town (Der Draufgänger)*, eine rasante Abenteuer-

Viereckgeschichte um zwei Hazardeure im Ölgeschäft (Spencer Tracy, Clark Gable) und zwei umworbene Frauen (Claudette Colbert, Hedy Lamarr), gestartet im August 1940 und einer der erfolgreichsten Filme des Jahres. Es folgten: die Kommunismus-Satire *Comrade X* (mit Clark Gable) – Hedy als stramme Sowjetbürgerin. Die charmante Romantic Comedy *Come Live With Me* (*Komm, bleib bei mir*, mit James Stewart) – Hedy als illegale Wiener Immigrantin, die einen armen Schriftsteller heiratet, um im Land bleiben zu dürfen. Der Revuefilm *Ziegfield Girl* (*Mädchen im Rampenlicht*, mit James Stewart, Judy Garland, Lana Turner) – Hedy als glamouröse Broadway-Diva mit extravaganten Kostümen und einer unvergesslichen Szene, als sie zur Musik von

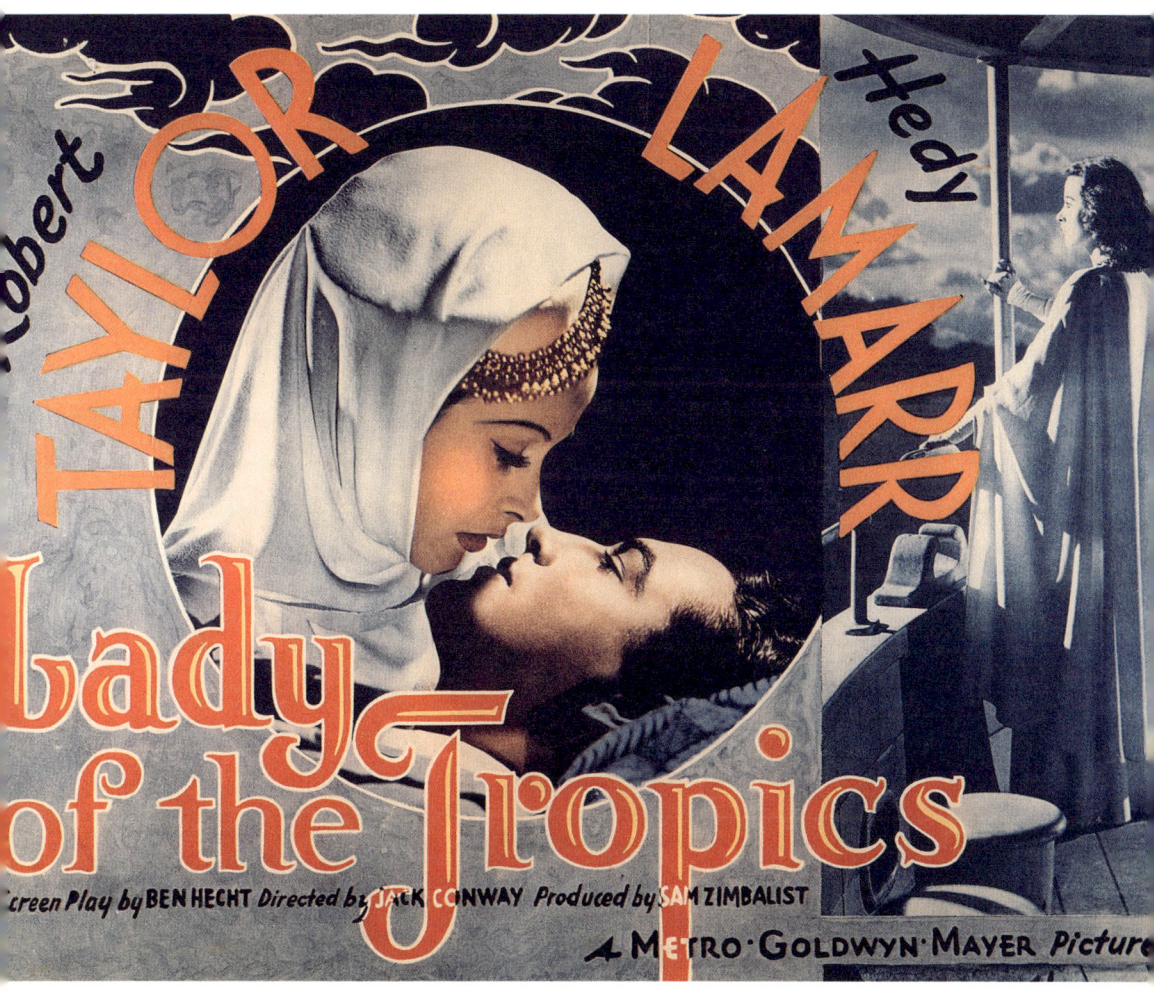

Mit John Garfield in *Tortilla Flat* und Spencer Tracy in *I Take This Woman*

Mit James Stewart in *Come Live With Me* **und Clark Gable in** *Comrade X*

You Stepped Out Of A Dream auf die Bühne schwebt. Die anspruchsvolle Beziehungsgeschichte *H.M. Pulham, Esq.* (mit Robert Young) – Hedy als moderne New Yorker Werbeagentin, ihre erste Rolle als waschechte Amerikanerin, eine ihrer besten und bestkritisierten. Die Steinbeck-Verfilmung *Tortilla Flat* (mit Spencer Tracy) – Hedy als feurige Arbeiterbraut Dolores „Sweets" Ramirez. Das raffinierte Erpressungsdrama *Crossroads* (mit William Powell) – Hedy als Ehefrau eines gedächtnisgestörten französischen Diplomaten. Der Exotik-Erotikstreifen *White Cargo* (mit Walter Pidgeon) – Hedy als heiße Orientalin. Sowie die Komödie *The Heavenly Body* (mit William Powell), der Agentenfilm *The Conspirators* (*Der Ring der Verschworenen*, mit Peter Lorre), das Melodrama *Experiment Perilous (Experiment in Terror)* und die Märchenromanze *Her Highness And The Bellboy* (mit Robert Walker).

Sicher nicht der beste, aber der erfolgreichste und aus Hedys Sicht aufsehenerregendste all dieser Filme war *White Cargo*. Es war der erste, in dem das bisher zwischen kühl-arroganter und freundlich-zugänglicher Schönheit changierende Rollentableau Hedy Lamarrs in Hollywood eine „ekstatische" Note erhielt. Sie spielt die durchtriebene Dschungelschönheit Tondelayo, die in einer Gummiplantage im Kongo anno 1910 ein paar weiße Männer um den Verstand bringt. Regelmäßig tanzt sie leicht bekleidet durchs Bild, heckt diebische Pläne aus und guckt verlockend dazu. Kaum ein Klischee der exotischen Femme fatale lässt sie aus. Im Grunde war *White Cargo* nicht mehr als ein kleines, schwüles Ablenkmanöver für die kriegsgebeutelte Nation. Hedy freute sich indessen, in dem Film sei so viel Sex, „dass ich der Versuchung nicht widerstehen konnte, mein Marmorgöttin-Image zu zerstören." Als „Chocolate Cleopatra", wie sie im Film einmal genannt wird, kam sie der selbstbewussten, offensiven Sinnlichkeit der privaten Hedy erstmals auch im Kino nahe.

Bis auf *H.M. Pulham, Esq.*, dessen Erscheinen unglücklicherweise genau in die Zeit nach der Pearl-Harbor-Katastrophe fiel, übertrafen alle Filme die Erwartungen. Hedys Gagen stiegen von 750 Dollar pro Woche (1938) über 2500 Dollar (ab 1939) auf 7500 Dollar (ab 1943). Als der Weltkrieg im Frühjahr 1945 zu Ende ging, stand Hedy Lamarr auf dem Höhepunkt ihrer Karriere.

Noch imposanter als die Liste ihrer Filmerfolge in den Kriegsjahren liest sich allerdings die Liste der Filme, die Hedy Lamarr ablehnte – oder wegen Louis B. Mayers Veto nicht drehen durfte. Alfred Hitchcock erteilte sie 1946 für *The Paradine Case (Der Fall Paradin)* eine Abfuhr. Laut Hitchcock-Biograf Donald Spoto erschien ihr das Projekt zu mickrig beziehungsweise sie fühlte sich zu groß dafür; außerdem hielt sie Hitchcock, wie sie später sagte, für einen „Langweiler". Die Titelrolle in Otto Premingers Film-Noir-Klassiker *Laura* lehnte sie ab, weil ihr das Drehbuch nicht gefiel, ebenso wie das Drehbuch zu dem Melodram *Mr. Skuffington (Das Leben der Mrs. Skuffington)*, für das Hedy erste Wahl war und das Bette Davis später einen Oscar eintrug. Für George Cukors ruhmreiche Komödie *The Women (Die Frauen)* war Hedy als Crystal im Gespräch, bevor Joan Crawford die Rolle bekam. King Vidors *Duel In The Sun (Duell in der Sonne)* musste sie absagen, weil sie schwanger war – Jennifer Jones errang mit dem Part als verführerische Halbindianerin Pearl eine Oscar-Nominierung. Und Vincente Minnellis *Father Of The Bride (Vater der Braut)* – in dem Hedy Elizabeth Taylors Mutter hätte spielen sollen, aber aufgrund von MGM-Verpflichtungen nicht durfte – wurde zu einem der erfolgreichsten Filme des Jahres 1950.

Tragisch für Hedy waren aber vor allem die insgesamt vier Filme, in denen sie für die weibliche Hauptrolle im Gespräch war, die dann allesamt an Ingrid Bergman gingen. Mit ihnen begründete die Schwedin ihre Weltkarriere. Bei *For Whom The Bell Tolls (Wem die Stunde schlägt)* war Hedy lediglich im engeren Kandidatinnenkreis für den Part der María, für den dann Vera Zorina ausgewählt wurde und schließlich (nach Zorinas Scheitern bei den Probeaufnahmen) Ingrid Bergman. Bei *Casablanca* dagegen war Hedy die Wunschkandidatin von Produzent Hal Wallis, doch der scheiterte daran, dass MGM Hedy nicht für die Warner-Bros.-Produktion freigab – MGM hatte damals selbst drei Lamarr-Filme in Planung, zudem war Hedy nicht sonderlich versessen auf das Projekt. In ihrer Autobiografie kreierte sie nachträglich sogar die Legende, sie selbst habe *Casablanca* abgelehnt, weil sie das Drehbuch für „zu komplex" hielt. Bei *Gaslight (Das Haus der Lady Alquist)* und *Saratoga Trunk (Spiel mit dem Schicksal)* schließlich waren Hedys Star-Status und -Allüren ausschlaggebend. Für den im viktorianischen London spielenden *Gaslight*-Thriller hatte Mayer die Wiedervereinigung der *Algiers*-Stars Lamarr und Boyer geplant, doch Hedy lehnte es ab, eine geringere Gage als Boyer zu erhalten. Bergman hatte damit keine Probleme – später brachte der formidable Film unter der Regie George Cukors ihr den ersten ihrer drei Oscars ein. Den Warner-Bros.-Abenteuerfilm *Saratoga Trunk* hingegen wollte Hedy unbedingt machen und setzte sich dafür ein, doch Jack Warner nahm ihr übel, dass sie sein Angebot, Warner-Vertragsschauspielerin zu werden, kurz zuvor abgelehnt hatte, und weigerte sich, ihr die Hauptrolle zu geben – Bergman war bei ihm übrigens nur dritte Wahl nach Vivian Leigh und Bette Davis, die beide absagten. Der Film wurde einer der Kassenschlager des Jahres 1945.

Nicht abzusehen, was aus Hedys Karriere (und ihrem Nachruhm) geworden wäre, wenn sie eine der obigen Rollen gespielt hätte. Die Wahrscheinlichkeit, dass auch mit ihr statt Bergman aus *Casablanca* ein Kultfilm geworden wäre, ist jedenfalls hoch, zudem hätte die Zusammenarbeit mit begnadeten Regisseuren wie Hitchcock, Cukor oder Michael Curtiz sie womöglich als Schauspielerin reifen und ein anderes, etwas künstlerischeres Verhältnis zur Filmbranche knüpfen lassen. So blieb ihr als prägende Regiefigur nur King Vidor, mit dem sie *Comrade X* und *H.M. Pulham, Esq.* drehte, der jedoch damals schon eher als alter Hase galt denn als großer Neuerer.

Vidor selbst hat sich im Lauf dieser Jahre eher abfällig über Hedys Qualitäten als Schauspielerin geäußert – „Sie verfügte über kein natürliches Schauspieltalent und neigte zur Nervosität, man musste sie ständig verhätscheln." – und stimmte darin mit anderen Insidern überein. Spencer Tracy befand, sie neige zum steifen Auswendigdahersagen ihrer Sätze, Lana Turner meinte 1982 rückblickend: „Sie konnte nicht spielen, aber sie war atemberaubend schön", und *Conspirators*-Regisseur Jean Negulesco nannte Hedy während der Dreharbeiten heimlich „Headache Lamarr" („Kopfschmerz-Hedy"), wegen ihrer Allüren und ihres schwachen Spiels. Die bekanntesten Gesellschaftsreporter und Klatschkolumnisten Hollywoods – damals ungleich häufiger gelesen und einflussreicher als heute – waren in ihrer Meinung über Hedys Kapazitäten geteilt. Hedda Hopper (*Film Bulletin*) und Louella Parsons (deren tägliche Klatschkolumne in mehr als vierhundert Zeitungen erschien) betonten regelmäßig Hedys unterschätzte dramatische Fähigkeiten, während vor allem Jimmie Fidler

(*Los Angeles Times*) sie häufig als hölzern und talentarm beschrieb. In seiner Kolumne schrieb er 1939 den viel zitierten Satz: „It may be a fact that the Lady can't act."

Drehte Hedy also kaum herausragende Filme, weil ihr Potenzial dies nicht hergab und das Gros der Regisseurs- und Produzentenriege Hollywoods das auch wusste? Oder hatte sie vielmehr Pech, ließ sich von Studiobossen in routinierten Mainstream-Filmen verheizen und bekam schlicht nie die Gelegenheit, zu zeigen, wozu sie wirklich imstande war? Vermutlich stimmt beides ein bisschen. In manchen ihrer damaligen Rollen wirkt Hedy seltsam starr und ausdrucksarm, in manchen (*H.M. Pulham, Esq.*, *Comrade X*, *Tortilla Flat*, *Crossroads* und *Experiment Perilous*) überzeugt sie mit eigenwilligen Auftritten und deutet mitunter sogar ihr komisches Talent an (*Comrade X*). Zudem muss man wissen, dass Hedy in den ersten Jahren kaum ein Wort Englisch sprach und in Kassenschlagern wie *Boom Town* oder *Comrade X* kaum ein Wort dessen verstand, was sie da sagte – geschweige denn ihre Filmpartner. Je tiefer die Sprachbarriere wurde, umso besser spielte Hedy. Dennoch ist es ziemlich unwahrscheinlich, dass sie je die schauspielerische Klasse, die Expressivität und Leinwand-Aura Ingrid Bergmans erreicht hätte, deren Glanz *Casablanca* einen Gutteil seines Erfolges verdankt. Aber hätte sie damals „Play it again, Sam" gesagt, ihr Name hätte heute sehr wahrscheinlich einen anderen Nachklang.

„Das Publikum machte aus ihr einen Star, doch Hollywood versuchte nie ernsthaft, eine Schauspielerin aus ihr zu machen", schrieb der Filmhistoriker Gene Ringgold treffend. „Das Tragische daran ist, dass ihre Kinoperformances durchaus andeuten, wie viel mehr in ihr steckte. Gemessen an ihrem Potenzial verlief Hedys Filmkarriere eher mittelprächtig."

Dass die künstlerische Qualität ihrer Filme, inklusive ihrer eigenen Performance, bis dato relativ bescheiden ausfiel, war Hedy durchaus klar. Mehrfach sagte sie in Interviews, sie sehne sich danach, endlich mit ambitionierten Regisseuren zusammenzuarbeiten, eine „ausgezeichnete Schauspielerin zu werden", „einen wirklich lohnenswerten Film zu machen" und „Rollen zu spielen, die mir mehr bedeuten". Leider kam es nie dazu. Nicht nur hatte Hedy, wie sie selbst in *Ekstase und ich* befand, „erschütternd" unzulängliche Kompetenzen bei der Beurteilung guter Drehbücher. Sie realisierte allmählich auch, dass es zur großen Filmkarriere nicht ausreichte, einen Film „lediglich zu Unterhaltungszwecken" zu machen, und dass „Geld allein noch keinen guten Film macht". Aber sie hatte nun mal ein ausgesprochen unglamouröses Verhältnis zum Film. Hollywood kannte sie – in Gestalt Louis B. Mayers – seit ihrer Ankunft nur von der Business-Seite. Filmen war für sie ein Job, mehr nicht, und das in einem schmutzigen Geschäft. Wer hätte ihr die Kunstseite des Filmes nahebringen, wer hätte mehr aus ihr herauslocken können? Hitchcock vielleicht, aber dessen Potenzial war ihr fremd. Michael Curtiz vielleicht, aber für das Script von *Casablanca* (laut Experten eines der besten aller Zeiten) fieberte sie nicht genug, um Mayer zu überreden, sie Ilsa Lund spielen zu lassen. Orson Welles vielleicht, doch als Hedy sich bei ihm persönlich um die Rolle der Lady Macbeth in seiner Shakespeare-Verfilmung bewarb, vertröstete er sie, angeblich weil er ihr schauspielerisches Potenzial anzweifelte.

All das führte dazu, dass **Hedy Lamarr** in den Weltkriegsjahren zwar in die Riege der bestverdienenden weiblichen **Hollywood**-Stars aufstieg, zugleich aber ihre anfängliche Euphorie langsam, aber sicher **in eine** ausgeprägte Aversion umschlug. Hedy war es von

Beim Dreh von
The Heavenly Body, **1943**

Kindheit auf gewohnt, dass man sie verwöhnte, die Arbeit in Hollywood dagegen war viel anstrengender und viel weniger komfortabel, als es von außen den Anschein hatte. „Die Leute haben ja diese verrückte Vorstellung vom Starsystem", sagte sie Jahrzehnte später. „Glauben Sie mir, damals war es sehr einengend und es war schlicht harte Arbeit. Wir arbeiteten meist im Studio und kamen selten an die frische Luft. (…) Die meiste Zeit wussten wir nicht, wie viel Uhr es ist, geschweige denn welcher Wochentag es war, da wir auch an Wochenenden am Set waren. Es hatte etwas Betäubendes, vorsichtig ausgedrückt." Das Wörtchen „betäubend" war in diesem Zusammenhang übrigens durchaus doppeldeutig gemeint, wie Anthony Loder erläutert:

OFT ERZÄHLTE MOM MIR SPÄTER von ihren harten ersten Berufsjahren in Hollywood – und wie „Dr. Feelgood" sie täglich aufs Neue wieder „flott" machte. Dr. Feelgood war ihr persönliches Pseudonym für einen der Pillen verschreibenden Ärzte bei MGM, und davon gab es viele. Deren Job bestand vor allem darin, die Stars mit allen möglichen Mittelchen funktionstüchtig zu halten. Morgens zum Aufstehen gab es Pillen, nachts zum Ins-Bett-Gehen wieder. Und Mom stand entsetzlich früh auf. Um 5:30 Uhr klingelte meist der Wecker, um Punkt neun hatte sie vollständig aufgedonnert im Abendkleid eine Liebesszene zu spielen. Oft übernachtete sie gleich im Studio, um am nächsten Morgen nicht allzu spät dran zu sein.

Dass am Set alle möglichen Sorten von „Uppern" und „Downern" – von Kokain über Amphetamin bis zu Diazepam und Opiaten – verabreicht wurden, war damals in Hollywood gang und gäbe. Das Funktionieren des Starsystems wurde so garantiert. Die Folge war, dass Hedy schon wenige Jahre nach ihrem Hollywood-Start stark pillenabhängig war. Sie sollte es ihr Leben lang bleiben.

Schon wenige Jahre nach ihrer Ankunft hasste sie das System, in dem sie arbeitete, das allseitige Feilschen und Geschachere, die schmierigen Anwälte, die Arbeitsverträge voller Fallstricke, die „Apotheken" für Schauspieler. Schauspielern sei nur „ein Job wie jeder andere", als Schauspielerin sei man „nicht kreativ", schrieb sie einmal. Ich habe zahlreiche Briefe aus der Zeit aufbewahrt, die sie an ihre Mutter schrieb. In manchen wurde sie richtig wütend. „In diesem Beruf gibt es scheinbar keine Grenzen", schrieb sie 1941. Kurz zuvor hatte sie beim Dreh zu *Ziegfield Girl* eine Blutvergiftung erlitten, fiel wochenlang aus und musste den im Anschluss geplanten Film *They Met In Bombay* absagen. Das Studio behielt daraufhin ihre Gage ein. Mom war außer sich und schrieb an Trude: „Diese Dreckskerle haben weder Herz noch Gewissen. Geld ist ihr Gott. Tot oder lebendig, die Hauptsache ist, dass sie Geld machen. Vati hat so recht gehabt, wenn er sagte, dass Filmleute und Journalisten das ärgste Gesindel sind."

DER AUSWEG, DEN HEDY einschlug, waren immer größere Hartnäckigkeit in Gagenverhandlungen sowie die Konzentration auf anderes. Erstens ihr Privatleben, sprich, in dieser Reihenfolge: auf Männer, Häuslichkeit, Kinder und Familie. Und zweitens ihre Ambitionen als Entdeckergeist und Erfinderin.

Männer waren in Hedys Leben immer schon wichtig gewesen, doch in Hollywood nahm die Zahl ihrer Affären sagenhafte Ausmaße an. In den Klatschspalten waren Hedys Liebesabenteuer ein Dauerthema. Nach der ersten Zeit mit Reginald Gardiner heiratete sie am 4. März 1939 ihren zweiten Ehemann, den Filmproduzenten Gene Markey, den sie erst im Dezember 1938 auf einer Hochzeit getroffen und seit Ende Januar offiziell „gedatet" hatte. Markey, knapp zwanzig Jahre älter als sie, hatte sich in Hollywood zuerst als Drehbuchautor, später als Produzent (u.a. *Suez* mit Tyrone Power) hochgearbeitet. Er war äußerlich nicht besonders attraktiv, dafür als unterhaltsamer Redner bekannt und hatte gerade eine Ehe mit Hollywood-Star Joan Bennett hinter sich. Die beiden heirateten kurz entschlossen in Mexicali, Baja California. „Die Zeremonie dauerte sechs Minuten. Die Ehe dauerte ungefähr genauso lange", schrieb Hedy in *Ekstase und ich*. Und weiter: „Wenn er wollte, war Gene interessant und amüsant. Erst einmal verheiratet, schien es, dass er es nicht mehr wollte." Desinteresse und extensive Abwesenheit seinerseits waren laut Hedy die Hauptgründe für die baldige Trennung, die im Juli 1940 bekannt gegeben wurde. Im September reichte Hedy die Scheidung ein, der Ende des Monats stattgegeben wurde. Vor Gericht sagte sie aus, in den sechzehn Monaten ihrer Ehe hätten sie nur vier Abende zu zweit daheim verbracht.

In den Folgejahren gab es zahlreiche Dates und flüchtige Affären. Man sah sie mit Regisseur Anatole Litvak, mit David Niven und Douglas Fairbanks Jr. ausgehen, Insider berichteten von wilden Begegnungen mit den Schauspielern John Howard und Burgess Meredith, dem Playboy Jock Whitney, dem Kaufhauserben Woolworth „Wooley" Donahue und Erich Maria Remarque, dem Autor von *Im Westen nichts Neues* und (bekanntermaßen impotenten) Dauer-Galan von Marlene Dietrich – andere Quellen behaupten, mit Remarque habe sie bereits 1937 in St. Moritz eine Affäre gehabt. Am Set raunte man, sie habe eine Liaison mit ihren Filmpartnern Spencer Tracy und Clark Gable – Ersteres ist ziemlich unwahrscheinlich, Letzteres bestätigte Hedy ihrer Freundin Arlene Roxbury Jahrzehnte später, nicht ohne hinzuzufügen, Gable habe einen „schlechten Atem und falsche Zähne" gehabt. Der wahnsinnige Howard Hughes bot ihr zehntausend Dollar, falls sie für eine Gummisexpuppe posiere, die er dann zu vervielfältigen und zu begatten plante, machte ihr später einen offiziellen Heiratsantrag und war laut Hedy „eine Niete im Bett". Mit Man Ray spielte sie Schach, mit John Huston Poker, mit John F. Kennedy ging sie in Paris kurz nach dem

„Me Tondelayo, me stay": Hedy als Urwaldschönheit mit radebrechendem Englisch in *White Cargo*

Krieg zu Abend essen, verweigerte dem damals stadtbekannten Schürzenjäger jedoch die ersehnte Nacht mit ihr. Mit Errol Flynn feierte sie rauschende Partys, Frank Sinatra weinte an ihrer Schulter um die verflossene Ava Gardner, Charlie Chaplin teilte mit ihr eine Schwäche für exquisite Autos sowie eine Zeit lang das Bett. Auf „ungefähr hundert" schätzte sie in ihrer Autobiografie selbst die Zahl ihrer Liebhaber. Je kühler und makelloser ihr Hollywood-Image geriet, umso ausschweifender lebte und liebte Hedy Lamarr. Die meisten ihrer männlichen Fans und Verehrer wussten das. Als der renommierte Historiker Thomas W. Laqueur 2003 *Solitary Sex*, eine Geschichte der Masturbation, veröffentlichte, zeigt das Titelfoto Hedy Lamarr, wie sie nackt im See schwimmt, die berühmte Szene aus *Ekstase*. Seine Mutter sei mit Sicherheit eine der „most-jerked-off-women in movie history" gewesen, sagt Anthony Loder.

Dass Hedy nicht nur sexy war, sondern auch sexhungrig, war also keineswegs nur eine Erfindung der Autoren und Verleger von *Ekstase und ich*. Sex war in der Tat ein „wichtiger Bestandteil" ihres Lebens, sie war vergleichsweise „oversexed", sie genoss es, Männer zu verführen, mit ihrer Gunst zu spielen, und womöglich hatte sie auch „bei jedem Mann häufige Orgasmen". Aber egal ob die vielen Anekdoten aus *Ekstase und ich* stimmen, von Sandwich-Sex im Guckloch-Club, Cowboy-Sex im Freien, in der Umkleide, im Auto, mit Männern und Frauen, mit und ohne Fesseln: Männern (und Frauen) gegenüber, die ihr gefielen, verhielt sich Hedy wie eine Art Gegenentwurf zum offiziellen „Marmorbild" aus Kino und Magazinen, nämlich herausfordernd und unumwunden.

Der Schauspieler Stewart Granger erinnerte sich an eine Filmbesprechung mit Hedy-Superstar in ihrer Suite in Paris. Als nach Gesprächsende alle Teilnehmer aufbrachen, habe sie auf ihn gezeigt und gesagt: „Du bleibst!" Als sie allein waren, ging sie auf ihn zu und sagte, sie glaube ja nicht, dass er wolle. „Wollen? Was wollen, Miss Lamarr?" – „Das weißt du ganz genau. Könige wollen. Präsidenten wollen. Studiobosse wollen. Warum willst du nicht?" Dann habe sie ihm befohlen, sich mit dem Ausziehen zu beeilen, da ihre Hairdresserin bald vor der Tür stehe. Eine Erektion wollte sich unter solchem Druck nicht einstellen und Granger verließ unverrichteter Dinge die Suite.

Wenn Hedy jemanden begehrte, zögerte sie nicht lange, zierte sich nicht und scherte sich wenig um Anstandsregeln. Sex war für sie etwas, das eine moderne Frau sich nimmt, auf das sie ein Anrecht hat, ein integraler Bestandteil des Lebens – und nicht ein großzügiges Geschenk an besessene Männer, aufgewogen mit teuren Geschenken und leeren Versprechungen wie in den vorherrschenden Rollenmustern westeuropäischer Liebes- und Minnetradition. Was ihre Sexualmoral anging, war

Hedy Lamarr ihrer Zeit um Jahrzehnte voraus. Noch im April 1999, neun Monate vor ihrem Tod, beantwortete sie im „Proust Questionnaire" des US-Magazins *Vanity Fair* zwei Fragen wie folgt: Wann waren Sie am glücklichsten? „Zwischen Ehen." Wie würden Sie am liebsten sterben? „Vorzugsweise nach Sex."

Anthony Loder sieht es heute so:

HEDY WAR SEHR SEXUELL. Anders als die meisten wohlerzogenen Frauen dieser Ära hatte sie ein sehr freies, genussfreudiges Verhältnis zu ihrem Körper. Sie hatte sechs Ehemänner, zahlreiche Affären, und doch fand sie nie die Art von Liebe, die sie seit ihrer Kindheit gewohnt war. Im Universum ihres Vaters hatte sie stets im Zentrum gestanden. Zentrum der Aufmerksamkeit. Zentrum der Anbetung. Sie brauchte dieses Gefühl konstanter Anbetung. Niemand konnte diese Erwartungen erfüllen. Niemand konnte sie genug verwöhnen, genug bewundern.

Ich habe Sharon Stone über eine längere Zeit kennengelernt, da ich 2006 eine Zeit lang für sie arbeitete. Sie erinnert mich stark an meine Mutter. Beide sind (bzw. waren) sehr hübsch und sehr sexy. Beide sind strikt und fordernd, in geschäftlichen wie privaten Belangen, beide wollen jede Situation kontrollieren und können Leute, die ihnen nahestehen, in Angst und Schrecken versetzen. Und beide scheinen zu glauben, dass jeder in ihrer Umgebung nur aus einem Grund existiert, und zwar um ihnen zu dienen.

IN EKSTASE UND ICH BESCHREIBT Hedy Lamarr mehrfach (und dabei durchaus in sich widersprüchlich), was aus ihrer Sicht einen Mann attraktiv macht. Er soll „Verständnis, Güte, Entschlossenheit und Intelligenz" mitbringen, er darf nicht zu egoistisch sein, er soll reif sein, sprich nicht jünger als fünfunddreißig, aber auch nicht älter als fünfundfünfzig, und darf keine ausgeprägte Tendenz zu Trott und Routine haben, er soll respektvoll im Umgang sein, gepflegt, aber auch nicht zu sauber, denn „Dreck macht einen Mann maskulin". Er soll sich nicht verstellen und nach Möglichkeit keinen Alkohol trinken, weil Hedy sich vor dem Mundgeruch ekelt. Die sechs Männer, die Hedy Lamarr heiratete, waren alle mehr oder minder Alkoholiker.

In den ersten Hollywood-Jahren war George Montgomery der Einzige, in den sich Hedy ernsthaft verliebte. Auch er Schauspieler, damals ziemlich unbekannt, dafür groß, jung (knapp zwei Jahre jünger als sie) und sehr attraktiv. Die zwei trafen sich im Januar 1942. Wochen später erschienen sie gemeinsam zur Oscar-Verleihung. Schnell zierten sie als neues Traumpaar die Titelseiten der Gazetten. „Ich bin so glücklich, mir ist ganz schwindlig", wurde Hedy in einer Zeitschrift zitiert, „ich war noch nie

Hedys Männer-Welt: mit George Montgomery, James Stewart, ihrem zweiten Ehemann Gene Markey, Reginald Gardiner, dem Regisseur Raoul Walsh und wiederum Gene Markey bei der Jagd (von li. oben im Uhrzeigersinn)

in meinem Leben so verliebt wie jetzt." Am 24. März verlobten sie sich. „Sie sind wie Kinder zusammen", erzählte ihre Mutter Trude, soeben aus Europa eingetroffen, der Kolumnistin Gladys Hall, und Hedy selbst sagte im selben Artikel, sie liebe an George seinen „Sinn für Humor". Im Sommer wolle man heiraten. Als der Artikel im August erschien, waren Hedy Lamarr und George Montgomery längst getrennt, am 29. Mai hatte Hedy George den Verlobungsring zurückgegeben. „George ist einer der Männer, die ich vielleicht hätte heiraten sollen. Er war wandlungsfähig und sehr attraktiv", schrieb Hedy später. „Wir machten uns Versprechungen, aber wir hatten beide einen guten Sinn für Augenwischerei. Wir konnten uns nicht gegenseitig täuschen, und irgendwann gestanden wir uns ein, dass wir jeweils nicht sicher genug waren, ob es wirklich das Richtige war."

Gerüchten zufolge hatte Hedy Grund zur Annahme, George habe sie nur aus Karrieregründen umworben. Sie war ziemlich verletzt und machte keinen Hehl aus ihrer Eifersucht auf das junge Starlet, mit dem George nur Tage nach der Trennung ausging. Immerhin war ihre Mutter nun vor Ort und wohnte mit ihr unter einem Dach.

Und dann war da noch James, genannt Jamesy, damals ihre nach eigenen Angaben größte Liebe und heute das größte ungelöste Rätsel ihres Privatlebens.

KURZ NACH IHREM ÜBERRASCHUNGSERFOLG mit *Algiers*, im September 1938, erwarb Hedy ein hübsches, weiß getünchtes ehemaliges Farmhaus im Rancher-Stil in der Benedict Canyon Road Nr. 2707, genannt Hedgerow Farm. Das 40.000 Quadratmeter große Anwesen lag relativ versteckt in den Hügeln des Benedict Canyon, einer der Schluchten, die sich von Beverly Hills nördlich in die Santa Monica Mountains ziehen. Damals war die Gegend kaum besiedelt, heute zählt sie zu den teuersten Adressen in und um Los Angeles. 1946 verkaufte Hedy Hedgerow an Humphrey Bogart und Lauren Bacall, die bis 1951 dort lebten. Zu den späteren Bewohnern zählten unter anderem die Schauspieler Robert Newton, Ann-Margret und Cher. Zuerst wohnte Hedy in dem Neun-Zimmer-Haus mit Reginald Gardiner, der im Souterrain einen Partyraum mit Bartresen einrichtete, und ab Frühjahr 1939 mit Gene Markey, ihrer Mutter Trude und drei Bediensteten (zwei Filipinos und Hedys Zimmermädchen Blanche).

Hedy liebte Hedgerow. Es gab einen schönen Pool, in dem sie täglich badete, einen großen Kamin und drumherum endlose Waldwege, durch die sie mit den drei Hunden wanderte, die sich Gene und sie zugelegt hatten: eine deutsche Dogge namens Donner und zwei Scottish Terrier namens Jack und Jill. Hedgerow wurde für Hedy zunehmend zum Zufluchtsort, an dem sie sich von den Turbulenzen und Strapazen, dem Stress und der Geschäftigkeit Hollywoods erholte. Es gab Hühner, eine Katze

Adoptivsohn James auf der Hedgerow Farm, 1941
········

und jede Menge Blumenbeete. Wenn sie zu Hause war, trug Hedy oft Dirndl, spielte Hausfrau und genoss ihr Landleben, das den seligen Tagen im Wienerwald recht nahekam. In ihren späteren Jahren sagte sie, die Hedgerow-Zeit sei, abgesehen von Wien, die beste ihres Lebens gewesen. Dort oben, in den Hügeln über Hollywood, kompensierte sie die „Hetzjagd"-Tage in Studios, auf Empfängen oder Presseterminen. „Ein ruhiges Leben erfüllt mich mit Wohlbehagen", schreibt Hedy in *Ekstase und ich*. „Sie war nicht nur glamourös und hatte einen brillanten, kreativen und mitunter destruktiven Verstand. Sie war zugleich ein einfaches, romantisch veranlagtes Naturmädchen aus der Wiener Vorstadt", schrieb der Lamarr-Biograf Stephen Michael Shearer. Als die Klatschkolumnistin (und Nachbarin) Gladys Hall im Herbst 1938 Hedgerow für eine Homestory besuchte, bekam die Öffentlichkeit eine kleine Führung durch Hedys neue Heimat. Die fast durchweg in Weiß gehaltene Einrichtung – für Akzente sorgten vor allem rote Teppiche und frische Blumen – war so gediegen, dass das US-Magazin *Architectural Digest* im April 2000 eine ganze Fotostrecke über das „Farmhouse in Spirit" der kurz zuvor verstorbenen Hedy Lamarr nachdruckte.

Mit Dogge Donner auf der Veranda ihrer Farm; Blick auf die Anhöhe von Hedgerow, im Benedict Canyon nahe Beverly Hills (re.)

Zum vollkommenen Glück fehlten ihr nur noch Kinder, erzählte Hedy unter anderem den Reporterinnen Gladys Hall und Louella Parsons in dieser Zeit. Plötzlich war das ersehnte Kind da. Am 16. Oktober 1939 informierte Hedy die Öffentlichkeit, sie und Gene Markey hätten einen kleinen Jungen adoptiert. „Der kleine, knubbelige Jimmy kam zu Hedy und Gene", schrieb Louella Parsons, „und es schien, als ob das Gefäß ihres Glücks überfloss." James „Jamesy" Lamarr Markey war zum Zeitpunkt der Adoption sieben Monate alt, mehr erfuhr man nicht, im ersten Jahr ihres Zusammenlebens gab es keine Fotos, keine Berichte, nichts.

Als sie im September 1940 die Scheidung von Markey einreichte, änderte sich dies schlagartig. Nach damaligem US-Recht war keinesfalls klar, dass sie als Adoptivmutter das Sorgerecht für James erhalten würde, da sie das Versprechen, dem Jungen stabile Familienverhältnisse zu ermöglichen, nicht eingehalten hatte; die Regularien der zuständigen Children's Society sahen vor, dass Eltern, die sich innerhalb eines Jahres nach der Adoption trennen, das Kind zurückgeben mussten. Im Oktober 1940 gab Hedy Louella Parsons ein Exklusivinterview, der folgende Artikel im Magazin *Photoplay* beschrieb sie als aufopfernde, vorbildlich fürsorgliche Mutter, schilderte ihre Ängste und Seelenqualen und warb um Verständnis für das Scheitern der Ehe,

die Parsons zufolge vor allem an Genes Problemen gescheitert sei. Der Text las sich wie eine einzige, rührselige Werbeschrift für Mutter Hedy und gipfelte in dem Satz: „Ihre Stimme stockte. ‚Wenn sie ihn mir nicht lassen, weiß ich nicht, was ich tun werde.'"

Hedys öffentlicher Kampf hatte Erfolg. Die Children's Society sprach ihr die vorläufige Vormundschaft zu. Ein Jahr später, am 3. November 1941, erhielt sie endgültig das Sorgerecht. Das Drama um Jamesy war damit aber längst nicht zu Ende. James war erst ein kränkliches, später ein renitentes Kind. Mit acht Jahren drohte seine Grundschule in Rolling Hills, einem Vorort von L.A., den Bengel von der Schule zu verweisen, wenn sich niemand seiner stärker annähme – Hedy war als Kinostar oft unterwegs. Ingrid Gray, eine von James' Lehrerinnen, erklärte sich bereit, den Jungen bei sich aufzunehmen. James war einverstanden – und Hedy war tödlich beleidigt. Noch zwei Mal durfte James sie sommers besuchen, ab 1951 strich sie den Jungen aus ihrem Leben. Er sei in Europa eingeschult worden, erzählte sie Presseleuten auf Nachfrage. Irgendwann fragte niemand mehr. „Zum letzten Mal sah ich meine Mutter, als ich elf war", erinnert sich James, der heute als Pensionär in Omaha, Nebraska, lebt. „Nachdem ich bei den Grays eingezogen war, schrieb ich ihr Briefe, bat um Entschuldigung, bat um ein Treffen." Die Briefe kamen alle unbeantwortet zurück. Jahrzehntelang wechselte Hedy kein Wort mit James – und das, obwohl sie ihn in ihrer Autobiografie ausdrücklich als Gewidmeten nennt. Als James' Sohn Tim in den Neunzigerjahren nach Florida zog und Hedy dort mehrfach besuchte, versuchte auch James erneut sein Glück. „Ich habe sie damals insgesamt dreimal gesehen, zweimal kurz, einmal etwas länger. Jedes Mal sagte sie zu mir, sie könne mir nicht verzeihen. ‚Du hast mir den Rücken gekehrt und mein Vertrauen missbraucht', sagte sie, und deshalb würde ich kein Erbteil erhalten. ‚No trust, no money', sagte Hedy. Sie dachte damals, mir gehe es nur ums Erbe. Dabei war ich gar nicht deswegen dort. Ich wollte einfach wissen, wie es ihr geht", sagte James. Hedy hielt Wort. Als sie starb, wurde James im Testament mit keinem Wort erwähnt.

Zu Ende ist das James-Drama damit noch immer nicht. Im April 2001, fünfzehn Monate nach Hedys Tod, erschien im US-Magazin *Talk* ein Report mit dem Titel „The Hidden Life of Hedy Lamarr". Die Hauptthese des Textes: James war nicht Hedys Adoptivkind, sondern ihr leiblicher Sohn. Der Beleg: die (von US-Behörden für authentisch befundene) Kopie von James' Geburtsurkunde. Die Geburt fand demnach am 6. März 1939 um 10:30 Uhr statt. Die leibliche Mutter: Hedy Lamarr Markey.

Der leibliche Vater: John Loder. Hatte Hedy Lamarr also, um den absehbaren Skandal um ein uneheliches Kind abzuwenden und ihre Karriere nicht zu gefährden, James erst heimlich geboren und später offiziell adoptiert? War so etwas bei einem Hollywood-Star wie ihr überhaupt möglich? Plausibel wäre es, denn Hollywood-Verträge enthielten zu jener Zeit „Moralklauseln", ein uneheliches Kind hätte vermutlich das umgehende Vertragsende bei MGM bedeutet. Eine Schwangerschaft mit James hätte aber auch bedeutet, dass sie in den ersten Monaten des Jahres 1939 unauffällig von der Bildfläche hätte verschwinden müssen.

Die *Talk*-Autoren Anthony Summers und Robbyn Swan behaupten: Ja, das war möglich. In der Tat war es zwischen November 1938 und April 1939 ziemlich still um Hedy. Die Dreharbeiten von *I Take This Woman* verliefen schleppend, Hedy war selten dort und es gibt kaum Studioaufnahmen von ihr aus dieser Zeit. Privataufnahmen allerdings gibt es zuhauf. Im Januar und Februar 1939 wurde Hedy mehrfach beim Dating mit Gene Markey fotografiert, die Hochzeit in Mexicali, zwei Tage vor James' Geburt, ist dokumentiert, zudem fand am 8. März ein ausführliches Fotoshooting auf der Hedgerow Farm statt. Man sieht Hedy in allen Lebenslagen, mit ihrem Mann, mit ihrer Dogge, auf dem Gelände und im Haus. Spuren einer zwei Tage zurückliegenden Geburt sieht man nicht. Der *Talk*-Report zitiert demgegenüber eine ungenannte Krankenschwester, derzufolge es durchaus regelmäßig vorkomme, dass Mütter auch kurz vor der Niederkunft kaum Anzeichen eines Babybauchs erkennen lassen.

Um sicherzugehen, ließ James kurz nach Hedys Tod einen DNA-Test machen und mit den Werten von Hedys leiblichen Kindern abgleichen. Es dauerte erstaunlich lange, bis die Ergebnisse kamen, mehr als ein halbes Jahr. James sei nicht Hedys Sohn, teilten die Ärzte mit. James zweifelt das Ergebnis bis heute an, aber er sagt, er habe kein Geld für einen zweiten DNA-Test, außerdem sei es ihm mittlerweile auch egal. James geht auf die achtzig zu. „Es geht mir gut, ich habe mein Leben gelebt", sagt er heute. Möglich, dass das Geburtszeugnis gefälscht ist und die *Talk*-Autoren die falsche Spur verfolgten. Zumal es rückblickend erstaunlich wäre, wenn keiner der vielen Prominenten, die von Hedys Schwangerschaft hätten wissen müssen, je davon gesprochen hätte. Oder aber die Adjutanten von Louis B. Mayer fälschten ihrerseits Akten und sorgten dafür, dass die Adoption geräuschlos vonstattenging. „Ein Mann wie Mayer hatte die Macht, solche Dinge zu regeln", glaubt James heute.

Über James' Herkunft wird es vermutlich endgültige Sicherheit nicht geben, aber nach derzeitigem Stand ist die These vom leiblichen Sohn wahrscheinlich falsch.

....
Hedgerow heute

Zumal sowohl Hedy als auch der vorgebliche Vater John Loder später übereinstimmend behaupteten, sich erst im Jahr 1942 erstmals begegnet zu sein.

Die Geschichte hätte ja auch zu gut zum Mythos des menschenverachtenden Studiosystems gepasst: eine strahlende Hollywood-Diva, die aus Angst vor der rigiden Familienmoral ihrer Geldgeber heimlich ein Kind gebärt, um es dann zu adoptieren.

Heute wissen wir, dass dieser Mythos in zumindest zwei Fällen Wirklichkeit wurde. Hedys Namenspatin Barbara La Marr durchlitt 1923 ein ebensolches Adoptionsdrama. Und zwölf Jahre später hatten die MGM-Stars Clark Gable (verheiratet) und Loretta Young (katholisch) eine Affäre, aus der ein Mädchen namens Judy hervorging. Ihre Mutter verheimlichte die Schwangerschaft, um ihre und Gables Karriere zu retten, gab ihre Tochter in ein Waisenheim und präsentierte sie anderthalb Jahre später der erstaunten Öffentlichkeit als ihr Adoptivkind. In der Branche galt Gables Vaterschaft als offenes Geheimnis. Judy erfuhr davon erst im Alter von dreiundzwanzig Jahren.

Anthony Loder beeindruckt am Verhältnis zwischen Hedy und ihrem Adoptivsohn heute vor allem die Härte und Gnadenlosigkeit seiner Mutter:

ICH HABE DIE JAMESY-STORY nie verstanden, sie macht mich heute noch traurig. Hedy bekam James wider alle Regeln und Wahrscheinlichkeiten. Er war die Liebe ihres Lebens, bis meine Schwester und ich zur Welt kamen. Erst tat sie alles, um ihn behalten zu dürfen, und dann zeigte sie sich ihm gegenüber von ihrer dunkelsten Seite. Von einem Tag auf den anderen sprach Hedy nicht mehr mit ihm, auch nicht mehr *über* ihn. Es war, als hätte er nie existiert. Offenbar hatte James den Fehler gemacht, ihr zu sagen, dass er nicht mehr bei ihr sein wolle und dass er sie nicht mehr lieb habe. Also schmiss sie ihn aus ihrem Leben. Und sie verzieh ihm auch dann nicht, als er den Fehler einsah, den er als kleiner Junge begangen hatte, und sich bei ihr entschuldigte. Meine Mutter konnte knallhart sein. Wenn sie mit Menschen abgeschlossen hatte, gab es für sie kein Zurück. So war es auch mit Verstorbenen. Wenn jemand tot war, war er für Hedy erledigt. Sie ging nie zu Beerdigungen. Beim Begräbnis ihres über alles geliebten Vaters war sie abwesend, ebenso Jahrzehnte später bei dem ihrer Mutter.

„Was für eine gute Ehe notwendig ist, habe ich nie ganz feststellen können."

Kapitel 5

Sechs Männer Und Drei Babys

– LODER, D'N'T, 919 NORTH ROXBURY DRIVE, DELILAH –

Nach James' Adoption dauerte es fast sechs weitere Jahre, bis Hedy ganz offiziell schwanger wurde. Der Vater war, ebenfalls ganz offiziell, John Loder. Also derselbe Mann, der auf James' Geburtsurkunde als dessen leiblicher Vater eingetragen ist und der den Jungen kurz nach der Hochzeit mit Hedy adoptierte – James hieß von nun an James Lamarr Loder.

Innerhalb kürzester Zeit wurde John, abgesehen von Vater Emil, zum wichtigsten Mann in Hedys Leben. Zum Vater ihrer zwei leiblichen Kinder, Denise und Anthony. Sowie zu demjenigen unter ihren Partnern, der Hedys allmähliche Metamorphose von der strahlenden Wiener Prinzessin zur kapriziösen Hollywood-Diva aus nächster Nähe erlebte. Anthonys Großmutter Trude erzählte ihrem Enkel, wie die Geschichte zwischen John und Hedy begann:

HEDY TRAF JOHN AUF EINER PARTY der United Service Organizations (USO), einer gemeinnützigen Organisation zur Unterstützung der US-Army. Diese hatte kurz zuvor die Hollywood Canteen eröffnet, in der Stars und Prominente allerlei Mitglieder des Militärs bedienten und unterhielten. Der Freitagabend galt bald als „Hedy Lamarr Night". Hedy half in der Küche aus, machte Butterbrote, gab bereitwillig Autogramme und tanzte mit den Soldaten bis tief in die Nacht. Sie ließ keinen Freitag aus. Der erste Weihnachtstag 1942 war so ein Freitag. Hedy kam an diesem Abend mit ihrer Freundin Bette Davis, die damals Komiteevorsitzende der Canteen war. Bette war es auch, die Hedy einige Wochen zuvor auf einer Dinnerparty John Loder vorgestellt hatte; Bette und John drehten zu der Zeit gerade gemeinsam den Film *Old Acquaintance (In Freundschaft verbunden)*. Man unterhielt sich und ging seiner Wege. Am Weihnachtsabend 1942 arbeitete John als „Busboy" hinter der Theke,

Hochzeitsfoto mit Blumenhut – Hedy und John am 27. Mai 1943

kümmerte sich ums Geschirr und servierte Drinks. Irgendwann bahnte er sich den Weg zur tanzenden Hedy. Man unterhielt sich aufs Neue. Er machte ihr Komplimente über ihre wunderschönen Hände. Den zweiten Teil der Abendschicht verbrachten sie gemeinsam hinter der Bar. Am Ende der Nacht bat John Hedy um ein Wiedersehen. Sie bejahte. Er besuchte sie zum Dinner auf der Hedgerow Farm und bald dinierten sie dort jeden Abend. Sie verliebten sich sofort ineinander.

John war Engländer und hieß eigentlich Lowe mit Nachnamen, doch als er Ende der Zwanzigerjahre nach Hollywood kam, um sein Glück als Schauspieler zu versuchen, änderte er seinen Namen. Loder klang besser als Lowe, fand er.

Zur Welt kam er am 3. Januar 1898 in London. Johns Mutter war Sizilianerin, sein Vater ein hochdekorierter britischer Generalmajor aus altem Militärgeschlecht. Sein Sohn Rob, eines von zwei Kindern aus zwei früheren Ehen, erforschte Jahrzehnte später den Stammbaum der Lowes/Loders. Er fand heraus, dass König Heinrich VII. in ihrem Stammbaum auftauchte. In diesem Sinne darf ich mich als entfernter Verwandter der britischen Royals fühlen.

Zu Beginn des Ersten Weltkriegs folgte John seinem Vater zur Armee. In Gallipoli geriet er früh in deutsche Gefangenschaft, drei Jahre lang war er als Kriegsgefangener in Deutschland. Als der Krieg vorbei war, blieb er in Deutschland und betrieb eine Weile eine Gurkenfabrik. Ich glaube, er mochte deutsche Gurken, oder deutsches Bier, oder deutsche Frauen. Das immerhin haben wir gemeinsam. Ansonsten kann ich aus eigener Erfahrung wenig über ihn sagen. Ich war sechs Monate alt, als die beiden sich

....
Erste Bilder von Anthony Loder

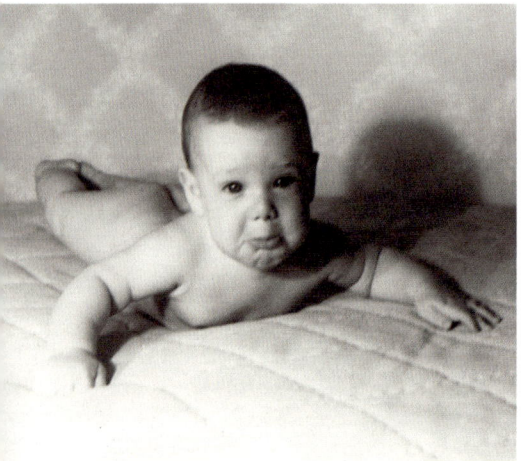
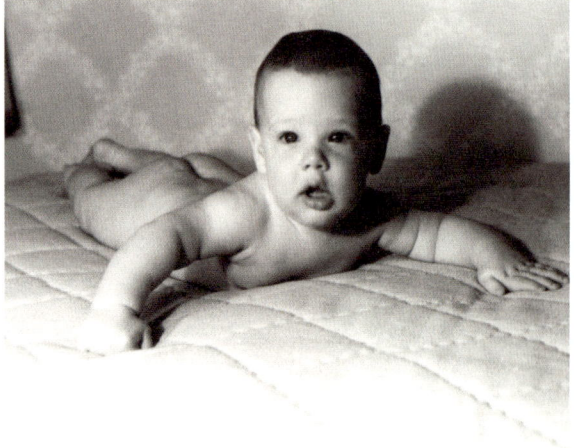

scheiden ließen. Und ich war fünfundzwanzig, als ich meinen Vater zum ersten (und einzigen) Mal traf.

JOHN UND HEDY HATTEN manches gemein. Beide stammten aus gutem Hause, legten Wert auf Manieren und Feingefühl und beherrschten alle Arten hollywoodaffinen Schauspiels, von der Leinwand über den Umgang mit der Presse bis zur gepflegten Partykonversation. Beide waren sehr körperlich. In *Ekstase und ich* beschreibt Hedy, von Beginn an habe eine starke Anziehung zwischen ihnen bestanden. Kurz nach der Hochzeit hätten sie es einmal auf acht Liebesspiele an einem Tag gebracht. Für John waren Film und Rampenlicht allerdings eher unwichtig, eine anständige Partie Billard zog er vor. Er liebte endlose Morgenspaziergänge und nach dem Essen ein Nickerchen. Er mochte die Wissenschaft, war geistreich, lernbegierig und genussfreudig, dabei eher faul als ehrgeizig. Menschliche Fassaden durchschaute er schnell. Ganz sicher war er neben ihrem Vater die stärkste Männerfigur in ihrem Leben und der Einzige, der sie sehr direkt mit ihren eigenen Unzulänglichkeiten konfrontierte. Zugleich war er auf britische Art sehr korrekt – so korrekt sogar, dass er laut Hedy in der ersten Zeit ihrer Ehe unter seinem Pyjama eine Unterhose trug.

John und Hedy heirateten am 27. Mai 1943 in der Wohnung von Lily Veidt, der Witwe des kurz zuvor verstorbenen deutschen Schauspielers Conrad Veidt *(Das Kabinett des Dr. Caligari, Casablanca)* und eine gute Freundin der beiden. Ihre Flitterwochen verbrachten sie am Big Bear Lake, zwei Autostunden östlich von L.A., in den San Bernardino Mountains. Sie hatten eine kleine Blockhütte mit einem einfachen

Holzherd angemietet, den Hedy eifrig nutzte, um John mit ihren Kochkünsten zu beeindrucken. Das Landmädchen in ihr kam voll zur Geltung. „Es war einfach himmlisch", erzählte sie später. „Ab einem gewissen Punkt in den Bergen überkommt einen eine wunderbare Ruhe. Es machte Spaß, im nahen Laden von Mrs. Burke Milch und Eier zu holen und nicht den ganzen Tag über aufgedonnert zu sein. Ich liebe die Natur, wirklich. Ich liebe es, unter Bäumen zu sitzen und an Blumen zu riechen."

Im ersten Jahr waren die beiden ziemlich glücklich. Gleich nach der Hochzeit zog John in Hedgerow ein. Hedy ging kaum noch auf Partys und kultivierte stattdessen das Hausfrauendasein mit John und Jamesy. Plötzlich erlebte sie genau jenes Familienglück mit Kind, das sie sich wenige Jahre zuvor ausgemalt hatte. Regelmäßig verbrachten sie Wochenenden zu zweit am Big Bear Lake, ohne Telefon, ohne Besuch, ohne Dienerschaft, und der kleine Jamesy blieb dann bei Oma Trude, für die Hedy in der Zwischenzeit ein eigenes Apartment in der Nachbarschaft angemietet hatte. John machte Hedy mit zeitgenössischer Hochliteratur vertraut. Regelmäßig las er ihr ganze Bücher vor, unter anderem von John Steinbeck, Daphne du Maurier und W. Somerset Maugham. Eigens für sie fabrizierte, führte und füllte er zwei große Sammelalben, voll mit Erinnerungsstücken von ihrer Hochzeit, ihrer Ehe, ihrer Filmkarriere. Sie nannte ihn „Pops", er sie „Putzi". „Damals liebte ich John sehr und er mich auch", schrieb Hedy später.

Im Juli 1945 wurde Hedy schwanger, und nun ging es steil bergab mit den beiden. Von Beginn ihrer Beziehung an hatte Hedy John bei mehreren, auch den unpassendsten Gelegenheiten zu verstehen gegeben, wer ihr zufolge die Hosen anhaben sollte. Kurz vor dem Hochzeitstermin zum Beispiel schickte sie John einen Brief, darin eine Rechnung über 350 Dollar, laut Hedy exakt die Hälfte der Ausgaben, die sie für gemeinsame Dinners auf der Hedgerow Farm hatte. Unter anderem hatte sie den halben Lohn ihres Kochs eingerechnet. Der Hochzeit hatte sie nur unter der Bedingung zugestimmt, dass er seinen Schnurrbart abrasiere. Und beim ersten gemeinsamen Weihnachtsfest kündigte sie an, ihm einen Cadillac zu schenken. John wollte sich nicht lumpen lassen und kaufte ihr einen Diamantring von Cartier. Und Hedy? Überreichte ihm tatsächlich einen Cadillac – in einer kleinen Box, als Spielzeugauto.

Das alles waren erste kleine Spitzen einer verwöhnten Frau, die ihm auf diese Art andeutete, dass er sie gefälligst auf Händen zu tragen und dafür keinen Aufwand zu scheuen habe. Nun aber, seit den ersten Schwangerschaftswochen, wurde Hedy merklich launischer. Sie gab ihm zu verstehen, er gehe ihr auf die Nerven. Sie krittelte an ihm herum, fand dieses und jenes an seinem Verhalten unzureichend – vor allem dass er bei unpassenden Gelegenheiten einschlief, nicht genügend an seiner Karriere

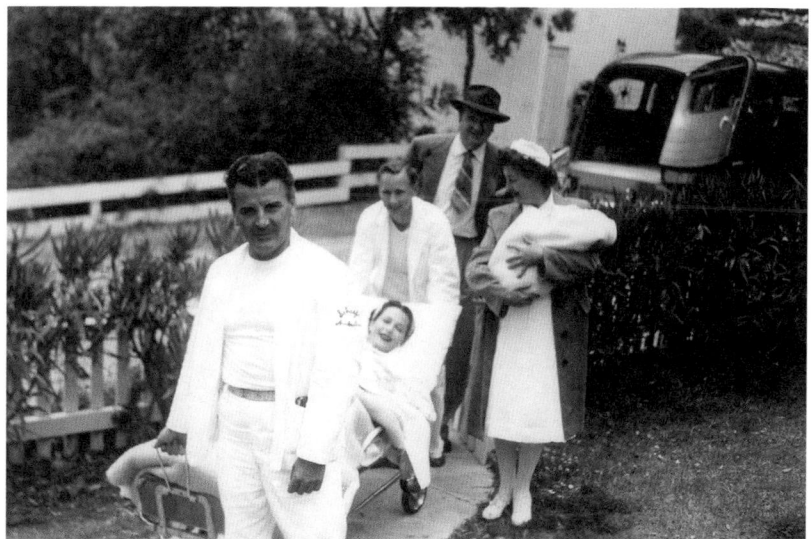

**Nach Denises Geburt auf dem Heimweg aus der Klinik, im Mai 1945;
Denises Taufe mit Taufpatin Bette Davis (re.)**

Kindergeburtstag: Hedy mit Denise und Anthony, um 1950

arbeitete oder ihren Erfolg nicht gebührend lobte. 1944 verdiente Hedy immerhin an die 90.000 Dollar allein an Gagen und handelte darüber hinaus mit Louis B. Mayer einen neuen Vertrag aus, der ihr 100.000 Dollar pro Film garantierte. Mitte der Vierzigerjahre zählte Hedy Lamarr zu den bestverdienenden Hollywood-Stars. John Loder war das ziemlich schnuppe.

„Ich merkte, dass ich die meisten Leute (selbst meinen Mann) als Feinde betrachtete. Es gab nur mein Baby und mich. Alle anderen waren Außenseiter, Eindringlinge", erinnerte Hedy sich später. Sie war sich bewusst, dass sie sich unfair verhielt, und konnte doch nicht anders, als eine Wand zwischen ihr und ihm zu errichten und bei jeder Gelegenheit Streitigkeiten anzuzetteln.

Am 29. Mai 1945 kam Denise zur Welt. In den Wochen vor und nach der Geburt war Ruhe, was auch daran lag, dass Mutter Trude für diese Zeit zurück nach Hedgerow

zog, sich um die Hochschwangere kümmerte und die Wogen glättete. Doch danach wurde es zwischen den Eheleuten nur noch schlimmer. Denises Geburt hatte sich als sehr schmerzhaft und langwierig herausgestellt, und danach fiel Hedy in eine Art postnatale Depression. Sie hatte starke Schmerzen, etwas bisher Unbekanntes in ihrem Leben, und zahlreiche verdrängte Erinnerungen aus Kindheit und Jugend kamen zum Vorschein. Erstmals in ihrem Leben unterzog sie sich einer Psychotherapie, erst in L.A., später bei einem renommierten Psychiater in Boston, weite Teile des Sommers 1945 verbrachte sie in Cape Cod. Nach eigenen Angaben verliebte sie sich in beide Therapeuten. „Sie erwarten zu viel von den Menschen", sagte der eine zu ihr. „Sie können nicht immer verwöhnt und geliebt werden."

Es nützte nichts. John bekam alles ab. Er war schuld an ihren Schmerzen, an ihren Depressionen, und als im Frühjahr 1946 in kurzer Folge erst Jamesy von einem Auto

Hedy als Hausfrau: Aufnahmen für eine Homestory mit ihrem dritten Ehemann John Loder, 1943

angefahren wurde und dann Einbrecher in Hedgerow wertvollen Schmuck entwendeten, machte sie die Nachlässigkeit ihres Ehemanns für beides verantwortlich. Im Januar 1946 trennten sie sich, rauften sich aber wieder zusammen, nicht zuletzt anlässlich von Denises Taufe im April. Danach stritten sie wieder. John nahm sich eine Wohnung, man sah sich kaum noch. Hedy erzählte Freunden und Kollegen, sie wolle John loswerden. Inzwischen hatte Hedy bei MGM gekündigt und war ihre eigene Produzentin. *The Strange Woman* hieß der erste von ihrer Firma produzierte Independentfilm, ein Beziehungs-Melodram, das im Winter 1945/46 gedreht und im Herbst 1946 zu einem großen Publikumserfolg wurde. Als sie ihr zweites Projekt *Dishonored Lady* plante, hing das erste allerdings noch in der Warteschleife. Sie stand unter Druck. Sie brauchte dringend einen PR-Coup.

Perfiderweise entschied sie sich, ihren baldigen Ex-Mann einzuspannen, und sei es gegen dessen Willen. „Ich hatte eine fantastische Idee für eine der beiden Hauptrollen", erinnert sie sich in *Ekstase und ich*. „John war ideal für die Rolle, und was gäbe das für einen gewaltigen Publicity-Schlager." Loder selbst war erwartungsgemäß nicht begeistert von der Idee und gab ihr eine Abfuhr. Aber Hedy ließ nicht locker. Oder wie sie es formulierte: „Kein Mann hatte je Nein zu mir gesagt." Sie passte ihn vor seinem Apartment ab, wo er mit einem Mädchen auftauchte, und insistierte. Er bekräftigte sein Nein. Anderntags rief sie den Chef des Filmstudios RKO an, wo Loder zu der Zeit unter Vertrag stand, und bot einen „Spitzenpreis" fürs Loders Ausleihe. Hedy bekam ihren Willen. Oder wie sie es formulierte: „John machte also den Film. Er musste."

In *Dishonored Lady* spielt Hedy eine New Yorker Fashion-Journalistin, die viele Affären, aber kein Glück mit Männern hat, sich in psychiatrische Behandlung begibt und als Malerin ein neues Leben beginnt. Irgendwann trifft sie einen reichen Juwelier (Loder), mit dem sie einst eine Affäre hatte und dessen Ermordung sie in eine Mordaffäre verwickelt. Hedy und John redeten am Set kaum, und wenn, dann flüsterte sie ihm während der Filmproben Dinge ins Ohr wie: „Du bist einfach schlecht, *come on*, du kannst doch viel besser spielen!"

Hedy wusste, wie sie John triezen musste. Und sie wusste meist sehr genau, wie sie bekam, was sie wollte. Die Dreharbeiten dauerten von Mitte Mai bis Mitte Juli 1946. Irgendwann gelang es ihr, ihn ins Bett zu kriegen. Nicht weil sie die Beziehung retten wollte oder sonderlich scharf auf ihn gewesen wäre – sie wollte ein zweites Kind. „Um schwanger zu werden, musste ich John verführen, und das war nicht mehr so leicht. An einem ruhigen Wochenende klappte es."

Nach Drehschluss von *Dishonored Lady* sahen Hedy und John sich die ungeschnittene Fassung an. Sie fragte ihn, „meinen schärfsten Kritiker", was er davon halte. Er sagte, die Chancen stünden gut, dass der Film ein Erfolg werde, er habe daran nichts auszusetzen. „Natürlich weiß ich nicht, ob der Film dich künstlerisch zufriedenstellt, aber ein Mädchen kann auch nicht alles haben, oder? Aber was rede ich eigentlich? Das ist es doch, was du schon immer wolltest – alles."

Ein paar Tage später ging Hedy zum Showdown über. Erst verwickelte sie ihn während einer gemeinsamen Autofahrt in einen Streit, nahm seine Pfeife, warf sie aus dem Fenster – und als John ausstieg, um sie zu suchen, fuhr sie ohne ihn weiter. Schließlich bat sie um ein Gespräch. Ihre ersten beiden Sätze lauteten: „Ich bin schwanger. Und ich will die Scheidung." Loder nahm die Ansage wie gewohnt sarkastisch-genüsslich auf. Er sagte, er werde ihr nicht im Wege stehen und ihr die Kinder überlassen – schließlich habe sie nie gelernt zu teilen. Ähnlich gab er sich später vor Gericht, als im Juli 1947 die Scheidung verhandelt und letztendlich gebilligt wurde. Hedy bekam das Sorgerecht, John musste 800 Dollar monatlich Unterhalt zahlen.

Der Presse teilten John und Hedy fürs Erste lediglich mit, sie erwarte ein zweites Kind, und erlaubten sogar idyllische Homestorys, um keine Gerüchte aufkommen zu lassen. In Wirklichkeit waren sie seit dem Sommer 1946 getrennt und John arbeitete so viel wie möglich an der Ostküste. In einem späteren Interview behauptete Hedy, John habe einen Selbstmordversuch unternommen, als sie sich endgültig von ihm trennte, doch dafür gibt es keine weiteren Indizien. Die Hedy-John-Story jedenfalls war bereits vorbei, als die Hedy-Anthony-Story begann.

HEDY WAR ACHTUNDZWANZIG, als sie meinen Vater heiratete, er fünfundvierzig. Er hätte ihr Vater sein können, und in der Tat war er nur vier Jahre jünger als Hedys Mutter Trude. In ihm sah sie jenen Vaterersatz, nach dem sie ihr Leben lang gesucht hatte. John war groß, smart, dunkelhaarig und selbstbewusst, allerdings schaffte er es in Hollywood nie, richtig Fuß zu fassen. Trotz einiger guter Rollen kam er über eine Karriere als B-Star nie hinaus. Als Schauspieler spielte John in der zweiten Liga, Hedy in der ersten. Im Nachhinein bin ich sicher, dass dies bei den Eheproblemen eine Rolle spielte. Egal wie talentiert, egal wie schlau und weltgewandt er war, er stand stets in Hedys Schatten. „Du weißt, dass du Mr. Lamarr bist", sagte Errol Flynn einmal zu ihm.

Hedy arbeitete viel. John trank viel. Meine Mutter hasste Alkoholiker, sie hielt das für ein Zeichen von Schwäche, und sie hasste schwächliche Männer. John war nicht stark genug für sie. Genau genommen konnte er gar nicht stark genug sein, denn meiner Ansicht nach wäre dazu nur Superman höchstpersönlich imstande gewesen.

·········
John Loder, um 1946

Ich kann kaum sagen, wie wichtig es für mich gewesen wäre und wie sehr ich es später vermisste, eine Vaterfigur zu haben, die mich leiten, an der ich mich orientieren konnte. Aber als ich geboren wurde, wusste Hedy längst, dass John nicht mehr ihr Mann war. Auf eine Art kann ich sie verstehen. Als junger Mann habe ich Spuren meines Vaters regelrecht gescoutet, ich sah Fernseh- und Filmauftritte von ihm aus dieser Zeit. Vor allem in Erinnerung geblieben ist mir die Hörspielaufnahme von *Casablanca*, in der *Lux-Radio-Theater-Show*, im Januar 1944. Hedy sprach den Part der Ilsa Lund, John den des Victor László. Hedy hinterließ einen nachhaltigen Eindruck, was mit ihr als Ilsa aus dem Film hätte werden können, die Stimme meines Vaters dagegen klang farblos, gekünstelt, verweichlicht, schwach. Ich habe mehrfach versucht, seine Autobiografie *Hollywood Hussar* zu lesen, ehrlich gesagt schaffte ich es nie bis zum Ende. Ich hasse es, dies zu sagen, aber ich fand das Buch trocken und langweilig. Vermutlich wollte ich zeitlebens mehr aus ihm machen, als sein Charakter hergab.

Hedy war ein „Attention Getter", das war sie gewohnt, das steckte sehr tief in ihrem Charakter, darüber ließ sie nicht mit sich reden. Im Prinzip hat sie alle Ehemänner allmählich entmannt mit ihrer Selbstbezogenheit, ihrer Härte, ihren ständigen Bedürfnissen und Forderungen. Ich stelle mir vor, dass mein Vater sich nach vier Jahren mit Hedy wie ein Eunuch gefühlt haben muss. Er war zwar 1,93 Meter groß, doch innerlich fühlte er sich immer kleiner, unsicherer, immer weniger Macho – bevor er Hedy kennenlernte, hatte er in Hollywood einen Ruf als Womanizer. Als sie John kennenlernte, befand sich Hedy auf dem Gipfel ihres Erfolges, halb Amerika lag ihr zu Füßen. Ihre Angewohnheit, sich systematisch hofieren und Wünsche wie Befehle wirken zu lassen, wurde allgemein angenommen. Bei ihrem ersten Mann Fritz Mandl war sie das Accessoire in der Ehe gewesen. Nun war John Loder ihres. Er rauchte Pfeife, sah schneidig aus und hatte einen mitunter sehr süffisanten Blick, doch im Grunde genommen war er faul. Als Ehemann von Hedy Lamarr war er wirklich nicht zu beneiden.

IM HERBST 1946 VERKAUFTE HEDY die Hedgerow Farm an Humphrey Bogart und Lauren Bacall, für knapp 100.000 Dollar. Für 75.000 erstand sie eine schöne, geräumige Villa im spanischen Landhausstil. Die Adresse: 919 North Roxbury Drive, mitten in Beverly Hills. Am 1. März brachte sie Anthony per Kaiserschnitt zur Welt. John war nicht dabei. Am 31. Mai 1947 gaben die beiden offiziell bekannt, sie würden sich scheiden lassen – kurz nach dem Kinostart von *Dishonored Lady*, der Hedys Firma immerhin etwas Geld eintrug. Im Sommer 1947 war Hedy allein mit drei Kindern, ohne weitere Filmangebote oder -engagements. In den einschlägigen Magazinen erschienen tränenreiche Geschichten über die Tragödie von Hedy und John. In einer hieß es, sie stehe kurz vor einem Nervenzusammenbruch. In einer anderen sagte sie: „Irgendwo da draußen muss doch ein Mann sein, der mein Mann sein kann, ohne sich unterlegen zu fühlen. Was ich brauche, ist ein überlegener unterlegener Mann."

Auf die rührseligen folgten nun auch die ersten bösartigen Medienberichte. „Broken faces, broken futures" betitelte das Magazin *Look* im Frühjahr 1948 eine Geschichte, die von Hedys Niedergang als Glamour Queen handelte und unter anderem die Neuigkeit enthielt, die Lamarr habe sich ihre Nase operieren lassen. Hedy klagte umgehend, doch die Geschichte war in der Welt. Und *Look* war nicht irgendein Heft, es galt als vergleichsweise seriös und hatte damals eine Auflage von knapp drei Millionen Exemplaren. Weitere Abgesänge auf Hedy Lamarr und ihren Abschied von Hollywoods „A-List" folgten.

So hart und kraftraubend die Zeit um 1947 und 1948 für Hedy war, so selig wirkte sie auf den kleinen Anthony. Hedy nannte ihn von Beginn an nur „Tony". Für D'n'T, kurz für Deedee and Tony, ist die Roxbury-Phase bis heute die traumhafte Phase ihrer Kindheit, die Zeit des Zusammenhalts, der liebevollen Familienidylle, der Ruhe vor dem Horror:

919 NORTH ROXBURY DRIVE ist ein zweistöckiges Haus, ein paar Blocks nördlich des Sunset Boulevard, im flachen Teil von Beverly Hills, mit einundzwanzig Zimmern und einem Swimmingpool auf der Rückseite. Schräg gegenüber wohnte Lucille Ball, ein paar Häuser weiter James Stewart. Damals war unser Haus weiß, heute ist es in einem seltsamen Grünton gehalten und ist schätzungsweise fünf Millionen Dollar wert.

Meine ersten Erinnerungen habe ich an den grauen Plüschelefanten mit Riesenschlappohren, der in den ersten Jahren immer neben mir lag, zwischen zwei weißen Bettlaken. Ich schaute seine braunen Glasaugen fortwährend an, in das Braun mischten sich kleine schwarze und winzige goldene Glasteile. Später, als ich sieben Jahre alt war, erzählte meine Mutter mir, ich sei als „Blue Baby" geboren worden, was mich damals stark irritierte, schließlich war ich weiß, vielleicht ein bisschen beige oder rosa, aber sicher nicht blau. „Du bist am Tag deiner Geburt fast gestorben", sagte Hedy. Zyanose nennt man in der Medizin heute das Phänomen, eine bläuliche Hautfärbung aufgrund zu geringer Sauerstoffkonzentration im Blut. Oft ist es ein Symptom für lebensgefährliche Fehlfunktionen des Organismus. Ich hatte Glück.

Als ich klein war, muss meine Mutter mich sehr geliebt haben. Wenn es dunkel wurde, saß sie bei mir und tätschelte meinen Kopf, bis ich einschlief. Sie sang Lieder für mich, so wie ihre Mutter einst für sie. „Muss i denn, muss i denn zum Städtele

Gespielte Idylle:
die Loders inmitten
von Geschenken zur
Geburt ihrer Tochter

hinaus" zum Beispiel. Hedy liebte es zu singen, sie sang in Deutsch, Französisch und Englisch. Und sie sprach sechs Sprachen: Deutsch, Ungarisch, Französisch, Italienisch, Spanisch und Englisch. Sie war eine kluge Frau.

Meine erste Erinnerung an meine Mutter ist zugleich die beste. Meine frühe Kindheit kommt mir vor wie ein Märchen, vor der großen Hollywood-Tragödie, die folgen sollte. Bevor der Ruhm, die Pillen, das ganze überzüchtete Starsystem sie krank machten. Bevor das Kinomonster in Hedy die Macht übernahm und sie uns Fremden überließ und selbst zu einer Fremden wurde. Es war um das Jahr 1949, ich war damals zwei. Ein dunstiger gelber Schimmer umgab den großen Glasglobus, vor dem meine Mutter stand und ihren Pelzmantel aufhielt, mich ansah und leise sang: „Come to the womb. Come back to the womb." Komm zurück in meinen Schoß. „Come back to the womb", sang sie wieder, und diesmal kam ich. Ich wackelte meinen Weg zu ihr hin, ganz allein, ohne hinzufallen, und als ich ihr nah genug war, schlang ich meine Arme um ihr Bein und hielt mich, so fest ich konnte. Ich schaute herauf zu meiner Mutter, um Anerkennung zu suchen. „Ich wusste, du kannst es", sagte sie, und dann schloss sie ihren Nerzmantel über mir.

Das war die erste und beste Erinnerung an Hedy. Von da an ging es abwärts. Noch im selben Jahr verkaufte sie das Haus am North Roxbury Drive. Mein Traum war vorbei.

ALS NÄCHSTES FOLGTE IN HEDYS LEBEN allerdings erst mal der kommerziell erfolgreichste Film ihrer Karriere. Dass sie überhaupt in ihm mitwirkte, verdankte sie einer glücklichen Fügung. Just zu der Zeit, als die Nasen-OP in aller Munde war und Hedy nichts dringender brauchte als eine tragende Rolle in einem Kassenerfolg, traf sie eines Tages einen Agenten der Screen Actors Guild zum Lunch. Irgendwann, nach etwa dem fünften Martini, wurde der kleine Angeber laut Hedys Erinnerungen redselig und erklärte, der große „C.B." habe gerade bei ihm angefragt, ob Betty Hutton zu haben sei, er plane ja das bislang größte Spektakel seiner Karriere, *Samson And Delilah (Samson und Delilah)*. Der Film werde ein Riesenerfolg, sagte der Agent. Und sie, Hedy, sei doch als verschlagene Hure genau die richtige Besetzung. „Man mische Muskeln, Titten und Sadismus, und man hat einen Kassenknüller. Man füge eine Genie wie ‚C.B.' hinzu, mit all dem Geld der ganzen Welt, und man hat Bedeutung. (…) Muskeln und Titten mit einer Zuckerglasur aus Religion. Das passt für Sie." Hedy rief umgehend ihren Agenten Robert Lantz an, und am nächsten Tag hatte sie einen Termin im Büro von „C.B.".

„C.B." war der branchengängige Spitzname für Cecil B. DeMille. Der Regisseur und Produzent ging damals auf die siebzig zu und war seit Jahrzehnten einfluss-

Mit Regisseur Cecil B. DeMille am Set von *Samson und Delilah*

reichster Regisseur und zugleich strategisches Mastermind der Paramount Studios. Er genoss den Ruf eines Spezialisten für Monumentalfilme (*Cleopatra*, *The Crusaders*) und Kassenmagneten. Immer wieder verstand er es, durch aufwendige Massenszenen, opulente Ausstattung und die Befriedigung elementarer Publikumsbedürfnisse Millionen ins Kino zu locken. Kritiker monierten häufig die mangelnde Plausibilität sowie den aufgesetzten Moralismus seiner Plots, doch in den Major Studios störte das kaum jemanden.

Die biblische Saga (aus dem alttestamentarischen *Buch der Richter*) zu verfilmen, zählte seit Langem zu DeMilles Herzensanliegen. Seit 1934 arbeitete er daran. Im Mittelpunkt stehen der bärenstarke Schäfer Samson, der im Kampf einen Löwen getötet hat und die Israeliten von der Tyrannei durch die Philister befreien soll, und die so schöne wie gemeingefährliche Philisterin Delilah, die von Samson zurückgewiesen wird und ihm daraufhin eine fatale Falle stellt. Als Delilah war zunächst Dolores del Río vorgesehen gewesen, später Paulette Goddard. Zur Zeit, als Hedy vorsprach, stand Hollywoods halbe Topriege auf der Kandidatinnen-Liste – Vivien Leigh, Lana Turner,

„No man leaves Delilah!" Die Lamarr in ihrer kommerziell erfolgreichsten Rolle

Rita Hayworth, Greer Garson, Ava Gardner, Jennifer Jones, Jean Simmons, Maureen O'Hara. Die beiden (soeben erst immigrierten) schwedischen Kinostars Viveca Lindfors und Märta Torén waren bereits zu Probeaufnahmen erschienen, hatten „C.B." aber nicht überzeugt. Er hatte sehr genaue Vorstellungen. „Eine dunkeläugige Verführerin" müsse sie sein, deren „Schönheit, Glut und Gier sofort ins Auge springen … eine Art destillierte Jean Simmons und Vivien Leigh, mit einem Schuss Lana Turner." Laut dem DeMille-Vertrauten Henry Wilcoxon gab vor allem Hedys überzeugender Auftritt als sadistisch veranlagte Bürgerstochter in *The Strange Woman* den Ausschlag. „Als wir eines Tages zum Screening von *The Strange Woman* gingen, wirkte ‚C.B.' niedergeschlagen. Wo war seine Delilah? Die bisherigen Kandidatinnen waren entweder zu jung oder zu nett oder nicht sexy genug. Als nach der Vorführung die Lichter

**Mit Filmpartner Victor Mature und Mutter Trude
am Set von *Samson und Delilah***

angingen, sagte er nur ein Wort: ‚Delilah.'" Hedy hatte die Rolle. Ihr Agent handelte die fürstliche Gage von 100.000 Dollar aus, die Dreharbeiten gingen von Oktober bis Dezember 1948. Es war ihr erster Film, der in dem damals als besonders farbintensiv geltenden Technicolor-Format gedreht wurde.

Ihrem Agenten Robert Lantz hatte Hedy versprechen müssen, dem großen „C.B." gegenüber ihre Kapriolen in Grenzen zu halten und dem „Regiegenius mit Respekt zu begegnen". Zwischen ihr und „C.B." lief es tatsächlich ganz gut, dafür befehdete sie sich vom ersten Tag an mit der Kostümbildnerin Edith Head. Ihr Kostüm sei zu düster für ihre Szene, protestierte sie. „C.B." lenkte ein, Head musste Hedy neu einkleiden. Die triumphierte. Wenig später setzte sie sogar durch, dass ihre Lieblings-Kostümbildnerin Eloise Jensson, mit der sie in *Dishonored Lady* und *Let's Live A Little* gearbeitet hatte, ans Set gerufen wurde. Klar, dass Edith Head, die meistausgezeichnete Kostümdbildnerin in der Geschichte Hollywoods, nachher wenig Freundliches zu berichten hatte. DeMille sei „ein Freak, der Gott spielen will", und Lamarr habe „die längste Zeit ihrer Fittings in der Horizontalen verbracht. Ständig musste sie ausruhen. Bei der Auswahl der Kostüme ließ sie mich meist in Ruhe, aber bei der Passgenauigkeit war sie äußerst penibel. Sie sollte üppig aussehen, dabei war sie schmalbrüstig, und Polster lehnte sie ab. Sie sagte, wenn sie unnatürlich proportioniert sei, sei sie außerstande zu spielen. Ich habe schon unkompliziertere Kolleginnen als sie erlebt." Hinzu kam, dass eigens angeheuerte Studioagenten peinlich genau darauf achteten, dass die Zensurvorschriften eingehalten wurden. Freie Bauchnabelsicht war strikt verboten, ebenso ein großes Dekolleté. Dass es Head gelang, tatsächlich üppige Kostüme zu entwerfen (etwa das beinlange Kleid aus zweitausend Pfauenfedern, das Hedy in der Schlussszene trägt), zählt bei heutiger Betrachtung zu den größten Stärken dieses formal unterhaltsamen, erzählerisch aber eher ärgerlichen Popcorn-Films. Völlig zu Recht gewann Edith Head für *Samson And Delilah* einen ihrer insgesamt acht Oscars.

Auch „C.B." höchstselbst gegenüber war Hedy anfangs weniger vorsichtig als versprochen. Sie komme sich vor wie eine Schachfigur, die vom Meister hin- und hergeschoben werde, das gefalle ihr nicht, sagte sie ihm nach wenigen Drehtagen. DeMille antwortete nur mit einem berühmt gewordenen Satz: „I don't play, you don't act."

Danach war offenbar Frieden. Bis auf ein paar Nickeligkeiten (in einer Zweierszene beschwerte sie sich etwa, ihr Partner Victor Mature sei im Bild zu präsent, was „C.B." mit den Worten konterte, ob sie im Ernst glaube, irgendein Mann würde Matures Gesicht angucken, wenn er zugleich einen Blick auf Hedys Hintern werfen könne) unterwarf sie sich fortan den DeMillschen Regieregeln. Sowohl Lamarr als auch

DeMille äußerten sich im Nachhinein in höchsten Tönen übereinander. Er beschrieb sie als „Feuerkopf", die „das Filmen liebt, es strahlt aus ihr heraus. Ich hatte keine Ahnung, dass Hedy eine so gute Schauspielerin war." Bei späterer Gelegenheit sagte er: „Hedy verblüfft mich jedes Mal von Neuem. Sie strahlt die undurchdringliche Ruhe einer Medusa aus. Sie ist eine Herausforderung. Man ist in ständiger Versuchung, ihre Teilnahmslosigkeit zu überwinden." Jesse L. Lasky Jr., damals Scriptwriter bei *Samson And Delilah*, schrieb später: „Man musste sie selten verbessern. DeMille sagte, sie sei wie eine Gazelle – unfähig zu jedweder ungeschickten oder falschen Bewegung." Sie selbst entgegnete so offen wie schmeichelhaft: „Obwohl ich Mr. DeMille nicht gerade während der Dreharbeiten anbetete, habe ich ihn hinterher geliebt."

Das Ergebnis der Zusammenarbeit war der bis dahin kassenträchtigste Film für Paramount und einer der erfolgreichsten Filme aller Zeiten. Bei einem Budget von gut drei Millionen Dollar spielte er nach seiner Premiere am 21. Dezember 1949 allein in den USA knapp das Vierfache ein. Hedys Ausspruch „No man leaves Delilah!" zählt bis heute zu den bekanntesten Zitaten der Filmgeschichte. Hedy selbst war obenauf. Anfang der Fünfzigerjahre war sie in Hollywoods Topliga zurück.

„Im Filmgeschäft geht es nicht darum, was man macht, sondern wer man ist."

Kapitel 6

HOW I WON THE WAR
– ANTHEIL, FREQUENZSPRUNG, WAR BONDS, DR. SOLOMON –

„Hedy ist sehr, sehr schlau. Verglichen mit den meisten anderen Hollywood-Stars ist sie geradezu ein intellektueller Gigant."

Der Mann, der das sagte, musste es wissen, George Antheil verfügte diesbezüglich über Insiderkenntnisse. Gemeinsam mit dem Komponisten zeigte sich Hedy Lamarr der Welt von ihrer überraschendsten Seite. Für eine Hollywood-Schauspielerin, die vor allem an Äußerlichkeiten gemessen wurde, war Hedy nämlich nicht allein außergewöhnlich intelligent und vielseitig, hollywoodkritisch und selbstbewusst. Sie verfügte darüber hinaus über Talente, von denen Leute wie Louis B. Mayer keinen Schimmer hatten und die sie ausgerechnet während der Weltkriegsjahre zur vollsten Geltung brachte. Auf dem Höhepunkt ihres Ruhms also, vor dem Ehedrama mit John Loder, der Geburt Deedees und Tonys und lange bevor die klassische Midlife-Crisis der Hollywood-Diven auch sie einholte.

Mit ihrem System zur Fernsteuerung von Torpedos, das Lamarr und Antheil im Juli 1941 gemeinsam als Patent anmeldeten, erwies sich Hedy mehr denn je als Unikat in Hollywood. Eine Frau, die Männer scharenweise um den Verstand bringt, als „most beautiful girl in the world" gilt und darüber hinaus bahnbrechende Ideen zur Frequenzsprung-Spreizbandtechnik entwickelt, das gab es im Filmgeschäft weder vor noch nach ihr. Das ist ungefähr so, als hätte Angelina Jolie kürzlich die Solartechnik revolutioniert, Penélope Cruz eine neue Computersprache entwickelt oder Scarlett Johansson einen Durchbruch in der Pharmamedizin erzielt.

Dass Hedy ausgerechnet bei der Militärtechnik die Forschung weiterbrachte, kam natürlich nicht von ungefähr. Während ihrer Ehe mit Fritz Mandl hatte sie weitreichende Informationen zum Stand der deutschen Waffenindustrie und war in zahlreiche Details und Probleme eingeweiht. Weihnachten 1936 traf sie den Hamburger

„Gold digger for Uncle Sam": Hedy auf ihrer Werbetour für
Kriegsanleihen an der US-Ostküste, September 1942

Ingenieur Hellmuth Walter, der damals an einem gasbetriebenen U-Boot tüftelte und maßgeblich an der Erforschung ferngesteuerter Waffen beteiligt war, welche die Nazis mit aller Kraft vorantrieben. Die Firmen Telefunken und Siemens arbeiteten seit Mitte der Dreißigerjahre an ähnlichen Systemen. Die große, kriegsentscheidende Frage lautete: Wie gelingt es, Torpedos und Gleitbomben unempfindlich gegen Störsender zu machen und sie so sicher ins Ziel zu bringen? Immerhin verfügten die Deutschen bereits über die Mittel, bis zu achtzehn Raketen zeitgleich auf verschiedenen Frequenzen zu steuern, was der Verteidigung das sogenannte „Jamming", also das Frequenzstören der feindlichen Torpedosteuerung, stark erschwerte. Hedy Lamarr erinnerte sich Jahrzehnte später an ihr Gespräch mit Technikpionier Walter in der Hirtenberger-Fabrik ihres Mannes: „Es war sehr interessant. Beim Abendessen sprach er viel über den ferngesteuerten, quasi unaufspürbaren Torpedo, den er gerade plante."

Hedy selbst hat sich später nur sehr spärlich zu den Hintergründen ihrer Erfindung geäußert. In ihrer Autobiografie erwähnt sie sie mit keinem Wort. Dafür schrieb George Antheil in seiner: „Hedy hatte eine Menge Insiderwissen von Mandl und seinen Experten aufgeschnappt, während ihr ach so cleverer Ehemann stets glaubte, sie könne nicht bis drei zählen."

Zu der Zeit, als Hedy ihm begegnete, war Antheil ein skandalumwitterter Komponist mit akuten Existenzsorgen. 1900 in New Jersey als Sohn deutscher Immigranten zur Welt gekommen, hatte er in Berlin Musik studiert und in Paris zu den Künstlerkreisen um Jean Cocteau, Ezra Pound und Pablo Picasso gezählt. Berühmt wurde er durch sein *Ballet Mécanique*, ein knapp dreißigminütiges, stark von Strawinsky inspiriertes Werk, in dem ein automatisches Klavier (Pianola) zahlreiche Blas-, Blech- und Rhythmusinstrumente koordiniert, ergänzt von Propellern, Ventilatoren und anderen Gegenständen aus klangstarkem Metall. Das Resultat war meist rhythmischer, ohrenbetäubender Lärm, unterbrochen von Intervallen von bis zu zwanzig Sekunden währender Stille. Die Premiere am 19. Juni 1926 im Pariser Théatre des Champs-Elysées war legendär, unter anderem saßen James Joyce, T.S. Eliot und Marcel Duchamp im Publikum. Der anwesende US-Regisseur Hugh Ford schrieb: „Nach der Hälfte des Stückes spaltete sich das Publikum in zwei Lager. Das eine, führerlos, fürchtete, dass sein Gehörsinn dauerhaft geschädigt werde; das andere, angeführt von Ezra Pound, beantwortete jede Unmutsäußerung, jedes Zischen, Buhen, Pfeifen und Johlen mit lautstarken Beifallsrufen, wildem Applaus und höhnischen und spöttischen Bemerkungen. Derweil lief das *Ballet* weiter, wobei es unmöglich war zu unterscheiden, welche Klänge von den Musikern und welche vom Publikum ausgingen. Im Orchester brachen Streitereien aus; die Gegner sprangen auf die Füße, zogen ihre

Jacken aus und drängten in die Gänge. Pound, zur Tat entschlossen, schrie mit amerikanischem Akzent: ‚Silence, Imbéciles!' Dirigent Vladimir Golschmann gab ein Zeichen, die Propeller in Aktion zu setzen. Ein lautes, schwirrendes Geräusch füllte das Theater. Mantelkragen wurden hochgestellt, Schirme aufgespannt. Wir beobachteten mit Beunruhigung, wie der heftige Luftstrom die Perücke eines wohlbeleibten Herrn in der ersten Reihe erfasste und sie sanft und unbeschädigt in der hintersten Reihe absetzte. Das war Musik, die man sowohl fühlen als auch hören konnte. Dann endete es plötzlich, so bebend, wie es begonnen hatte. Applaus übertönte letzte Spuren von Protest und dauerte lange und laut genug an, um Antheil für zahlreiche Verbeugungen auf die Bühne zu rufen."

Das *Ballet* bescherte George Antheil einigen Ruhm, den er später jedoch weder zu wiederholen noch in Geld umzumünzen verstand. Im Herbst 1933 siedelte er mit seiner ungarischen Frau Boski nach New York über, um neu anzufangen. Der Versuch misslang. Seine neuen Kompositionen wurden kaum gespielt, weshalb er vom Herbst 1935 an ein anderes Hobby zu seinem Broterwerb nutzte: die Lehre von der Macht der Hormone, die sogenannte Endokrinologie. Für das kurz zuvor gegründete Männermagazin *Esquire* schrieb er regelmäßig Texte, die im weitesten Sinn Sex- und Beziehungsthemen auf Basis der Hormonlehre erläuterten. Seine erste Serie, betitelt „She's No Longer Faithful If …", teilte Frauen in verschiedene (Treue-)Typen ein; es folgten unter anderem die Kolumne „Boy Advises Girl" und das Buch *Every Man His Own Detective*.

Nebenbei arbeitete Antheil unablässig an einer Perfektionierung seiner mit dem *Ballet Mécanique* begonnenen Versuche, Instrumente mit mechanischen Mitteln zu synchronisieren. Er experimentierte mit Lochkartenstreifen, um bis zu sechzehn Pianolas nach vorprogrammiertem Schema spielen lassen zu können. Als er Hedy traf, war er gerade mit SEE-Notes beschäftigt, einem Notensystem, das selbst Anfängern das Aufschreiben von Musik ermöglichen sollte. Kurzum, Antheil war damals ein Mann mit Sorgen, dabei stets von großem Unterhaltungswert. Ein schillernder Typ, eloquent, begeisterungsfähig, notorisch neugierig und immer für Geschichten gut, gern auch für erfundene. Ein Mann ganz nach dem Geschmack von Hedy.

Hedy hatte Antheils Texte über Sex, Frauen und weibliche Hormontypen gelesen, sie gefielen ihr, und als ihr Freund Gilbert Adrian (der Hedys Kostüme in *Lady Of The Tropics* und *Ziegfield Girl* entworfen hatte) ihr eröffnete, er sei mit Antheil befreundet, bat sie ihn, ein Treffen zu arrangieren. Im August 1940 machte Adrian Hedy und George bei einem Abendessen in seinem Haus miteinander bekannt. Allerdings wollte sie mit ihm nicht wie erwartet über Drüsen sprechen, sondern über Brüste.

Der Briefumschlag, auf dem Lamarr und Antheil ihre Idee zur Torpedo-Steuerung erstmals schriftlich verewigten

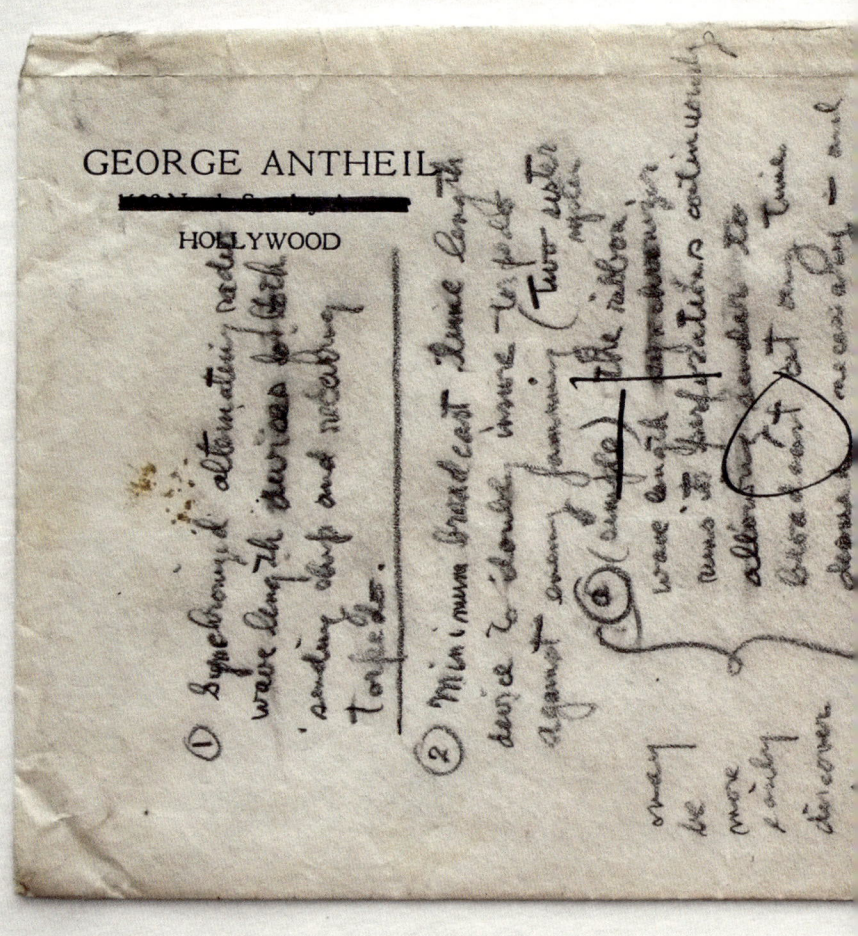

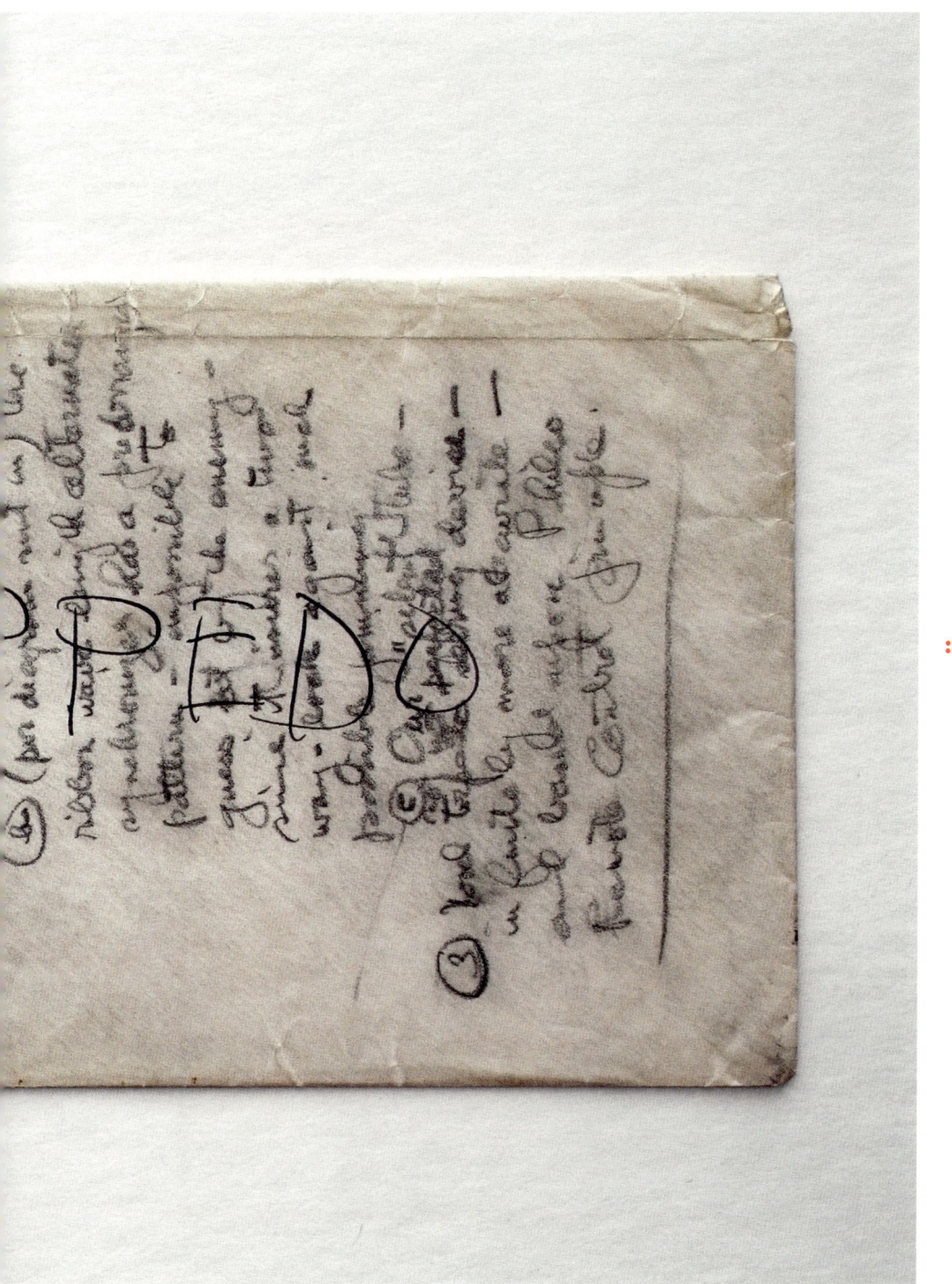

Ihre vermeintlich zu geringe Oberweite war für Hedy ein Dauerthema seit Jugendtagen, das sich allerdings erst in Hollywood zum Riesenthema auswuchs. Regelmäßig wurde sie von Studiobossen, Produzenten und vermeintlichen Fachmännern darauf angesprochen, ihr Busen sei ihre Schwachstelle – nicht im Einklang mit dem gängigen Sex-Appeal, viel zu klein im Vergleich zu Vorgängerinnen wie Jean Harlow oder Mae West, zu Konkurrentinnen wie Jane Russell, Gene Tierney oder Rita Hayworth. Auch Louis B. Mayer machte aus dieser Überzeugung keinen Hehl, und Hedy war sich ihres Karrieremankos bewusst, obwohl sie zeitlebens nicht den Eindruck machte, mit ihren Brüsten unzufrieden zu sein. Mal kommentierte sie mit süffisantem Tonfall, amerikanische Männer hätten nur zweierlei im Sinn, „Geld und Brüste", mal verwies sie darauf, dass auch „die Venus von Milo einen kleinen Busen hat, ebenso wie Grace Kelly und Audrey Hepburn." Komplexe wegen ihres Körpers hatte Hedy zur Hochzeit ihrer

Hedy mit George Antheil (2.v.re.), dessen Frau Boski (2.v.li.) und Freunden in L.A., frühe Vierzigerjahre
·········

Karriere nicht. Aber sie war ehrgeizig, die geringe Oberweite war ihr auf dem Weg zur Spitze womöglich ein Hindernis. Vielleicht war sie auch einfach nur das Getratsche, die ständigen Witzeleien leid. Als Peter Lorre beim Dreh von The Conspirators dem etwas beleibten Kollegen Sydney Greenstreet in Hedys Beisein zurief: „Hey Sydney, wusstest du eigentlich, dass du im Moment am Set der einzige Mensch mit einem Paar Titten bist?", wurde er von Lamarr und Greenstreet zwei Stunden lang durch den Drehort gejagt und musste anschließend 10.000 Dollar Strafe zahlen.

An sein erstes Dinner mit Lamarr erinnerte sich Antheil später wie folgt: „Als ich kam, saßen alle bereits zu Tisch, in grünem Onyx gehalten und mit goldenem Besteck verziert. Ich setzte mich dazu und blickte zu Hedy Lamarr. Meine Augen zitterten, aber ich konnte sie nicht abwenden. Hier saß zweifellos die schönste Frau des Planeten. Viele Kinoköniginnen sehen in natura längst nicht so gut aus wie auf der Leinwand, bei dieser aber war es genau umgekehrt. Ihre Brüste waren ebenfalls schön, als alter Endokrinologe würde ich sagen: ziemlich hypophysisch." Die beiden kamen ins Gespräch, und Hedy kam schnell zur Sache. Sie kenne seine Schriften und benötige seinen Rat: Seien ihre Brüste tatsächlich zu klein? Und könne sie etwas dagegen tun? Antheil erklärte ihr, sie sei ein „thymozentrischer Typ", gemäß der Einteilung des Endokrinologen Louis Berman. Demnach habe sich der Thymus (ein Lymphorgan) in ihrer Pubertät nicht genügend zurückgebildet und so die Entwicklung ihrer Weiblichkeit gebremst. Doch dem könne man durchaus entgegenwirken. „Das heißt, man kann sie größer machen?" – „Oh ja, sehr viel größer!" Hedy Lamarr war mit dem Ergebnis der Konversation offenbar hoch zufrieden. Als sie das Dinner verließ, schrieb sie ihre Telefonnummer mit Lippenstift auf die Windschutzscheibe von Antheils Wagen.

Ob es an diesem ersten Abend auch um Technik ging und wie sie von Brüsten zu Torpedos kamen, ist nicht überliefert. Ebenso wenig, ob Hedy auf Antheils Empfehlung hin hormonelle Präparate zwecks Umfangerweiterung zu sich nahm. Fest steht, dass Antheil am folgenden Abend Hedy besuchte und überrascht war, eine Frau vorzufinden, die selten das Haus verließ, dafür viel las und gern erfand. In den Folgewochen ging er in Hedys Haus ein und aus. Wie sich herausstellte, hatten Hedy und George ein gemeinsames Interesse und sich ergänzende Kenntnisse. Das Interesse galt der Welt der Erfindungen im Allgemeinen und der Bekämpfung Nazideutschlands im Besonderen, und die Kenntnisse betrafen Militärtechnik (Hedy) und Maschinentechnik (George).

Im Sommer 1940 sah der Kriegsverlauf aus US-Sicht bedrohlich aus. Im Juni hatte Frankreich kapituliert, Deutschland beherrschte nahezu das gesamte Europa und schien soeben England mit seinem Luftkrieg in die Knie zu zwingen. Sowohl Antheil als auch Hedy waren mit dem Krieg auf sehr persönliche Weise konfrontiert. Antheil hatte viele Freunde im von Nazitruppen besetzten Paris, um die er sich sorgte. Im August 1940 kam sein Bruder Henry in Finnland ums Leben, abgeschossen von russischen Kampfjets. Hedy hatte durch ihre in London festsitzende Mutter ständigen Kontakt nach Europa und sah mit Entsetzen, wie die Nazis die britische Hauptstadt unablässig mit Flächenbombardements überzogen. Besonders schockiert war Hedy, die gerade im Begriff war, den kleinen Jamesy zu adoptieren, von der Skrupellosigkeit Hitler-Deutschlands gegenüber Kinderflüchtlingen. Im August und September 1940 versenkte ein deutsches U-Boot zwei britische Flüchtlingsschiffe im Atlantik. Im ersten Fall gab es keine Todesopfer, im zweiten Fall der *City of Benares* ertranken 77 der 90 Kinder an Bord des Schiffs im Atlantik.

Hedy fand, sie müsse etwas unternehmen. Eine Zeit lang spielt sie mit dem Gedanken, Hollywood den Rücken zu kehren und in Washington ihre Dienste anzubieten. In Antheil fand sie einen Geistesgenossen. Eines Tages eröffnete sie ihm ihre Idee: Um den Krieg zu gewinnen, sei es entscheidend, die eigenen Raketen ins Ziel zu bringen. Sie wisse, dass die Deutschen an ferngesteuerten Torpedos arbeiteten. Sie habe da ihre eigenen Ideen. Um einen Torpedo optimal fernzusteuern, müsse man ihn effektiv vor feindlichen Störsendern schützen, und zwar am besten, indem man ständig die Frequenz wechsele.

Nur, wie sollte das funktionieren? Hier kam Antheil ins Spiel: Zu *Ballet*-Zeiten hatte er mit Lochkartenstreifen experimentiert. Hedy fand, das System könne dazu dienen, ständige Frequenzsprünge zu initiieren und so das feindliche Radar auszutricksen. Gemeinsam begannen sie mit der Entwicklung des Verfahrens. Erst in Hedys Haus, später bei Antheil. Dessen Frau Boski war wenig erfreut darüber, dass Hedy im Herbst 1940 beinahe jeden Abend nach Drehschluss vor ihrer Tür stand, um an der gemeinsamen Erfindung zu arbeiten. Boski argwöhnte, die Erfindung sei für Hedy lediglich ein Vorwand, um ihren Mann zu verführen. „Hedy zählt zu jenen Frauen, die sich einfach nicht vorstellen können, dass für sie nicht jeder alles stehen lässt", schrieb sie einer Freundin. „Wenn sie nur mal etwas entspannen würde, könnte sie ganz nett sein." Was auch immer Hedys Beweggründe waren – Indizien für eine Affäre zwischen ihr und Antheil gibt es nicht.

Stattdessen kamen die beiden militärtechnisch zügig voran. Kurz vor Weihnachten 1940 stellten sie ihr Konzept des „Frequency Hopping Spread Spectrum" (FHSS) dem National Inventors Council (NIC) vor. Die Grundidee war tatsächlich absolut neu: Mittels eines Senders lässt sich ein Torpedo auf für Feindradar unsichtbare Weise steuern, indem die Verbindungsfrequenz zwischen Sender und Torpedo auf

Auszüge aus dem Notizbuch, in dem Lamarr und Antheil ihre Erfindung erläuterten

vorprogrammierte Weise permanent wechselt. Ein sogenannter „Frequency Alternator" synchronisiert den Mechanismus des Frequenzwechsels, weshalb die Verbindung zwischen Sender und Torpedo stabil, aber unsichtbar ist. Drei Fehlsignale sollten Störsender zudem in die Irre führen.

Welchen Anteil beide jeweils an der Erfindung hatten, ist relativ klar: Hedy hatte die Frequenzsprung-Idee, George sorgte für den nötigen Mechanismus, wobei er auf seine Erfahrungen bei der Pianola-Synchronisation zurückgriff. Nebenbei reichten die beiden nach Georges Angaben im Winter 1940/41 noch drei weitere Erfindungen beim National Inventors Council ein, wovon heute lediglich ein spezielles Zündungssystem für Artilleriegranaten schriftlich belegt ist. Ein Patent erhielten sie dafür nicht.

Die Sache mit der Torpedosteuerung verlief verheißungsvoller. Lawrence Langner, Geschäftsführer des NIC, zeigte sich interessiert, ebenso J. Edgar Hoover, der legendäre FBI-Chef, den Antheil in Washington traf. Der NIC hatte einen kurzen Draht ins Kriegsministerium und zur Marine, von ihm versprachen sich Hedy und George eine schnelle Realisierung der Idee. Die Patentanmeldung war davon unabhängig, aber ähnlich wichtig. Patentanwälte regelten die Formalitäten. Das folgende halbe Jahr verbrachten Hedy und George damit, die Grundidee zu einem praxis- und patentfähigen Mechanismus auszugestalten. Zugrunde legten sie Kategorien des Klaviers: Das Lochkartensystem hatte achtundachtzig Frequenzsprungsraster (so viele, wie das Klavier Tasten hat), und ausdrücklich erklärten beide, sie orientierten sich an einem „Piano Player System". Am 10. Juni 1941 meldeten die beiden ihr „Secret Communication System" beim U.S. Patent Office an. Am 30. September berichtete die *New York Times*, Hedy Lamarr sei unter die Erfinderinnen gegangen. Ihre Errungenschaft sei der „Red Hot"-Kategorie zuzuordnen und so brisant, dass der NIC Details nicht preisgeben wolle.

Es blieb bis auf Weiteres die letzte gute Nachricht. Irgendwann Ende Januar, Anfang Februar 1942 teilte die Navy den Erfindern mit, ihre Torpedosteuerung sei zwar „exzellent ausgearbeitet, aber um einiges zu schwer." Antheil war schockiert – hinter der Ablehnung konnte er nichts anderes als ein fatales Missverständnis erkennen, wie er Tage später einem Freund schrieb. „Unser Mechanismus ist so klein, dass er in jede Armbanduhr passt. Ich weiß, warum sie sagten, er sei zu schwer, zu klobig. Im Patent hatten wir angegeben, ein Teil des Mechanismus funktioniere ähnlich wie ein Pianola. Wir taten das zu Erläuterungszwecken. Es war zweifellos unser größter Fehler. Die ehrwürdigen Gentlemen in Washington lasen nur dieses Wort: Pianola. Ich sehe sie vor mir, wie sie sagen: Mein Gott, so ein Pianola kriegen wir doch niemals in einen Torpedo!"

Niemand weiß, ob Antheils Vermutung stimmt und was davon abgesehen die Navy zu ihrer Ablehnung bewog – vermutlich hatte diese auch damit zu tun, dass sich ein Großteil der herkömmlichen Torpedos im Krieg mit Japan als unbrauchbar erwiesen hatte und man alle Hände voll zu tun hatte, sie wieder funktionstüchtig zu bekommen; an neue Torpedos war erst mal gar nicht zu denken. Am 11. August 1942 erhielten Lamarr und Antheil für ihr System immerhin das US-Patent Nr. 2292387. Es erlosch 1959. Im selben Jahr starb George Antheil. Irgendwann in der Zwischenzeit muss die Navy sich der Erfindung erinnert haben, denn ab Mitte der Fünfzigerjahre begann die Marine mit der systematischen Weiterentwicklung der FHSS-Idee, unter anderem zur Radarsteuerung für Atom-U-Boote. Da das Patent als „geheim" klassifiziert war, sah die Navy keine Veranlassung, die Rechteinhaber in Kenntnis zu setzen – obwohl dies bis 1959 rechtswidrig war und Antheil und Lamarr um eine nicht unerhebliche Geldsumme brachte.

Die U-Boot-Steuerung kam als BLADE-System ab 1962 zum Einsatz, weitere Prototypen folgten in den Sechziger- und Siebzigerjahren. In den Achtzigern schließlich entdeckte die Telekommunikationsbranche Hedys Erfindung etwa ab jenem Moment für sich, als die Navy ihren jahrzehntelangen Widerstand gegen eine zivile Nutzung des Frequenzsprungverfahrens aufgab und der Telekommunikationsmarkt in den USA zunehmend dereguliert wurde. Michael J. Marcus, damals Assistent in der Regulierungsagentur Federal Communications Commission, schrieb später, das neu erprobte Frequenzsprungverfahren habe „weit größere Auswirkungen gehabt, als die größten Optimisten sich damals vorstellen konnten. Es ermöglichte die Entwicklung von Wi-Fi, Bluetooth, der Mehrheit der heute gebräuchlichen kabellosen Telefone und jeder Menge weiterer Nischenprodukte." Damit nicht genug. Nach den Regeln des Frequenzsprungverfahrens funktionieren unter anderem GPS, WLAN, Satellitensysteme, unbemannte Kampfjets (Drohnen) sowie gebräuchliche Kassensysteme und Barcodescanner. Ein Billionen-Dollar-Geschäft. Und zweifellos eine der maßgeblichsten Erfindungen des 20. Jahrhunderts. Anthony Loder erinnert sich, dass Hedy selbst zeitlebens zur Bedeutung ihrer Erfindungen ein eher spielerisches Verhältnis hatte:

EINES TAGES, ICH WAR etwa sieben Jahre alt, nahm meine Mutter einen goldbemalten, hölzernen Schlüssel aus einer Schachtel, auf dem „Für Hedy Lamarr" relativ unbeholfen eingeritzt war, überall hingen rot-weiß-blaue Bändchen an ihm herunter. Das Ganze sah aus, als hätte ein kleiner Pfadfinder es gebastelt.

„Der hier ist von der Stadt Orange, New Jersey", sagte Hedy. „Der Bürgermeister hat ihn mir geschenkt."

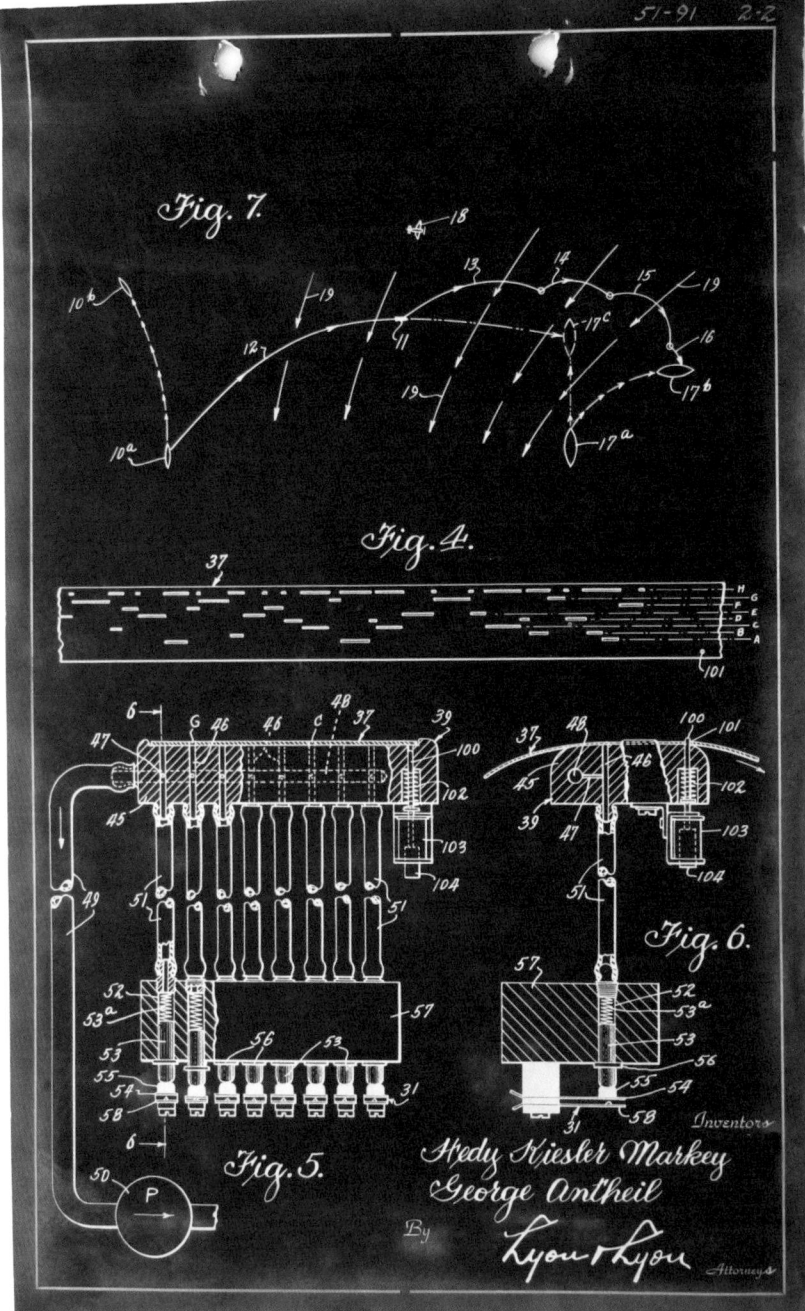

Auszug aus der offiziellen Patent-Anmeldung des „Secret Communication System"

Als ich fragte: „Haben Städte wirklich Schlüssel?", warf Hedy ihren Kopf in den Nacken und begann herzhaft zu lachen. „Nein, mein kleines Dummerchen, das ist nur eine Kleinigkeit, mit der sie mich ehren wollten."

„Mama, warum wollten sie dich ehren?"

„Vor allem um sich gut dabei zu fühlen, denke ich. Aber offiziell weil ich etwas erfunden hatte."

„Du hast etwas erfunden, wirklich?"

„Oh ja, ich habe so manches erfunden – Schwingflügel für Flugzeuge zum Beispiel. Zur damaligen Zeit hatten Flugzeuge Flügel, die steif zur Seite zeigten" – Hedy streckte ihre Arme im Neunzig-Grad-Winkel von sich, wobei der oberste Knopf ihres Kaschmirpullovers sich öffnete. Hedy schloss ihn und fuhr fort: „Ich habe der Air Force gesagt, die Flügel müssten wie Vogelflügel sein, nach hinten geschwungen. Heute sehen alle Flugzeugflügel so aus. Ich hab's erfunden."

Mag sein, dass die Geschichte von den Flügeln selbst erfunden ist, eines der vielen Hedy-Märchen. Was nichts daran ändert, dass Hedys „Face Value" kurioserweise weit weniger wichtig erscheint als ihr Geist. Das „Secret Communication System" wiegt im Nachhinein mehr als ihre Hollywood-Karriere. Ihre Schönheit machte sie berühmt, doch ihre Erfindung prägt heute den Alltag von Milliarden Menschen. An ihre Schönheit erinnern sich heute immer weniger Menschen. Ihre Erfindung hingegen wird immer wichtiger, in dem Maße, als kaum ein technischer Alltagsgegenstand ohne Frequenzsprungregeln funktioniert. Für die Welt der drahtlosen Kommunikation ist Hedy heute ungefähr das, was Gutenberg für das gedruckte Wort war.

EIGENARTIGERWEISE WIRD DER EPOCHALE Status des von Lamarr und Antheil erdachten Frequenzsprungverfahrens, wie auch Hedy Lamarrs Anteil an der Erfindung selbst, in renommierten Medien bis heute infrage gestellt. Die einen bezweifeln, ob Lamarr tatsächlich an dieser Erfindung beteiligt war, andere betonen, wie sehr sich heutige Wi-Fi-Techniken seit Hedys ursprünglicher Idee weiterentwickelt hätten, oder verweisen süffisant auf ein Interview mit Lamarr anno 1945, in dem sie scherzhaft von „diesem ganzen Dingsbums" an Erfindungen sprach. Bei solchen Einwendungen schwingt eine Frage unausgesprochen mit: Könnte eine so hübsche Frau mit so geringen künstlerischen Ambitionen tatsächlich Hirn genug gehabt haben zu solch erfinderischer Originalität? Ein Vorurteil übrigens, das Hedy zeitlebens verfolgte.

1942 fand sie sich, nach einigen Temperamentsausbrüchen und Streitigkeiten mit Antheil, fürs Erste damit ab, dass das US-Militär ihren Beitrag zur siegreichen Beendigung des Weltkrieges nicht annehmen mochte. Stattdessen wandte sie sich einem Feld zu, in dem berühmte Schauspielerinnen wie sie damals weit willkommener waren. Auf Einladung des US-Finanzministeriums nahm sie Ende August 1942 den Zug an die Ostküste, um mit vielen anderen Hollywood-Stars vier Wochen lang im September von Stadt zu Stadt zu touren, die Kriegsmoral im Land zu steigern und nebenbei möglichst viel Geld für Kriegsanleihen einzusammeln. Die US-Regierung hatte den September zum „Salute of the Heroes"-Monat erklärt. Am 31. August ging es los mit einem live im Radio gesendeten Event, während dessen Hedy einen kurzen Auftritt hatte. „Ich bin sehr stolz und glücklich, ein wenig zu dieser gewaltigen Kriegsanstrengung beitragen zu können", sagte sie unter großem Applaus.

In der ersten, zehntägigen Tour war Hedy die Attraktion schlechthin. Vor ihrem Hotel in New Jersey blockierten geschätzte 7000 Fans ihren Weg, bei ihrer Rede im Military Park waren rund 20.000 zugegen. Am Ende der Tour hatte sie sagenhafte 25 Millionen Dollar in Kriegsanleihen gesammelt – nach dem Consumer Price Index entspräche dies heutigen 345 Millionen. Damit war sie der bei Weitem erfolgreichste „Gold digger for Uncle Sam", wie sie es selbst nannte, in ganz Hollywood. Eine junge Jüdin aus Österreich als wichtigste Waffe der PR-Abteilung des US-Militärs. Hedys Erfolgsrezept bestand aus einem Mix aus Sex-Appeal und wohldosierten Reden. Ein Mittagessen in Philadelphia eröffnete Hedy mit den Worten: „Ich bin hier, um den Krieg gewinnen zu helfen. Ich glaube, Sie sind hier, um zu sehen, wie diese Lamarr-Lady aussieht." Und weiter: „Wir alle sollten zu demselben Zweck hier sein. Was Sie alle über Hedy Lamarrs Äußeres denken, besorgt mich bei Weitem weniger als das, was Hirohito und Hitler tun. Jedes Mal wenn Sie in Ihre Brieftasche greifen, zeigen Sie diesen zwei miesen Typen damit, dass die Yankees kommen. Lassen Sie uns dafür sorgen, dass der Krieg schnell endet. Denken Sie nicht daran, was andere tun. Kaufen Sie Kriegsanleihen!"

Auf Art, Umfang und Ergebnis ihrer Auftritte war Hedy zu Recht stolz. Der Zeitung *Cleveland Plain Dealer* sagte sie damals: „Manchmal glaube ich, ich weiß mehr über die Freiheit, für die wir kämpfen, als Millionen, die in den USA geboren wurden und die Freiheit für ihr rechtmäßiges Erbe halten. Ich habe in Europa genug gesehen, um zu wissen, dass Freiheit kein rechtmäßiges Erbe ist. Man muss für sie kämpfen, sie gewinnen und pflegen. Amerika ist der letzte Halt der Freiheit." Ein Zitat, das überraschend deutlich zeigt, dass Hedy politisch durchaus interessiert war und dies auch zu artikulieren wusste. Sie hatte klare Vorstellungen von Gut und Böse. Sowie von der Notwendigkeit, sich an diesem Duell direkt zu beteiligen.

Im Nachhinein waren die Kriegsjahre, persönlich betrachtet, Hedy Lamarrs beste Jahre. Sie bekam die besten Rollenangebote, zählte zu Hollywoods Bestverdienern, adoptierte einen Sohn, gebar eine Tochter, besaß eine wunderschöne Ranch als Oase, emanzipierte sich vom Studiosystem und schien in John Loder den passenden Partner gefunden zu haben. Das Loslösen vom Studiosystem, von dessen Abhängigkeiten und Knebelverträgen war ein langwieriger Prozess, verbunden mit vielen Vertragsstreitigkeiten, Prozessen und Menschen, die Hedy Lamarr Böses hinterherriefen. Allen voran ihr Intimfeind Jack Warner. Dennoch konnte Hedy es sich ab 1945 leisten, Filme auf eigene Rechnung zu machen. Sie tat es aus geschäftlichen Gründen, aber auch aus leidvoller Erfahrung. Die Schattenseiten des Studiosystems hatte sie ausgiebig kennengelernt.

Nach der Geburt ihrer Tochter, spätestens aber nach der Trennung von John Loder mehrten sich die Anzeichen, dass ihre privaten Dramen sowie die Erfahrungen in Hollywood allmählich Spuren in ihrem Charakter und Auftreten hinterließen. Hedy galt zunehmend als kapriziös. „Ich war schwierig", schreibt Hedy ungewohnt selbstkritisch in *Ekstase und ich*. Andere waren deutlicher. Den unschmeichelhaften Titel „Headache Lamarr", den Jean Negulesco ihr während des Drehs von *The Conspirators* (inoffiziell: *The Constipators*, die Nervensägen) 1944 verlieh, haben wir bereits erwähnt. Ausführlicher äußerte sich der französische Schauspieler Jean-Pierre Aumont, mit dem Hedy im Sommer 1942 eine Affäre hatte. Wie Aumont in seiner 1976 erschienenen Autobiografie *Le soleil et les ombres* schreibt, waren die beiden kurzzeitig sogar verlobt. „Ich schenkte ihr einen Diamantring und sagte meinem Vater, der gerade an der Ostküste angekommen war, er möge doch bitte herüberfliegen und seine künftige Schwiegertochter sehen. (…) Aber so schön sie auch war, ihre Launenhaftigkeit begann mir Angst zu machen. Eines Abends, als wir von einem Konzert nach Hause fuhren, trat ich etwas zu schnell auf die Bremse. Hedy wurde hysterisch und behauptete, ich hätte sie absichtlich gegen die Windschutzscheibe schleudern wollen, weil ich auf ihre Schönheit eifersüchtig sei." Als sein Vater in L.A. eintraf, holte Jean-Pierre ihn am Flughafen ab, bat ihn, sich um Hedy zu kümmern, nahm den ersten Flug nach San Francisco und sann darüber nach, ob er bereit sei für die Ehe mit einer „Tiroler Verführerin, die bereits mehrfach geschieden war, in ihrer Persönlichkeit all die Komplexe und Unsicherheiten unseres alten Europas vereinte." Die Antwort war klar. Hedy schleuderte ihm bei nächster Gelegenheit den Diamantring ins Gesicht. Sie selbst behauptete übrigens später, die ganze Geschichte mit dem Ring und dem Antrag habe Aumont sich nur ausgedacht.

Nachdem sich Hedy 1945 von MGM gelöst und vom Studiosystem emanzipiert hatte, nahm ihre Launenhaftigkeit weiter zu. Immer häufiger sagte sie kurzfristig Termine ab, selbst dann, wenn die Termine ihr zu Ehren anberaumt worden waren, oder drohte bei Engagements mit sofortigem Ausstieg, wenn ihr etwas gegen den Strich ging. Freunde wandten sich von ihr ab, ebenso die Kritiker und Kolumnisten, die sie zuvor jahrelang hofiert hatten. Der damals einflussreiche Hollywood Women's Press Club – gegründet von Louella Parsons, die Hedys Image jahrelang geprägt und gepflegt hatte, vor allem mit rührseligen Homestorys über ihren Kampf um Jamesy sowie die Trennung von John Loder – verlieh ihr 1949 den Sour Apple Award für besonders unkooperatives Verhalten. Hedy teilte sich den Preis damals übrigens mit Humphrey Bogart.

„Ich war unglücklich", schrieb Hedy selbst über diese Zeit. Es war das erste Mal, dass sie sich Psychologen anvertraute – sie wurden fortan zur Konstante in Hedys Leben. Den ersten Therapeuten suchte sie nach eigenen Angaben nach dem Erscheinen von *White Cargo* auf, im Winter 1942/43, als gehässige Kritiken über ihre unfreiwillig komische Performance als Tondelayo in ihr das Gefühl beschworen, dass sie sich lächerlich gemacht habe, und die *New York Times White Cargo* in die Liste der „Zehn schlechtesten Filme des Jahres" aufnahm. Mit einem Mal war Hedy unsicher, wie

„Ich bin hier, um den Krieg gewinnen zu helfen": Hedy Lamarr als Aushängeschild für Kriegsanleihen

schön, wie talentiert, wie wertvoll sie wirklich sei. Der Arzt sollte ihr diesen Glauben zurückgeben. „Wie es gewöhnlich der Fall ist, verliebte ich mich in ihn. Das machte das Leben noch verwirrender. Ich war damals zugleich in George Montgomery, John Loder und Harry (so wollen wir den Arzt mal nennen) verliebt. (...) An vielen Tagen der Woche schrieb ich an George, ging essen mit John und redete mit Harry." Der Therapeut erklärte ihr, sie könne nicht damit umgehen, wenn jemand ihr nicht die volle Aufmerksamkeit schenke. Sie versuche dann umgehend zu analysieren, was an ihr nicht stimme. Dabei stimme doch alles. „Während all dieser Sitzungen", schrieb Hedy abschließend, „wünschte ich mir, er würde endlich aufhören, mit seinen klaren, braunen Augen zu klimpern."

Der zweite Therapeut kam zum Einsatz, als Hedy nach Denises Geburt unter postnatalen Depressionen litt. Er galt als Kapazität seines Fachs, lebte und arbeitete allerdings an der Ostküste. Den Sommer 1945 verbrachte Hedy großenteils in Cape Cod. Die Behandlung nannte sie rückblickend „fantastisch". Der Therapeut sprach Themen an, Beziehungen und Erlebnisse, die Hedy lange verdrängt hatte. Das schwierige Verhältnis zur Mutter zum Beispiel, der sie nachtrug, dass sie sich eigentlich einen Sohn an ihrer Stelle gewünscht und sie nicht genug geliebt habe. Ihr nymphomanisches Sexleben. Sowie die eingangs erwähnte Vergewaltigung im Alter von vierzehn Jahren, die ihr Verhältnis zu Männern nachhaltig geprägt hatte. Hedy realisierte allmählich, dass sie ihren Verehrern, Geliebten, Ehemännern mit einer Art notorischer Hassliebe begegnete. „Ich wollte nicht von Männern angebetet werden, ich wollte, dass sie körperlich auf mich reagierten. Und ich wollte sie ablehnen."

Sie verliebte sich auch in den Bostoner Therapeuten („so wie sich eine Frau immer in ihren Psychiater verliebt"), und er half Hedy aus ihrer Depression. Sie selbst bezeichnete sich im Nachhinein als „geheilt". Ihr Agent Robert Lantz war da offenbar skeptischer. Als sie das nächste Mal für einen Mann schwärmte, sagte er nur: „Du kennst nur eine wirkliche Liebe. Das eigene Ich." Dafür, dass sie ihr kapriziöses Verhalten gegenüber Männern, Geschäftspartnern und ihren eigenen Kindern ab diesem Zeitpunkt änderte, gibt es in der Tat kaum Indizien. Ihren Mann John Loder überschüttete sie nach Denises Geburt mit Schuldzuweisungen, nach dem Sommer an der Ostküste strafte sie ihn mit Ignoranz und gab ihm schließlich den Laufpass. Da half es wenig, dass Hedy 1948 selbst eine Psychiaterin spielte, in dem Film *Let's Live A Little*. Die romantische Komödie handelt ironischerweise davon, dass Dr. J.O. Loring (Hedy) einem Patienten erst ihre Dienste in einem Beziehungsdrama anbietet, sich dann in ihn verliebt und vorläufig selbst zum nervösen Wrack wird, bevor sie und ihr Patient als glückliches Paar enden.

Zurück in Hollywood, übernahm der Psychiater Dr. Philip Solomon in Beverly Hills ihre Behandlung. Er war mehr als elf Jahre jünger als sie und selbstredend ein Objekt ihrer Begierde. Solomon blieb über viele Jahre ihr Therapeut. Die Meinungen über seine Leistungen sind geteilt. Gemessen an Hedys Lebenswandel, der Entwicklung ihrer privaten Probleme und Komplexe, waren sie wohl eher dürftig.

Anthony Loder erinnert sich an eine Begegnung mit Dr. Solomon irgendwann in den frühen Fünfzigern, als kleiner Junge:

EINES MORGENS SPIELTE ICH draußen auf dem Bürgersteig mit meinem neuen Lieblingsspielzeug, einem burgundroten Jaguar-Cabrio, als Dr. Solomon auftauchte. Er kam zu dieser Zeit regelmäßig aus Boston, wo er arbeitete, eingeflogen, um die mentalen Probleme meiner Mutter zu behandeln. „Dr. Phil", so nannten wir ihn, trug schwarze Hosen, eine schwarz-weiß karierte Sportjacke, weißes Hemd und rote Krawatte. Er kam auf mich zu, hockte sich neben mich, lächelte mich an und fragte, wie es mir gehe. Ich sah zu ihm. „Gut." Er meinte, mein Auto sehe aber toll aus und dass ich ein guter Junge sei. Dann, aus dem Nichts heraus, sagte er: „Deine Mutter hätte nie Kinder haben sollen."

Worüber redete er? Ich hätte nicht geboren werden sollen? Ich habe mich später oft gefragt, warum in aller Welt er das Bedürfnis hatte, mir die Meinung mitzuteilen. Was brachte dieser Gedanke einem kleinen Jungen, was löste er aus? Ich habe nie verstanden, was Solomon, immerhin ein renommierter Psychiater, zu diesen sieben Wörtern bewogen hatte. Ich selbst habe sie nie wieder aus meinem Kopf gekriegt. Natürlich hatte er recht. Aber er hätte es mir gegenüber anders formulieren müssen. Etwas wie: „Deine Mutter ist im Muttersein nicht besonders gut, oder?" Das hätte vielleicht geholfen. So aber blieb es als ein fatales Verdikt hängen. Und als sich unsere Mutter in den Fünfzigern immer mehr von der launischen Mama zum Mutter-Monster verwandelte, war weit und breit kein Dr. Solomon zu sehen, um uns zu helfen.

„Menschen sind pervers. Zeigt man ihnen Zuneigung, gehen sie in die andere Richtung."

Kapitel 7

Schatten Und Nebel

– ACAPULCO, PICASSO, ROM, TEXAS –

Anfang der Fünfzigerjahre begannen die Grundkomponenten in Hedys Leben spürbar auseinanderzudriften. Beruflich lief es blendend, privat eher grottig. Im Anschluss an *Samson And Delilah* drehte sie für MGM die Flüchtlings-Abenteuerromanze *A Lady Without Passport*, wofür sie erneut 100.000 Dollar Gage kassierte, sowie für den gleichen Betrag den Western *Copper Canyon* (*Flammendes Tal*, mit Ray Milland) und die Verwechslungskomödie *My Favorite Spy* (*Spione, Liebe und die Feuerwehr*, mit Bob Hope). Alle drei wurden – nicht zuletzt gemessen an Hedys fürstlicher Gage – eher bescheidene Erfolge, von ihrer inhaltlich mäßigen Qualität ganz zu schweigen.

Allmählich merkte Hedy, dass auch der ihr durch *Samson And Delilah* neu beschiedene Hollywood-Erfolg von beschränkter Dauer sein würde. Sie ging auf die vierzig zu, ein Alter, das sie in ihrer Autobiografie als „die Selbstmordjahre" bezeichnete. Ihr war durchaus klar, dass ihr größtes Kapital – Makellosigkeit, perfekte Formen – langsam, aber sicher zu bröckeln begann. Mit der *Look*-Geschichte über ihre angebliche Nasen-OP hatte es angefangen – Hedy zog übrigens später ihre Klage gegen *Look* zurück, angeblich auf Betreiben DeMilles, der während des PR-Trommelwirbels um *Samson And Delilah* keine Dissonanzen wünschte. Zudem fühlte sich Hedy zunehmend weniger fit und klagte oft über Müdigkeit. „Die seelischen Anstrengungen plus Zeit und Druck machten sich bemerkbar. Ich sah noch immer gut aus, weil ich den entsprechenden Knochenbau hatte, besonders im Gesicht. Aber ich musste zugeben, dass ich nicht länger ein Kind war."

Wie Freunde und Bekannte berichteten, konnte sie es nur schwer verwinden, dass der Schauspieler Mark Stevens, mit dem sie nach der Scheidung von John Loder liiert war, sie hatte sitzen lassen – ebenso wie zuvor George Montgomery. In ihren früheren Jahren war ihr dergleichen nie passiert. „No man leaves Hedy" galt als unabänderliches

Denise, Hedy und Anthony irgendwann in den späten Fünfzigern

Gesetz. Männer lagen ihr zu Füßen. Sie war es, die ihren Favoriten unter Hunderten erwählte und ihn irgendwann abstieß.

Das Gesetz galt nicht mehr. John Loder hatte den Anfang gemacht, indem er ihre Charakterschwächen beim Namen nannte. Der nächste war Mark Stevens. Mit ihm machte sie im Sommer 1947 am Lake Tahoe Urlaub. Freunden gegenüber schwärmte sie von ihm als „wunderbar warmherzig, tolerant und verständnisvoll". Hedy war ernsthaft verliebt in Mark, doch der kehrte im September 1947 zu seiner Ehefrau zurück. Hedy fühlte sich gedemütigt. Sie erzählte der Kolumnistin Louella Parsons: „Ich verstehe das nicht. In der einen Woche sagt er, er liebt mich – und in der nächsten beantwortet nur sein Manager meine Anrufe und teilt mir mit, ich solle nicht weiter anrufen und Mark sei zurück zu seiner Frau gezogen."

Bislang hatte Hedy sich darauf verlassen können, stets herzeigbare, solvente Männer an ihrer Seite zu haben, wenn sie es wünschte. Nun nicht mehr. Natürlich hatte sie Dates und Affären. Mal sah man sie mit Billy Wilder ausgehen, mal mit dem Schauspieler Edward Norris, mal mit dem Playboy Herbert „Herbie" Klotz. Doch sie verliebte sich nicht. Dabei erschienen stabile Familienverhältnisse ihr wichtiger denn je. Hedy hatte nun eigene Kinder zu ernähren, die „Selbstmordjahre" vor sich und den Zenit ihrer Wirkungsmacht auf Männer überschritten.

Im Januar 1951 ließ sie ihre Vorzugs-Kolumnistin Louella Parsons wissen, sie plane sich demnächst aus dem Filmgeschäft zurückzuziehen, um sich auf ihr Privatleben zu konzentrieren. Im April flog sie mit Denise und Anthony sowie deren Kindermädchen nach Acapulco. Erklärtes Ziel: „mich gut zu erholen und den Gedanken einer Wiederheirat ernsthaft zu verfolgen, wenn ich wieder nach Hause käme." Es ging dann deutlich schneller. Der erste Mann, mit dem sie sich in Mexiko verabredete, war Wochen später ihr vierter Ehemann. Anthony Loder, damals gerade vier Jahre alt geworden, erinnert sich:

MEXIKO WAR GRÜN, WARM UND SCHWÜL. Die Leute hatten braune Haut, leuchtend schwarzes Haar und sagten seltsame Sachen. Auf dem Weg vom Gepäckband zum Taxistand fiel uns gleich auf, dass etwas anders war. Niemand starrte uns an. Niemand fragte nach Autogrammen. Alles wirkte ziemlich normal.

Das Taxi fuhr durch staubige Straßen in eine alte Stadt mit alten Autos und hielt vor einem rostfarbenen Haus am Strand, etwas außerhalb. Große Kakteen wuchsen im Vorgarten, außerdem Orangenblüten, die aus riesigen Lehmtöpfen herausragten. Teddy führte uns zu einem kleinen Hof hinterm Haus, vor uns weißer Sand und der Ozean. Wir saßen an einem Holztisch, aßen Maispfannkuchen, Reis, Bohnen und gebratene Hähnchen. Eine Schüssel voller Früchte stand mitten auf dem Tisch. Das also war unser neues Zuhause.

Ich war gerade vier geworden, kümmerte mich um wenig und mochte so ziemlich alles, solange meine Mutter dabei war. Für mich war Mexiko viel erträglicher als für meine Schwester. Sie war sechs und fühlte sich an diesem neuen Ort völlig fehl am Platz. Sie ging auf eine fremde Schule, mit fremden Kindern, die eine fremde Sprache sprachen. Sie hasste es.

Teddy Stauffer, unser neuer Vater, war Schweizer, zweiundvierzig, und ein rundum sympathischer Kerl. Immer freundlich, warme Augen, silbrig glänzende Haarmähne, dazu der routinierte Charme des langjährigen Entertainers. In Deutschland war Stauffer in den Dreißigerjahren als Musiker eine große Nummer gewesen. Mit seiner Big Band „Teddy Stauffer und die Original Teddies" nahm er an die hundert Singles auf und galt als „Swing-König", bevor die Nazis den unliebsamen Musiktrend aus Amerika bekämpften und Stauffer in die USA emigrierte. Die Einwanderungsbehörde verweigerte ihm ein Visum, weil die Deutschen Dutzende Swastikas in seinen Ausweis gestempelt hatten, als er durch Europa getourt war. Teddy musste das Land verlassen, also nahm er den nächsten Greyhound-Bus nach Mexiko, erst in die Hauptstadt, später an den Strand.

Mit Teddy Stauffer, Ehemann Nummer vier, 1951 in Mexiko

D'n'T am Pool einer Freundin ihrer Mutter, Los Angeles, um 1955

Er war der Erste, der in Acapulco ein großes Hotel baute. Als er auf dem Gelände einen Swimmingpool errichten ließ, dachten die Einheimischen, er sei irre, schließlich lag das Hotel direkt am Meer. Teddy erzählte mir, zu Anfang sei niemand gekommen. Leeres Haus, keine Gäste, Ebbe in der Kasse. Um Aufmerksamkeit zu gewinnen, veranstaltete er Schildkrötenrennen in dem großen, ungenutzten Pool. Als Hollywood-Stars wie Errol Flynn, Barbara Hutton und Gary Cooper davon hörten, wurden sie neugierig – der Rest ist Geschichte. Teddys Hotel, sein Apartmentkomplex Villa Vera Racquet Club sowie vor allem sein Nachtclub La Perla wurden zu den Lieblingsadressen der Urlaubsprominenz und Teddy wurde selbst ein Star, der Mann, der das verschlafene Kaff zur weltbekannten Adresse machte. Der Mann, bei dem Sinatra & Co. ein und aus gingen. Alle liebten ihn. Als „Mr. Acapulco" verehren sie ihn dort bis heute.

Teddy nahm mich nachmittags oft ins La Perla mit, vor dessen Veranda die Felsenspringer von La Quebrada ihr Leben riskierten, um die Touristen zu unterhalten. Er verbrachte dort stets den frühen Nachmittag, um das Geld vom Vortag zu zählen und sich mit Touristen zu unterhalten. Es gab eine holzvertäfelte Bar, einen Dancefloor und durch die Fenster einen malerischen Ausblick auf die gelben Klippen und ganz unten den Ozean. Die Touristen kamen täglich in Scharen, um braune, dünne Jungs von den Felsen springen zu sehen. Diese Jungs waren so anmutig, so elegant, so stolz. Sie kannten den Wellengang ganz genau. Die Intervalle waren klar: Fünf Sekunden lang war die Flut hoch genug, um zu springen, dann folgten zwei tödliche Sekunden, in denen sie auf die Felsen am Meeresgrund krachen würden. Die Wellen gingen auf

und ab, und wenn sie nicht zeitgenau sprangen, knallten sie auf den Felsboden und starben. Jedes Mal, wenn sie in den Wellen versanken und wieder auftauchten, ging ein Seufzen durch die Menge.

Teddy hatte einen goldenen Teint, so wie Hedy. Manchmal nahm er mich in seinem alten, grauen Pick-up-Truck auf dem Rücksitz mit, er fuhr jedes Mal viel zu schnell über die Buckelpisten und ich wurde hinten kräftig durchgerüttelt. Wir sprachen kaum ein Wort, er fuhr sehr konzentriert. Ich schaute ihn an, dann durch das Rückfenster auf die neue, alte Szenerie, die wir passierten, und die rote Staubwolke, die wir aufwirbelten. Sein weißes Hemd war aufgeknöpft, er trug Khakihosen, dazu Sandalen. Er lächelte.

Hedy hatte sich in Teddy bereits 1943 während ihrer Flitterwochen mit meinem Vater verliebt. Vier Jahre später kam ich zur Welt. Acht Jahre später heirateten Hedy und Teddy – vielleicht mochte sie seine Bronzehaut, seinen Bandleader-Charme, seine babyblauen Augen, zudem war er Europäer und sie konnte endlich wieder Deutsch sprechen! Und er hatte Erfahrung mit Hollywood-Diven – als er Hedy ehelichte, war er gerade vier Jahre von Faith Domergue geschieden, die zuvor jahrelang mit Howard Hughes liiert gewesen war. Teddy war unterhaltsam, aufmerksam, nett. Oft spielte er auf seiner Violine ihre heiß geliebten Walzermelodien. Hedy muss sich bei ihm zu Hause gefühlt haben. Oder sie liebte das gemächliche Tempo Mexikos, den Abstand und Gegensatz zu Hollywood, die Normalität. Oder aber es war sexuell. Was immer es war, nach ein paar Monaten begann Hedy sich zu langweilen.

Als außergewöhnlich schöne, von vielen bewunderte und begehrte Frau war Hedy es seit jeher gewohnt, dass Leute Dinge für sie taten. Man nahm ihr vieles ab. Andere erledigten die unangenehmen Jobs für sie, lösten Alltagsprobleme, brachten den Müll raus. Spätestens seit ihrem Hollywood-Ruhm erwartete sie auch, dass andere das taten. Die Dinge liefen so. Allmählich wurde Hedy immer verwöhnter, immer fordernder, immer kapriziöser, vor allem ihren Freunden, Bediensteten und ihren Männern gegenüber. Hedy benutzte Menschen – um Besorgungen zu machen, Sachen abzuholen und so weiter.

Als „Mr. Acapulco" war Teddy es gewohnt, die Leute zu versorgen, zu umsorgen, zu unterhalten, zu beliefern. Nicht nur Hedy. Nach einer Weile, in der seine neue Frau permanent die Hauptrolle spielte, nahm seine Aufmerksamkeit ab. Auf Dauer forderte Hedy zu viel von ihm, wie stets bei Männern. Ich glaube, sie hat ihn deshalb verlassen. Oder weil der Sex nicht mehr so gut war. Oder weil sie es leid war, ständig Reis, Bohnen und Tortillas zu essen und ansonsten wenig zu tun zu haben. Oder weil es sie zu langweilen begann, nicht mehr der Kinostar Hedy Lamarr zu sein. Vielleicht vermisste sie es, nicht mehr im Zentrum der Aufmerksamkeit zu stehen. Vielleicht vermisste sie den Glitzer und Glamour, den Hollywood ihr bot. Vielleicht trank Teddy auch einfach nur zu viel Tequila, wer weiß.

Jedenfalls packten wir unsere Sachen und zogen zurück nach Kalifornien, ins Beverly Hills Hotel.

Es regnete an dem Tag, als wir Mexiko verließen. Ein Gewitter hielt uns eine Weile im Terminal fest. Teddy war nicht da. Ich glaube, meine Schwester und ich haben uns nie von ihm verabschiedet.

DER RÜCKFLUG WAR IM JANUAR 1952 – die Teddy-Stauffer-Episode hatte ganze neun Monate gedauert, die Ehe sieben. Im Juni hatten die beiden geheiratet, im August waren Frank Sinatra und Ava Gardner zu Besuch erschienen und von Hedy durch die Stadt geführt worden, im September diktierte sie einem Journalisten: „Mit Hollywood und dem Kino bin ich durch." Als Gründe für die Blitz-Ehe gab sie selbst später an, sie habe Teddy bewundert, weil er so schwer arbeitete und sich ins Zeug legte. Außerdem sei es schön gewesen, mit jemandem zusammen zu sein, den jedermann mochte und respektierte. Zu den Gründen für ihr Blitz-Scheitern sagte sie, ihre Kinder hätten Acapulco gehasst, vor allem aber sei Stauffer heillos eifersüchtig gewesen. Ausführlich beschrieb sie eine typische Szene – rasende, in Wutausbrüchen, Geschrei und Gewalt gipfelnde Eifersucht, später kleinlaute Bitten um Verzeihung, Blumen, Geschenke.

Also begannen die Fünfzigerjahre mit der nächsten Kurz-Ehe. Und so ging es weiter. Die Fünfziger waren für Hedy das Jahrzehnt, in dem sie realisierte, dass ihr Filmruhm endlich und ihre Eignung für Ehen gering war.

In L.A. quartierte sie sich, Deedee und Anthony zunächst im Beverly Hills Hotel ein. Später bezog sie ein Haus im wohlvertrauten Benedict Canyon, unweit der Hedgerow Farm. Die wenigen Monate in Hollywoods ruhmreichstem Hotel hinterließen bei ihrem Sohn einen bleibenden Eindruck. Er lernte schwimmen. Und er traf den berühmtesten Maler der Welt.

SCHON VOR ACAPULCO HATTEN WIR eine Weile im Beverly Hills Hotel gewohnt, im Bungalow One, wo heute kuwaitische Ölscheichs und saudiarabische Prinzen residieren. Wir hatten einen Weihnachtsbaum mit silbernen und roten Bällen und silbernem Lametta. Als wir ein Jahr später zurückkehrten, erkannte uns der Portier sofort wieder. Jack öffnete uns die Tür mit einem Lächeln und indem er kurz einen Finger

....
Hollywoods St. Tropez: der Pool des Beverly Hills Hotel in den Fünfzigerjahren

: 152 :

Marvin Neal im Beverly Hills Hotel; Denise und Anthony 1958 in Houston

an seine grüne Kapitänskappe legte, wie immer. „Willkommen zurück, Miss Lamarr, wir haben Sie vermisst. Wie geht's den Kindern?"

„Danke, sehr gut. Uns geht's allen gut."

Beim zweiten Aufenthalt logierten wir nicht im Bungalow One, sondern im ersten Stock des Haupthauses, zum Sunset Boulevard hin, in drei durch weiße Doppeltüren miteinander verbundenen Zimmern. Mutter schlief im ersten, Deedee im zweiten, unser Fahrer Marvin Neal und ich im dritten. Mom war damals noch Mom. Sie sang Schlaflieder für uns und deckte uns jede Nacht vor dem Einschlafen zu. „The itsy bitsy spider, climbed up the water spout", sang sie damals, oder „How much is that doggie in the window". Wir waren glücklich, wenn Mom glücklich war.

Meine Schwester und ich rannten oft durch die Hotelflure, spielten Verstecken, Cowboy und Indianer, Räuber und Polizist. Oft fuhren wir mit dem Aufzug rauf und runter, stiegen in der Garage aus und bestaunten die extravaganten Autos, die dort parkten und regelmäßig poliert wurden. Ich konnte kaum die Augen von den glänzenden Cadillacs, Mercedes, Rolls Royces und Bentleys lassen. Täglich waren wir im Candy Shop bei Silvia, einer freundlichen alten Dame mit silbrig-blauem Haar, die stets Blumenkleider trug. Es gab jede Menge Geschäfte, einen Friseur für Damen, einen für Herren, einen Juwelierladen, Boutiquen. Vom Korridor führte ein Gang durch einen Terrassengarten über Treppen zum Swimmingpool hinunter. Es war wie ein Märchenland für uns. Ich liebte den roten Teppich, der zur Hotellobby führte, und den grün-weiß gestreiften Baldachin, unter dem wir durchliefen. Ich liebte die gläsernen Türen und das frische Blumenbouquet in der Rezeption.

Marvin Neal war Hedys Fahrer seit 1940. MGM hatte ihn engagiert. Oft kam er morgens um vier, um sie zur Arbeit zu fahren, und brachte sie spätabends nach Hause. Hedy mochte Neal sehr. So sehr, dass sie MGM bat, ihn als persönlichen Chauffeur zu engagieren. Fünfzehn Jahre lang war er Tag und Nacht in ihrer Nähe, machte Besorgungen, kutschierte uns herum, kümmerte sich um uns. Deedee und ich dachten stets, er wäre der perfekte Ehemann für Hedy gewesen. Jedenfalls war er ein perfekter Vaterersatz für Deedee und mich. Er war der Erste und Einzige, den wir als Vater adoptierten.

Marvin Neal stammte aus Oklahoma und war ein halber Cherokee-Indianer. Er wirkte stets ernst und dabei stets glücklich. Er hatte eine Frau namens Bea, die er aber selten sah, seit er bei uns wohnte. Er flirtete mit allen Kellnerinnen zur gleichen Zeit, und sie flirteten immer zurück. Neal war ein ganzer Kerl und ein Vorbild für mich. Es gab nichts, was er nicht konnte. Er war warm, stark, freundlich und verlässlich, verlor nie die Geduld und wusste viel über das Leben im Allgemeinen und das Mannsein im Besonderen.

Jeden Morgen eskortierte Neal Deedee und mich zum Coffeeshop des Hotels, während Hedy schlief. Wir saßen auf Drehstühlen mit pinken Kissen und Rückenlehnen aus Metall. Es ging dort freundlich, laut und geschäftig zu, und wir mochten das. Die Kellnerinnen waren ein Mix aus launisch und nett und trugen allesamt pinke Uniformen und weiße Schürzen.

Eine automatische Orangensaftpresse war permanent im Einsatz und der Küchenchef Johnny bereitete in einer Tour Rühreier zu, oder Eggs Benedict, die Spezialität des Hauses. Ich liebte vor allem seine silberdollargroßen Pfannkuchen, die er extra für mich so klitzeklein machte, und die perfekt braunen, knusprigen Waffeln. Am allermeisten aber genoss ich Bacon & Eggs. Neal und Deedee nannten mich „Bacon Boy". Ich aß wohl ein Pfund Speck und Ei jeden Morgen. Jeder kannte uns. Es war unser Hotel.

Hedy stand in der Regel gegen ein Uhr nachmittags auf und bestellte Frühstück aufs Zimmer. Sie hat nicht ein einziges Mal mit uns im Coffeeshop gefrühstückt. Das Dinner in der Polo Lounge nahm sie stets ohne uns ein, in schwach beleuchteten Räumen und mit roten Nelken auf jedem Tisch, wo sie ihre Verehrer empfing und wir sie heimlich durch die Außenfenster beobachteten.

Im Pool des Beverly Hills Hotel lernten wir schwimmen. Ein blonder, blauäugiger Schwede namens Sven brachte es uns bei. Er erklärte uns die Atemtechnik, das Tauchen, die Schwimmstile, und kurz darauf sprangen wir wie die Wilden von den beiden Sprungbrettern ins Wasser, Deedee vom großen, ich vom kleinen, während am Beckenrand in den Cabanas jede Menge geheimnisvolle Leute Zigarre rauchten, Scotch und Martinis tranken, Kaviar aßen und Karten spielten. Sie verließen ihre Cabanas kaum, schwammen fast nie und kriegten kaum Sonne. Wir nannten sie nur die „Cabana People". Hedy dagegen schwamm fast jeden Tag.

An einen Nachmittag erinnere ich mich besonders. Lange, schmale Palmen ragten in den blauen Himmel, an dem kleine weiße Schäfchenwolken langsam vorbeizogen. Hedy war fast nackt, bis auf den knappen roten Bikini, der von der vielen Sonne leicht gebleicht war und von dem vielen Chlorwasser. Sie trug einen riesigen Strohhut und eine Sonnenbrille in Schildpattmuster, um sich vor der Sonne zu schützen und ihr berühmtes Gesicht zu maskieren. Ich nahm den vertrauten Geruch wahr, wie jedes Mal, wenn ich mit Hedy in der Sonne war. Bain de Soleil, aus Frankreich importiert, ein orangefarbenes Gel in einer zerknitterten Metalltube mit orange-lila-gelbem Dekor. Es duftete wirklich gut. Mom roch immer gut – ob mit Parfum, Lotionen oder Sonnenmilch. Sie rieb sich mehrmals am Tag damit ein. Ich nicht. Sie bekam einen tiefen, goldbronzenen Teint, ich wurde pink. Sie war dünn. Sie war proper. Ihre Haut glänzte in der Sonne.

Ihr Freund, der alte Mann, von dem Mom sagte, dass er Künstler sei, war auch ziemlich braun. Er trug weiße Baggy Shorts und einen langen Morgenrock aus Frottee, der sich jedes Mal weit öffnete, wenn er sich vorlehnte und etwas von dem Tisch nahm, an dem er und Hedy saßen. Und jedes Mal, wenn er das tat, starrte ich auf die silbernen Brusthaare, die ganz leicht im Wind flatterten, so wie Hedys Strohhut. Ein weißer Sonnenschirm schützte uns vor der heißen Sonne Südkaliforniens, derweil wir an einem weißen, blumenverzierten Gartentisch auf Metallstühlen mit pinken Kissen saßen und unser Kellner frischen, süßen Orangensaft in unsere Gläser goss, ein jedes mit dem kleinen, grünen Hotellogo versehen. Gedankenlos zog ich kleine Streifen toter Haut von meiner sonnenverbrannten Nase, bis Mom es mir verbat. Die Sonne fühlte sich gut an auf meinem Rücken, wir warteten aufs Mittagessen, und Mom und der alte Mann sprachen über Kino und Bücher, Kunst und das Leben, Korea und Spanien. Ich hörte ihnen gern zu, auch wenn das Geräusch geschlagener Tennisbälle und quietschender Tennisschuhe vom Platz nebenan mich mitunter ablenkte. Jeder am und um den Pool schien sich wie in Zeitlupe zu bewegen, so wie die Schäfchenwolken. Es war ein träger, friedlicher Nachmittag mit Hedy und ihrem Freund, dem alten Mann Pablo Picasso. Es war der Sommer 1952 und ich war fünf Jahre alt.

Deedee und Tony im Teenager-Alter

Der Kellner brachte Clubsandwiches und drei Gläser Cola mit Eis. Wir aßen schweigend. Mit einem Mal lehnte sich der alte Mann zum Tisch vor, auf dem eine *Life*-Ausgabe lag, mit Jerry Lewis und Dean Martin auf dem Cover, nahm sich eine Serviette, legte sie auf das Heft und begann zu zeichnen. Er tat mir leid, denn so sehr er auch versuchte, das Gesicht meiner Mutter mit Filzstift auf das Heft zu bannen, es misslang ihm mit jedem Mal mehr. Ich dachte, jeder Dreijährige hätte es mit etwas Mühe besser hingekriegt.

Mom war wunderschön, jeder wusste das. Wenn ihr Freund so ein großer Künstler war, wie meine Mutter sagte, warum zeichnete er sie dann so schlecht, so hässlich, so aus dem Gleichgewicht, die Nase schief, der Mund viel zu groß und ihre Augen knapp unterhalb des Scheitels. Und warum waren ihre Lippen blau? Sie waren rot. Dieser Mann ist kein Künstler, sagte ich zu mir, er kann überhaupt nicht zeichnen. Ich hätte das um einiges besser gekonnt.

Als er den zweiten Versuch beendet hatte, schrieb er „H.B.H." an den unteren Rand und „Picasso" daneben. Dann lehnte er sich zu meiner Mutter vor und reichte ihr die zwei Bilder. Hedy lachte laut auf.

„Soll das etwa ich sein?", fragte sie.

Picasso wurde ein wenig rot und bejahte. Ich konnte ihm kaum verdenken, dass ihm peinlich zumute war. Immerhin hatte er dieses gekritzelte Durcheinander auf dem Gewissen. Mom stand auf und ging vor uns auf und ab, wie eine Tigerin im Käfig, irgendwas schien sie sehr zu beschäftigen. Sie stoppte, dachte noch mal angestrengt nach und hielt die beiden Skizzen mit einer Hand vor sich. „H.B.H.", las sie einige Male laut vor, pausierte kurz, um dann mit einem Strahlen herauszuplatzen: „Happy birthday, Hedy!"

„Bravo. Bravo. Yes, yes. Happy birthday, Hedy, that's it", rief der alte Mann, dabei laut lachend, allerdings nicht ganz so laut wie Hedy. Mom lachte lauter als irgendwer, den ich kannte. Sie hatte ein sorgloses, übermütiges Lachen. Wenn sie lachte, hielt sie nichts zurück. Sie beugte sich hinunter, umarmte Picasso und küsste ihn erst auf beide Wangen, dann auf die Spitze seines braun gebrannten Glatzkopfes.

„Happy, happy birthday", sagte er.

„Aber Mom", protestierte ich, „heute ist doch gar nicht dein Geburtstag!"

„Jeder Tag ist ein Geburtstag", entgegnete sie. „Schließlich ist jeder Tag ein Geschenk, oder nicht?"

Bevor ich aufstand, um wieder schwimmen zu gehen, kam Hedy auf das Hotel zu sprechen, an dessen Pool wir saßen und das sie um ein Haar gekauft hätte. Sie liebte dieses Haus. Mit einem Lächeln und einem Anflug von Reue im Ton sagte sie: „Ich hätte es kaufen sollen, damals, vor zehn Jahren. Sie verlangten nur 275.000 Dollar."

Sie wusste, dass es keine kluge Entscheidung gewesen war, das Beverly Hills nicht zu kaufen. Es hatte damals zum Verkauf gestanden, man hatte es ihr angeboten, und es hätte sie wohl für den Rest ihres Lebens von allen Geldsorgen befreit, realistisch gesehen. In den Vierzigern verdiente sie locker 200.000 Dollar pro Jahr, sie hätte die Rechnung in bar begleichen können. Aber Hedy war weder realistisch noch hatte sie solche Freunde oder Berater. Sie war damals sehr beschäftigt, und an den Herbst ihrer Hollywood-Karriere, an ein Leben nach der „schönsten Frau der Welt" verschwendete sie keinen Gedanken. Im Lauf ihres Lebens hat sie jede Menge fatale Entscheidungen getroffen, vertraute den falschen Leuten, war sich selbst ihr ärgster Feind. Heute ist das Beverly Hills Hotel mit seinem Grundstück um die 100 Millionen Dollar wert und zählt mehr denn je zu Hollywoods ikonischen Orten. Den Candy Shop gibt es nicht mehr, auch das große Sprungbrett und der große Sandstrand am Pool wurden entfernt. Wo früher Sand war, ist heute Flachbeton.

Ich habe mich später oft gefragt, was aus diesen zwei Papierservietten geworden ist. Ich wünschte, ich hätte sie damals einfach mitgenommen und weggeschlossen. Ich habe sie nie wieder gesehen. Vermutlich landeten sie einfach im Müll – so wie ein Großteil von Hedys Talent und Potenzial.

NACH DER RÜCKKEHR AUS MEXIKO schien Hedys Karriere zunächst schnell wieder Fuß zu fassen. Sie erhielt eine Reihe lukrativer Rollenangebote. Unter anderem war sie in der Hemingway-Verfilmung *The Snows Of Kilimanjaro (Schnee am Kilimandscharo)* für die Rolle von Harrys (Gregory Peck) großer Liebe Cynthia vorgesehen. Erst sagte sie zu, dann sprang sie in letzter Minute wieder ab, als sie merkte, dass Susan Hayward die Hauptbesetzung war und ihr Part nur eine Nebenrolle. Ava Gardner übernahm.

Im Sommer 1952 schloss sie dafür einen mehrjährigen Werbevertrag für ein Diätbonbon namens Ayds ab, der ihr ein hohes Einkommen über Jahre bescherte. Und in Europa bot sich scheinbar die Gelegenheit, endlich einen Film zu drehen, der ihren Ambitionen als ernsthafte Schauspielerin entgegenkam. Im Frühjahr des Jahres hatte sie in Paris ihren alten Liebhaber Jean-Pierre Aumont wiedergetroffen, der sie seinerseits dem italienischen Filmproduzenten Francis Salvoli vorstellte. Salvoli bot Hedy, wonach sie sich seit Langem sehnte: ein künstlerisch wertvolles Filmprojekt und viel, viel Geld. Nach einigem Hin und Her, vor allem wegen ungeklärter Finanzierungs- und Besetzungsfragen, startete Hedy schließlich im Sommer 1953 ihren ersten europäischen Kinodreh seit *Ekstase*. In dem Episodenfilm *L'amante di Paride*

spielte sie gleich vier Rollen – Helena von Troia, die toskanische Schauspielerin Liala, Geneviève de Brabant und Josephine Bonaparte. Gedreht wurde in Cinecittà, von Juli bis November.

Hedy genoss ihre Zeit in Rom sehr. Umgehend startete sie eine Affäre mit Gianni Agnelli, der damals gerade den Vize-Vorsitz bei Fiat übernommen hatte und als legendärer Frauenverführer galt. Hedy blieb bis auf Weiteres Agnellis letzte halboffizielle Affäre. Im November 1953 heiratete er Marella Caracciolo di Castagneto. Agnelli, von 1966 an Fiat-Chef und der wohl mächtigste Industrielle der italienischen Nachkriegszeit, und Marella waren bis zu seinem Tod 2003 verheiratet.

Beruflich dagegen lief es in Rom alles andere als gut für Hedy. Der Regisseur Edgar Ulmer hatte bereits *Strange Woman* mit ihr gedreht, auch er war Österreicher. Dennoch überwarf sie sich schon nach wenigen Wochen mit ihm und initiierte, mittlerweile selbst Mitproduzentin von *L'amante di Paride*, im Oktober Ulmers Rauswurf. Sowohl Ulmer als auch Hedys Filmpartner John Fraser äußerten sich später dezidiert über Hedys Auftreten. Fraser, damals zweiundzwanzig, beschrieb in seinen *Close Up* betitelten Memoiren die Arbeit mit Hedy als Albtraum. Einmal, als sie sich gerade über ihr Aussehen auf dem Filmmaterial beschwerte, versuchte Fraser sie zu beschwichtigen und unterbrach sie mitten im Satz mit den Worten, sie sehe doch wunderbar aus. „Sie warf mir ihren reizenden Blick zu und sah mich wohl knapp zwei Minuten an, schweigend. Dann sagte sie mit sanfter Stimme, aber sehr deutlich: ‚Wer bist du, du kleine Fliege, mir zu sagen, was ich zu tun habe?'"

Ein anderes Mal, während einer Szene, in der Hedy den sterbenden John in den Armen hält, habe Regisseur Ulmer sie nach dem ersten Take gebeten, Johns Kopf doch bitte nicht in ihrem Dekolleté zu verstecken, da das Publikum sein Gesicht sehen solle. Hedy, ungerührt, „rammte mein Gesicht erneut zwischen ihre Brüste." Ulmer schrie „Cut!", näherte sich Hedy bis auf wenige Zentimeter und sagte, *er* sei hier der Regisseur, nicht sie. Hedy ließ daraufhin Frasers Kopf ohne Vorwarnung aus ihren Händen fallen, legte eine Hand auf den Kragen ihres sündhaft teuren, perlenbestickten Kleides und riss es mit einer einzigen, heftigen Bewegung von oben nach unten entzwei. Die Produktion musste für eine Woche unterbrochen werden, bis das aufwendige Kleidungsstück wiederhergestellt war.

Ulmer, an dessen Stelle Marc Allégret die Regiearbeit weiterführte, ließ sich rückblickend mit dem Satz zitieren, Hedy sei „gewiss keine Oscar-Kandidatin" und habe beim Dreh die „typische Hollywood-Covergirl-Attitüde" an den Tag gelegt. „Ich konnte

Unterwegs in Rom: Hedy während der Dreharbeiten zu *L'amante di Paride*, April 1953

einfach nicht weiter zusehen, wie die Kapriziosität einer einzigen Person einen ganzen Film ruiniert." Was oder wer auch immer den Film ruinierte – als er ein Jahr später in den USA erschien, verschwand er nach wenigen Tagen aus den Kinos. Unter den zahlreichen mittelmäßigen Werken in Hedys Filmografie markiert *L'amante di Paride* in der ganzen Amateurhaftigkeit seiner Machart einen Tiefpunkt. „Es war ein einziges Desaster, aber ich hatte eine großartige Zeit in Rom", sagte Hedy später. „Es ist für mich die schönste Stadt der Welt. Ich wollte, dass Jean-Louis Barrault Napoleon spielt, dann versuchte ich Richard Burton zu gewinnen. Es klappte nicht. Nichts klappte bei diesem Film."

All das hielt Hedy nicht davon ab, ein weiteres Filmprojekt mit der gleichen Produktionsfirma anzugehen. *L'eterna femmina*, eine im zeitgenössischen Rom spielende Liebesgeschichte, wurde im Winter 1954/55 gedreht und fertiggestellt, ohne es allerdings je auf eine Kinoleinwand zu schaffen. Der ehrgeizige Plan, zwei europäische Autorenfilme zu drehen, von denen der erste auf der Filmbiennale in Venedig 1955 um den Goldenen Löwen konkurrieren sollte, hatte sich als finanzielles wie künstlerisches Fiasko entpuppt. In Venedig erntete der Film vernichtende Kritiken. Immerhin bekam Hedy so Gelegenheit, die Biennale zu besuchen. Sie strich ihre Gage ein. Und auf der Suche nach Geldgebern für *L'eterna femmina* traf sie außerdem ihren fünften Mann.

Für Deedee und Tony waren die Jahre zwischen 1951 und 1958 eine unstete Zeit, geprägt von regelmäßigen Ortswechseln und neuen Vaterfiguren. Nach der Rückkehr aus Mexiko besuchte Denise zunächst ein halbes Jahr lang die Westland-Grundschule am Mulholland Drive, Anthony die Vorschule. Ihre Mutter sahen sie kaum noch.

MEINE SCHWESTER UND ICH wuchsen wie Waisenkinder auf, viele Jahre verbrachten wir in Internaten. Hedy war eine Pseudo-Mutter. Nach außen hin inszenierte sie sich als perfekte Fürsorgerin. Nach innen kriegten wir davon immer weniger mit. „Ich war beides für dich, Mutter und Vater", pflegte Hedy mir zu sagen. „Sicher, Mom", hätte ich entgegnen sollen. „Du hast die Leerstelle gefüllt, indem du nicht da warst. Du warst ein Kinostar. Du gingst zu Empfängen, du liebtest viele Männer und Frauen. Eine Mutter und ein Vater warst du nicht." Ich habe es ihr nie gesagt. Ich hegte keinen Groll gegen meine Mutter. Sie kam einfach fünfzig Jahre zu früh auf die Welt.

Im Sommer 1952, als ich fünf Jahre alt war, weckte Marvin Neal uns früher als üblich auf, fuhr uns in seinem burgundroten Wagen nach Los Gatos, unweit von San Francisco, und hielt vor der Internatschule Pied Piper. Neal erklärte uns, der Platz sei unser neues Zuhause, wir würden hier eine Menge lernen und, das versprach er uns, Mutter würde uns bald besuchen. Deedee und ich weinten beide, als Neal fortfuhr. Wir fühlten uns allein und verlassen unter Fremden. Wir wohnten in kleinen Zimmern in einem Wohnheim, und Miss Sake war von nun an für uns zuständig. Sie war eine herzlose, gemeine koreanische Hausmutter, die uns ständig herumkommandierte und uns an den Ohren zog, wenn wir nicht sofort gehorchten. Wir hassten sie. Wir hassten die Schule. Meine Schwester spielte ständig mit „Hedy Paper Dolls" (Anziehpuppen aus Papier), zog sie an und aus und küsste sie über und über. Ich schaute oft aus dem Fenster, schwamm viel oder ging allein zu einem kleinen Bauernhof mit Schweinen, Ziegen, Hühnern und einem Pferd, um vor Miss Sake zu fliehen. Die Kakerlaken in meinem Zimmer wurden meine besten Freunde. In den Nächten weinten Deedee und ich uns in den Schlaf. Auf Pied Piper blieben wir etwa anderthalb Schuljahre.

Die Sommerferien des Jahres 1953 verbrachten wir erstmals im Sommerlager Camp Roosevelt, so wie die folgenden acht Jahre auch. Im ersten Jahr fuhr Neal uns direkt zum Camp, später brachte er uns frühmorgens zum Bauernmarkt an der Ecke 3rd Avenue und Fairfax, wo riesige Busse auf uns warteten und die anderen Kinder sich schluchzend von ihren Eltern verabschiedeten. Unser Vater war nicht da und unsere Mutter lag im Bett.

Kurz nach unserer Ankunft in Camp Roosevelt mussten wir wieder abreisen, weil Mom nichts von dem gekauft hatte, was jedes Kind mitbringen musste. Wir waren völlig unvorbereitet. Mit Sandalen kann man schlecht klettern. Zum Glück half uns das freundliche Ehepaar Slater, die beiden Direktoren des Camps, und fuhr mit uns zu einem nahen Ort, um das Nötigste einzukaufen. Das Camp lag in den San Bernadino Mountains, knapp zweihundert Kilometer östlich von Los Angeles. Acht Jungen teilten sich eine Holzhütte. Wir unternahmen Vier-Tages-Wanderungen und Drei-Tages-Ausritte in die Wildnis. Wir zelteten im Freien, machten Hotdogs oder aufgewärmte Dosenbohnen zum Abendessen und sangen Lieder am Lagerfeuer, wenn es dunkel wurde. Im Camp machten wir jeden Tag einen kurzen Mittagsschlaf, danach gab es Bonbons und die Post wurde verteilt. Mutter schrieb uns nicht sehr oft. Manchmal kriegten wir Karten von einem ihrer Mitarbeiter, der uns sagte, wie beschäftigt sie sei, und fragte, wie es uns im Camp gehe. Wir selbst mussten zwei- bis dreimal die Woche Postkarten schreiben. Camp Roosevelt dauerte immer acht Wochen. Zur Halbzeit gab es einen Visitor's day, an dem die Eltern zu Besuch kamen, um den Tag mit ihren Kindern zu verbringen und mittags ein großes Barbecue zu machen. In allen Sommern kam Hedy insgesamt ein Mal. Meine Schwester und ich waren am Visitor's day jedes Mal die einzigen Kinder, die allein blieben. Wir beobachteten die Moms und Dads, wie sie mit unseren Freunden spielten, und fühlten uns einsam, ungeliebt und ein bisschen peinlich berührt. Das erste Mal auf Camp Roosevelt war für uns nicht sehr glücklich.

Als ich sechs wurde, schenkte meine Mutter mir meine erste Brownie, eine kleine, schlichte Fotokamera. Ich mochte es, Fotos zu machen, und ich mag es bis heute. Ich knipste Berggipfel, Eidechsen, Pferde, Kühe und meine Freunde im Camp. Die Pferde machten mir besonders viel Freude. Bevor das erste Sommercamp vorbei war, konnte ich ohne Sattel im Galopp reiten. Ich lernte vieles im Camp. Ich lernte, mit einem Gewehr zu schießen, zu tanzen und eine Flagge zu hissen, ich lernte Spiele wie Volleyball, Tetherball oder Horseshoes, und ich küsste zum ersten Mal ein Mädchen auf den Mund. Die von allen heiß geliebte Olympische Woche war jeweils der Höhepunkt. Das ganze Camp wurde in zwei Stämme aufgeteilt. Welchem man zugehörte, erkannte man an der Farbe des Stirnbands, das am Morgen des ersten Olympischen Tages am Fuße jedes Bettes lag. Rot oder Blau, Irokese oder Cheyenne, Sioux oder Mohikaner. Die Stämme wechselten jedes Jahr. Täglich gab es Wettkämpfe in Sport und Spiel. Einmal versaute ich den Staffellauf für meinen gesamten Stamm, weil ich eine Ewigkeit brauchte, um ein Feuer zu entzünden, das groß genug war, um eine Kordel durchzubrennen. Am Ende der Woche gab es eine große Siegerzeremonie und ein Abschlusslagerfeuer. Ich nahm das sehr ernst. Als ich zu meinem dritten Sommercamp aufbrach, war wieder einmal alles anders. Ich hieß nicht mehr Tony Loder, sondern Tony Lee, und ich wohnte nicht mehr in L.A., sondern in Houston, Texas.

Howard Lee war ein texanischer Ölbaron. Sein Vater hatte das Unternehmen gegründet und die Familie schwerreich gemacht. Als er Hedy traf, im Spätherbst 1953, war er fünfundvierzig und Multimillionär, sie neununddreißig und eine berühmte Schauspielerin im Spätherbst ihrer Karriere. Ich war sechs und Deedee acht Jahre alt. Mom erzählte mir später, Howard sei betrunken gewesen, als sie sich erstmals begegneten. Sie absolvierte gerade einen Charity-Auftritt in Houston, logierte im Shamrock Hotel und lag am Pool, als er zu ihr kam und sich vorstellte. Hedy hatte in einem Interview kundgetan, sie suche dringend Geldgeber für einen geplanten Film. Und wenn Howard irgendetwas hatte, dann Geld. Er ließ von Beginn an keinen Zweifel daran, was er wirklich wollte. Als Hedy sich weigerte, ihn in seinem Houstoner Büro zu besuchen, flog er ihr nach L.A. hinterher. Er regelte das Geschäftliche, sagte ihr 400.000 Dollar für ihr Filmprojekt zu und blieb über Nacht. Wenige Wochen später, am 22. Dezember 1953, heirateten William Howard Lee und Hedy Lamarr in New York. Im Januar 1954 mietete Howard ein zweistöckiges Haus für uns am

Hedy und ihr fünfter Ehemann Howard Lee im Urlaub, um 1955

3239 Del Monte Drive, im Houstoner Stadtteil River Oaks, schon damals eines der teuersten Viertel im ganzen Land. Es kam mir wie ein Herrenhaus vor, mit seiner zweistöckigen Eingangshalle, seinen vier großen Schlaf- und fünf Badezimmern, einem Familienzimmer voller Bücher und dem riesigen Garten. Es gab einen Swimmingpool von olympischen Maßen, der eigens für Hedy gebaut worden war, umgeben von riesigen Pinienbäumen, und zwei Dienstmädchenwohnungen über einer Garage mit drei Stellplätzen. Ein paar Blöcke weiter gab es eine Lamar High School sowie eine Lamar Street. Ich dachte damals, sie seien nach Mom benannt, doch ein republikanischer Politiker namens Mirabeau Buonaparte Lamar stellte sich als Pate heraus. Wir fuhren mit Neal im Auto nach Houston. Als wir ankamen und unsere Zimmer bezogen, kam Mom vor dem Einschlafen an mein Bett, strich mir über den Kopf, wie früher immer, und sagte: „Relax." Ich tat, wie geheißen.

Deedee und mir gefiel es sehr in Texas. Ich gewann einige sehr gute Freunde – Johnny Withers, Billy Elkins, Jimmy Gardner –, mit denen ich die Nachbarschaft unsicher machte. Wir spielten Bowling zusammen, zündeten Feuerwerkskörper in Mülltonnen, hörten Songs in der Jukebox der benachbarten Drogerie und guckten den *Mickey Mouse Club* im Fernsehen. Ich bekam ein motorisiertes Boot, um damit im

Howard Lees Villa in Houston

Pool herumzufahren, und ein Metallauto mit Rasenmähermotor, mit dem ich um den Block fuhr. Howard hatte es mir in einem riesigen Spielzeughaus in Houston gekauft. Ich nahm Pianounterricht auf dem großen Steinway im Wohnzimmer. Alle Handtücher trugen die Initialen HL, das kam beiden entgegen, Hedy wie Howard. Das Abendessen nahmen Deedee, Hedy, Howard und ich in einem stattlichen Esszimmer ein, mit Kronleuchter und einem kunstvollen Tapetengemälde, das Straßenszenen aus Paris zeigte. Wir hatten eine schwarze Hausangestellte namens Willie, einen schwarz-weißen Cockerspaniel namens Cleo und einen babyblauen Lincoln Continental Mark 3. Es gab ein Fernsehgerät im Wohnzimmer, das eines Tages in Farbe sendete. *Hallmark Theater* war die erste Show, die wir alle gemeinsam in Farbe sahen. Die Russen schossen einen Hund ins All. Und Howard Lee begann den Tag für gewöhnlich mit einem breitgezogenen „What ya say today, Toe-nay?"

Ich mochte Howard. Deedee und ich sagten von Anfang an „Dad" zu ihm. Einmal nahm er mich mit auf ein Ölfeld außerhalb Houstons, und ein paarmal fuhren wir gemeinsam zu Howards Ranch, die mit ihren gut vierhundert Quadratkilometern Fläche relativ klein war, im Vergleich zur benachbarten King Ranch, der damals größten Ranch in ganz Texas. Es gab riesige Viehherden, schöne Pferde und auch einige Schlangen zu sehen – Klapperschlangen, Kupferkopfvipern und Wassermokassinottern. Ich lernte viel über Pferde und Schlangen auf der Ranch.

Deedee und ich gingen zur River Oaks Elementary School. Ich war ein schlechter Schüler. Die meisten Fächer interessierten mich nicht, die Lehrer langweilten mich und von Mathematik verstand ich nur wenig. Ich tagträumte viel und betrachtete die vorbeiziehenden Wolken. Kunst mochte ich. Ich malte gern, töpferte, bastelte Dinge aus Papier. Und dann gab es ja noch das Sommercamp, auf das wir uns immer sehr freuten. Neal fuhr uns jedes Mal hin, die Autofahrt von Texas nach Kalifornien und zurück dauerte jeweils drei Tage. Im ersten Jahr fuhr Neal einen schicken, schwarz-weiß lackierten Ford Kombi „Station Wagon", mit rot-weißen Innenpolstern und riesigen Rücksitzen. Wir nahmen immer die Route 66, durch Arizona und New Mexico, in Gallup trafen wir richtige Indianer und übernachteten in einer historischen Lodge. Neal konnte wilde Tiere in der Ferne erkennen, lange bevor Deedee und ich sie sahen, und manchmal sahen wir sie auch überhaupt nicht. Verglichen mit Marvin Neal waren wir blind. Der Indianer in ihm sah alles – Hasen, Bussarde, Falken, Kojoten, Rehe und tote Schlangen auf dem Highway. Wenn Neal sagte, es würde bald regnen, dann regnete es bald. Er kannte die Namen aller Flüsse, Berge und Kakteenarten, die wir passierten. Und nicht zuletzt brachte Neal uns auf diesen Reisen das Jodeln bei. Wie gesagt, für Deedee und mich kam er einer Vaterfigur am nächsten.

Ich war elf, als wir Texas verließen und nach Kalifornien zurückzogen. Im Sommer 1958 nach dem Camp fuhr Neal uns nicht nach Texas zurück, sondern in ein neues Haus am 614 North Beverly Drive. Einfach so. Neue Freunde, neue Schulen, neue Leben. Hedy und Howard ließen sich scheiden. Doch anders als seine vier Vorgänger war Howard vor Gericht nicht so zurückhaltend und nachgiebig. Und er hatte gute Anwälte. Privat ging es mit Hedy immer steiler bergab, das Monster in ihr gewann allmählich die Oberhand. Sie schrie mich an und schlug mich regelmäßig. Ich weiß noch genau, wann sie zum ersten Mal so richtig zuschlug. Ich war ein langsamer Esser. Am Abendtisch drängte Hedy immer, ich solle schneller essen. „Nun mach schon", sagte sie, „red nicht so viel, iss dein Essen auf, und zwar sofort. In China sterben die Kinder vor Hunger." Eines Nachmittags, als ich auf ihrem Stuhl in ihrem Badezimmer saß, schlug sie mir mit ihrer Haarbürste ins Gesicht, unvermittelt und ziemlich hart, weil ich nicht still gesessen hatte. Es war die Zeit, als Hedy immer gemeiner und gewalttätiger wurde. Es war die Zeit, als ich Angst vor ihr bekam.

MIT HOWARD LEE WAR HEDY über fünf Jahre verheiratet gewesen, davon verliefen mindestens drei vergleichsweise harmonisch – mehr als bei ihren bisherigen Männern. In ihren Memoiren schreibt Hedy, sie sei mit Lee „lange Zeit sehr glücklich" gewesen. Sie hatte sich vorgenommen, nunmehr tatsächlich ihre Karriere aufzugeben und eine vorbildliche Ehefrau und US-Staatsbürgerin zu werden. Letzteres zumindest klappte im Jahr 1953.

Gleich nach ihrem Umzug nach Houston begann sie, all ihre Energie in den Aus- und Umbau des Hauses zu stecken. Sie orderte teure Antiquitätenmöbel, ließ neue Hausflügel anbauen und kreierte ein ganz in Weiß und Gold gehaltenes Schlafzimmer. Am Ende standen Umdekorierungskosten in hoher fünfstelliger Höhe, mit denen Hedy Howard vor vollendete Tatsachen stellte – er musste das Haus kaufen, das er eigentlich nur hatte pachten wollen. Er beschwerte sich, fügte sich am Ende aber doch. In den ersten Jahren lebte Hedy auf großem Fuß. Sie verkehrte regelmäßig in Houstons höchsten Kreisen und fühlte sich unter all den steinreichen Nachbarn „wie im Vorzimmer von Fort Knox". Howard überwies ihr monatlich 1000 Dollar für laufende Ausgaben, die sie stets ihrem Business Manager weiterleitete. Alle ihre Einkäufe bezahlte Howard. Er ließ es mit sich machen. Für 300.000 Dollar kaufte er zudem ein geräumiges Ferienhaus in Aspen – heute Amerikas schickster Skiort, damals ein ziemlich verschlafenes Nest. Sie nannten die Hütte „Villa Lamarr" und machten dort oft Urlaub. Nebenbei begleitete Hedy ihren Mann beim Shopping und bemühte sich, ihm seine texanischen Jacketts in grellen Farben und mit allerlei Karo- und Würfelmustern auszureden. „Es dauerte zwei Jahre, bis ich Howard so weit hatte, den Stil seiner Garderobe aufzugeben, und ein weiteres Jahr, um ihm Schach beizubringen und ihn für Kunst zu interessieren."

Im August 1955 erfüllte Howard Hedy einen lange gehegten Traum. Gemeinsam besuchten sie Wien. Für Hedy war es die erste Rückkehr in ihre Heimat seit ihrer Flucht 1937. „Ich heulte wie ein kleines Schulmädchen, als wir landeten", erzählte Hedy der versammelten Presse. Anschließend fuhren Howard und Hedy zur Filmbiennale in Venedig.

Es half alles nichts. Spätestens Ende 1956 begann Hedy sich mit ihrer Rolle als Ehe- und Hausfrau zu langweilen. Sie nahm eine kleine Filmrolle an – als Johanna von Orléans in dem Monumentalfilm *The Story Of Mankind* –, trat wieder vermehrt in TV-Shows auf (was sie bereits zu Beginn der Fünfzigerjahre getan hatte) und äußerte sich zum Zustand ihrer Ehe immer ausweichender. Im Juni 1958 bezog sie schließlich ihr neues Haus in Beverly Hills, die Kinder folgten nach dem Sommercamp. Im August gaben Hedy und Howard ihre Trennung bekannt.

Die Gründe für das Scheitern von Hedys fünfter Ehe ähnelten mehr oder minder den vorigen. „Sie forderte viel, er trank viel", sagt ihr Sohn Anthony. Hedy selbst schrieb in *Ekstase und ich*, Howards Familie habe sie als Nicht-Texanerin nie wirklich akzeptiert, zudem sei er „zu abhängig" von ihr gewesen. In der Tat hatte Howard, der nach außen so schneidige Geschäftsmann, der zunehmenden Kapriziosität und Prinzessinnenhaftigkeit Hedys nur wenig entgegenzusetzen. Am deutlichsten wird dies in den Dutzenden Briefen, die er ihr über die Jahre schrieb und die eine Freundin von Trude Kiesler deren Enkel Anthony Loder nach Hedys Tod zukommen ließ. Die Briefe, meist mit Briefkopf aus Houston, Aspen oder irgendeinem Hotel, in dem der Geschäftsreisende Howard gerade Halt machte, trugen kein Datum und waren allesamt triviale Liebesbriefe eines weichen Mannes an eine überlegene Frau. Jedes Mal schrieb er ihr, wie sehr er sie liebe, vermisse und dass er es kaum abwarten könne, sie wiederzusehen. Oft entschuldigte er sich, wenn er einen ihrer ausgefallenen Wünsche ausnahmsweise nicht erfüllen konnte. In einem Brief erklärte er ausführlich, warum er sich das Diamantcollier nicht leisten könne, das sie sich damals wünschte. „Ich kaufe dir später etwas noch viel Schöneres, Darling", schrieb er besänftigend. Schließlich, als das Besänftigen nicht mehr half und Hedy ihn einfach sitzen ließ, entdeckte er immerhin seinen Geschäftssinn wieder und nahm ein letztes Gefecht mit ihr auf.

Der mehrmonatige Rosenkrieg, den sich Hedy und Howard im Frühjahr 1959 vor Gericht und in den Medien lieferten, endete für Hedy ernüchternd. Sie bekam eine halbe Million Dollar zugesprochen, von der jedoch knapp die Hälfte an Anwälte und Berater ging. Zudem hatte Hedy inzwischen Schulden zu begleichen. Es blieb wenig übrig, und Hedy tat sich schwer, ihren Lebensstandard der neuen Situation anzupassen.

Die Jahre ab 1958 waren die bislang düsterste Zeit in ihrem Leben. Im Dezember 1958 kollidierte Anthony beim Fahrradfahren unweit des Wohnhauses mit einem Auto und zog sich eine Schädelfraktur zu. Er kam sofort in die Notaufnahme, später ins Cedars of Lebanon Hospital in L.A. Einen Tag lang galt sein Zustand als lebensbedrohlich. Dann gaben die Ärzte Entwarnung. Anthony hatte großes Glück gehabt – wäre sein Schädel nach innen hin gerissen anstatt in der Mitte entzwei, er wäre sofort tot gewesen, sagte ein Arzt zu ihm.

Der Anblick ihres Sohnes, den sie, von einer Nachbarin alarmiert, blutverschmiert auf der Straße liegend vorgefunden hatte, traumatisierte Hedy. „Ich habe mein ganzes Haar verloren", sagte sie einem Reporter am Telefon. Sie weigerte sich, sich öffentlich blicken zu lassen, und zog sich monatelang in ihr Haus zurück.

Zum Scheidungsprozess gesellten sich zahlreiche andere Gerichtsverfahren – mal klagte Hedy wegen ausstehender Gelder, mal wurde sie verklagt. Die Justizgebäude wurden allmählich zu ihrem zweiten Zuhause. Die Anwaltskosten wuchsen rasant. Die Auswahl ihrer Filmrollen war noch katastrophaler als bisher (*The Story Of Mankind* wird bis heute regelmäßig unter die „schlechtesten Filme aller Zeiten" gewählt). Immer häufiger übernahm Hedy auch Allerweltsrollen im Fernsehen und dokumentierte so der Öffentlichkeit, dass ihr Stern endgültig im Sinken begriffen war. Außerdem war diesmal kein Mann da, um sie zu trösten. „Ihr Herz ist schwer. Ihre Schönheit ist dahin", schrieb eine Reporterin, „die einstige Wiener Verführerin ist heute unerwünscht, ungeliebt, unglücklich." Dass ihr ehemaliger großer Förderer Louis B. Mayer im Oktober 1957 starb, verschlechterte ihre Aussichten in Hollywood weiter. Und dass Howard Lee sich schon Monate vor seiner Scheidung von Hedy ausgerechnet in deren Rivalin Gene Tierney verguckte (auch Teddy Stauffer hatte kurz nach der Trennung von Hedy eine Affäre mit Tierney gehabt), machte es auch nicht gerade besser. Lee und Tierney heirateten im Juli 1960. Sie blieben bis zu Lees Tod 1981 ein Paar.

Das akuteste Problem blieb bis auf Weiteres Hedys Finanzlage. Wie bedrohlich diese war, zeigt die Auswahl erlesener Kunstwerke aus ihrer Privatsammlung, die Hedy im Mai 1961 zur Auktion freigab – darunter Gemälde von Pierre-Auguste Renoir und Maurice de Vlaminck sowie Skulpturen von Auguste Rodin und Honoré Daumier. Der Schauspieler und Regisseur Carl Reiner, bei dem sie damals in einer TV-Show zu Gast war (und der kürzlich in Steven Soderberghs *Ocean's*-Filmtrilogie als alternder Trickbetrüger Saul Bloom zu spätem Kinoruhm kam), erinnerte sich

Unerwünscht, ungeliebt, unglücklich: Hedy bei einem ihrer zahlreichen Gerichtsauftritte
....

Jahrzehnte später an einen Abend, den er damals mit seiner Frau bei Hedy zu Hause verbrachte. „Zuerst war ich schwer beeindruckt von ihrer Intelligenz. Geradezu schockiert aber war ich, als ich die Kunstwerke sah, die an ihren Wänden hingen, und sie mit profunder Kunstkenntnis über diese sprechen hörte. Hedy Lamarr machte öffentlich nie viel Aufhebens um ihre Kollektion. Aber meine Frau war selbst Künstlerin, sie verstand viel davon. Sie sagte, Hedys Privatsammlung sei eine der besten, die sie je gesehen habe."

Die Versteigerung verschaffte Hedy finanziell etwas Luft, doch die vielen Prozesse verschlangen immer mehr Geld. Im Februar 1963 zog sie von ihrem Haus am North

Mit ihrem sechsten
Ehemann Lew Boies,
Weihnachten 1962

Beverly Drive in eine kleinere Wohnung am 1802 Angelo Drive, ebenfalls in Beverly Hills. Sie suchte einen neuen Anwalt. Und sie fand Lewis W. Boies Jr., genannt Lew. Jurist mit Stanford-Abschluss, eine Scheidung, zwei Kinder. Lew übernahm einige von Hedys laufenden Fällen und verliebte sich sofort in sie. Am 4. März 1963 wurde er ihr sechster und letzter Ehemann. Und der erste, der jünger war als sie selbst, mehr als sechs Jahre.

Hedy selbst beteuerte hinterher, der Hauptgrund für diese Ehe sei, abgesehen von Lews „unstillbarem Appetit auf mich", sein Versprechen gewesen, sie brauche sich fortan um Geld nicht mehr zu sorgen. Gemeinsam bezog das Paar ein Haus in der 538 Loring Avenue, im Stadtteil Westwood. Binnen Kurzem realisierte Hedy, dass auch ihr sechster Anlauf ein Fehler gewesen war. Im Oktober 1964 trennten Hedy und Lew sich offiziell. Ein halbes Jahr später wurden sie geschieden. Hedy verlangte 3510 Dollar Unterstützung monatlich und sagte vor Gericht aus, Boies habe ihr physisch und mental Gewalt angetan; einmal habe er sie sogar mit einem Baseballschläger bedroht. 1250 Dollar wurden ihr schließlich zugesprochen. Boies hatte die von Howard Lee unterbrochene Tradition ihrer Ex-Männer wieder aufgenommen und focht die Scheidung nicht an.

Anthony Loder, inzwischen neunzehn, begleitete seine Mutter beim Boies-Prozess ins Gericht und sagte zu ihren Gunsten aus. Deedee und er hatten seit Beginn der Sechzigerjahre die renommierte Stockbridge Internatsschule in Massachusetts besucht und dort ihren Highschool-Abschluss gemacht. Sie 1963, er 1964. Sie waren beide keine Kinder mehr. Tony hatte seit einer Weile eine Freundin namens Leslie. Sie sagt heute rückblickend, seine Mutter habe ihn systematisch herumgeschubst und als Prellbock missbraucht. „Wenn ich da war, lag sie fast immer im Bett. Wenn sie nach ihm rief, musste er sofort zur Stelle sein, sonst fing sie an zu schreien. Es gab eine schier endlose Reihe an Gefälligkeiten, die er ihr zu erweisen hatte." Beide Kinder gingen ihrer Mutter, ihren Launen und Gewalttätigkeiten zunehmend aus dem Weg.

SEIT MEINEM FAHRRADUNFALL verschlechterte sich mein Verhältnis zu Mom mehr und mehr. Es schien, als würde sie den Niedergang ihres Star-Ruhms vor allem mir und meinem Unfall anlasten. Ich hätte sie eine Menge Geld und Nerven gekostet, sagte sie. Das war typisch für sie. Wenn bei ihr etwas schieflief, suchte sie meistens die Schuld bei anderen. In diesen Jahren war ich die Quelle all ihrer Probleme. Dass sie in den Vertrag über die Autobiografie einwilligte, sei nur ihrem Delirium zuzuschreiben gewesen, in dem sie infolge meines Unfalls gesteckt habe, sagte sie mir noch Jahre später.

Das Leben mit ihr war sehr seltsam damals, gelinde gesagt. Die Fertiggerichte, die sie uns servierte, waren viel zu weich gekocht. Sie nahm das Telefon kaum noch ab, ging nicht zur Tür, ließ die Vorhänge geschlossen. Sie wurde zunehmend paranoid.

„I am a target", ich bin eine Zielscheibe, das war damals ihr Lieblingsspruch. Neben diesen beiden: „Die Leute sind hinter mir her, um mich auszunehmen." Und: „Die Leute sind widerlich."

Meine Schwester und ich versuchten uns so unauffällig wie möglich zu verhalten. Aber es half doch nichts, man wusste nie, in welcher Verfassung sie sein würde. Am schlimmsten war es, wenn sie sich im Schlaf gestört fühlte, dann kam sie heraus, schrie herum, warf mit Büchern oder Lampen nach mir oder schlug einfach zu, ohne Vorwarnung. Ich kauerte in einer Ecke und wartete, bis der Hurrikan vorüber war. Solche Wutausbrüche pflegte sie zu beenden, indem sie schrie: „Räum dieses Chaos auf! CLEAN UP THIS MESS – GOD DAMMIT!", und dann die Tür hinter sich zuschlug. Einmal wurde Hedy so hysterisch, dass ich mein Fahrrad nahm, zu meiner Freundin Leslie fuhr und dort drei Tage blieb.

Die Zeit am North Beverly Drive war schlimm für uns, und als wir in die Loring Avenue umzogen und sie sich von Lew Boies scheiden ließ, wurde es nur noch schlimmer. Hedy wollte niemanden, und niemand wollte Hedy. Sie strahlte nur noch Gift aus. Ich hatte große Angst vor ihr – bis zu jenem Tag, als ich sie stoppte. Wir wohnten damals bereits in der Loring Avenue. Eines Nachmittags in der Küche stand ich vor dem Kühlschrank und schnappte mir ihre Hand in der Luft, als sie mir mal wieder entgegenflog, und hielt sie fest. „Es reicht, Mom, du kannst mich nicht mehr schlagen", sagte ich. Sie versuchte, ihre Hand aus meiner Umklammerung zu lösen, um von Neuem zuschlagen zu können. Ihre rechte Augenbraue zuckte nach oben, so wie immer, wenn sie richtig böse wurde. Ich hielt ihre Hand fest.

„Wer bist du, mir zu sagen, was ich tun kann und was nicht?"

„Hör einfach auf, Mom. Es reicht."

Eine Weile lang versuchte sie vergeblich, ihre Hand zu lösen, dann gab sie auf. Ich ließ los. Sie drehte sich wortlos um und ging. Sie wusste, das war's. Sie schlug mich nie wieder. Immerhin war ich nun nicht länger Delilahs Sklave.

„Als Schauspielerin fand ich mich stets am überzeugendsten vor Gericht."

Kapitel 8

Confessions Of A
Dangerous Mind

– May Store, Prozesse, André, Ekstase und Ich –

„Hedy Lamarr Seized On Coast And Charged With Shoplifting" („Hedy Lamarr wegen Ladendiebstahls hinter Gittern"), titelte die *New York Times* am 28. Januar 1966. Die Nachricht ging um die Welt. Es war das erste von zwei Ereignissen, die 1966 zum schwärzesten Jahr in Hedy Lamarrs Leben machten. Ende 1965 galt Hedy in der Öffentlichkeit als sympathische Kinogöttin a.D., die sich mit dem Schicksal der Ex-Schönheit so bemitleidenswert wie tapfer herumschlug. Ende 1966 galt Hedy den meisten als Lachnummer und in Hollywood als auf ewig untragbar. Schuld daran waren ein Ladenbesuch und ein Buch.

In den Monaten zuvor hatte es durchaus so ausgesehen, als würde sie sich berappeln. Die vakante Stelle des solventen, ihr treu ergebenen Ehemannes füllte Hedy zunehmend mit jungen, gut aussehenden Single-Männern aus Kunst-, Kultur- und Medienszene. Ihr Job war es, sie zu unterhalten und zu verwöhnen. Robert Osborne war einer von ihnen. Osborne, der sich später als Hollywood-Kolumnist und Moderator des Filmsenders *TCM* einen Namen machte, war Anfang dreißig und schlug sich als Gelegenheitsmodel, -schauspieler und -autor durch. „Wir lernten uns auf einer Party im Juli 1965 kennen und mochten uns auf Anhieb", erinnert sich Osborne. „Von jenem Abend an trafen wir uns regelmäßig. Ich hatte nicht allzu viel zu tun damals und sie hatte nicht allzu viele Freunde. Mal rief sie an, mal ich. Mal machten wir Picknicks, mal fuhren wir einfach drauflos, mal unternahmen wir gezielt Abenteuer, stiegen über Zäune und in private Gärten ein, aus reiner Neugier. Sie hatte eine tolle Energie, war sehr lustig und humorvoll und im Geiste ganz Mädchen vom Lande. Wir gingen oft zu Partys, trafen Leute wie Frank Sinatra, Dean Martin oder Mickey Rooney. Ich erinnere mich an eine Party, bei der sie und Judy Garland den ganzen Abend beisammen waren, kicherten und ständig aufs Klo gingen, um die Kleider zu wechseln. Judy war betrunken und vollgepumpt mit Pillen, Hedy nüchtern. Aber sie hatten sichtlich eine Menge Spaß zusammen."

Im Sommer 1965 fand Hedy ein neues Zuhause in der 9550 Hidden Valley Road, unweit des Mulholland Drive. Denise und Anthony wohnten beide längst nicht mehr bei ihr. Nach ihrem Highschool-Abschluss in Stockbridge ging Denise nach Berkeley und studierte Kunst, Anthony studierte Theaterkunst an der UCLA und wohnte im Studentenwohnheim, nicht weit von Hedys Haus entfernt. Im Juli 1965 heiratete Denise Loder den Baseballspieler Lawrence „Larry" Colton in der All-Saints-Bischofskirche in Beverly Hills. Ihr Bruder war Trauzeuge, und in Abwesenheit ihres Vaters führte Marvin Neal die Braut vor den Altar. Hedy trug ein bunt bedrucktes Kleid und einen Sonnenhut. Ihr Hochzeitsgeschenk war ein silbernes Teeservice. Anthony erinnert sich, sie habe leicht nervös und gereizt gewirkt, „so wie immer in diesen Jahren", aber erholter als zuvor. Im Oktober überraschte Hedy dann mit einem Gastauftritt in der Musikshow *Shindig!* auf *ABC*. Gemeinsam mit Moderator Jimmy O'Neill sagte sie diverse Bands an und legte am Ende selbst ein Tänzchen mit O'Neill aufs Parkett. Sie wirkte sportlich und attraktiv, schien in bester körperlicher Verfassung und bei bester Laune zu sein.

Auch 1966 begann mit einer guten Nachricht. In dem Horrorthriller *Picture Mommy Dead* (*Das Kabinett der blutigen Hände*) sollte Hedy den Geist einer ermordeten Frau spielen. Eine tragende Nebenrolle, an der Seite von Don Ameche und Martha Hyer. Es war ganz offenbar ein B-Movie, aber immerhin Hedys erster größerer Kinoauftritt seit *The Female Animal* 1957, und nebenbei brachte ihr die Rolle 10.000 Dollar Gage ein. Beziehungsweise: hätte ihr eingebracht, wäre nicht ein Besuch in einem Laden der Kaufhauskette May dazwischengekommen, an der Ecke Fairfax Avenue und Wilshire Boulevard.

Am Abend des 27. Januar 1966 ging Hedy einkaufen, wie so oft mit ihrem Manager Earl Mills. Die Ladendetektivin stoppte sie beim Verlassen des Geschäfts. Polizisten brachten sie und Mills ins Sybil Brand Institute, ein Frauengefängnis. Nach gut fünf Stunden, nachts um zwei, kam Hedy gegen 550 Dollar Kaution frei. Fünf Tage später erhob die Staatsanwaltschaft beim Amtsgericht Anklage wegen Ladendiebstahls. Folgende nicht bezahlte Gegenstände waren in Hedys Tasche gefunden worden: ein zweiteiliges Damenkostüm (40 Dollar). Ein Stift (3 Dollar). Eine Halskette (2 Dollar). Ein bisschen billiges Make-up. Ein Männerparfum. Sowie einige Unterhosen und Grußkarten. Gesamtwert laut Anklageschrift: 86 Dollar. Ihre Tochter Denise sah die Neuigkeit beim Vorbeigehen an einem Zeitungsstand auf dem Universitätscampus von Berkeley. „Ich konnte es kaum glauben. Sofort rief ich meine Mutter an. Sie sagte, ich solle mich nicht sorgen, es sei alles nur eine Verwechslung. Sie hatte immer eine Entschuldigung parat, wenn sie Mist gebaut hatte."

Während des folgenden Prozesses bemühte sich die Verteidigung mittels mehrerer Zeugen, Hedys geistige Verfassung im Januar zu rekonstruieren. Ihr Sohn Anthony sagte aus, sie sei außergewöhnlich nervös und durcheinander gewesen damals. Die US-Bank Arrowhead hatte sie soeben verklagt, da Hedy bei ihr ein 65.000-Dollar-Darlehen für ihr neues Zuhause in der Hidden Valley Road aufgenommen, das kurz zuvor bezogene Haus aber wider eigene Angaben gar nicht gekauft hatte. Mithin bestand akute Gefahr, dass sie bald wieder dort rausfliegen würde. Hedy wirkte derart aufgelöst, dass Anthony, damals Student an der nahen UCLA, sein Studentenzimmer kurzerhand aufgab und einige Wochen vor Weihnachten 1965 in die Hidden Valley Road zog, um sich um seine Mutter zu kümmern.

ALS ICH DORT ANKAM, war Mom in keinem besonders guten Zustand. Das Haus wirkte vernachlässigt, im Garten herrschte Unordnung. Immerhin stand der wunderschöne babyblaue Lincoln Continental noch in der Einfahrt, ein Geschenk von Howard Lee. Und natürlich war da die wunderschöne Landschaft des Canyon. Die Gegend war erholsam, sehr ruhig, sehr idyllisch. Peter Fonda, Mickey Rooney, Charlton Heston und Julie Andrews gehörten zu ihren Nachbarn. Mom kriegte von alldem nur wenig mit.

Im Nachhinein lassen sich leicht Indizien dafür finden, dass eine Katastrophe bevorstand. Nur zwei Tage vor ihrer Festnahme war Hedy von einem Polizisten angehalten worden. Er dachte, sie sei betrunken am Steuer gewesen, dabei hatte sie nur kurz zuvor eine „Vitaminspritze" erhalten und fühlte sich leicht benebelt. Am Abend vor dem 27. Januar sah sie dann *The Pawnbroker (Der Pfandleiher)* von Sidney Lumet im Fernsehen. Rod Steiger spielt darin einen jüdischen KZ-Überlebenden, der in New York ein neues Leben aufzubauen versucht, aber immer wieder von den Traumata seiner Vergangenheit eingeholt wird. Hedy war sehr aufgewühlt durch den Film. Sie hatte Angst vor ihrer Filmrolle in *Picture Mommy Dead* – sie glaubte, das Skript sei schlecht, der ganze Film sei schlecht, vor allem aber befürchtete sie, nicht gut auszusehen. Sie hatte einen entzündeten Zahn und eine geschwollene Backe. Und sie hatte mehr denn je das Gefühl, die Welt begegne ihr nicht mit der gebührenden Anerkennung. Dass sie Dinge nahm, immer wieder, einfach so, ohne zu fragen und ohne zu zahlen, passte dazu. Sie selbst sah es nicht als Diebstahl an.

Ich erinnere mich, dass wir damals einmal gemeinsam in einem Drugstore auf dem Bedford Drive Halt machten und ich ihr in den Laden folgte. Sie ging hinein, nahm eine Zahnbürste und eine Zahnpasta aus dem Regal, steckte sie in ihre Tasche und ging wieder hinaus.

„Warum hast du dafür nicht gezahlt, Mom?", fragte ich.

„Oh, mein Sohn, die Welt schuldet mir so viel", sagte sie nur. Damit war der Fall für sie erledigt.

OHNE ZWEIFEL WAR HEDY Wiederholungstäterin. Nedra Thomas, Handtaschenverkäuferin in besagtem May Store, sagte vor Gericht aus, bereits Monate zuvor habe Hedy dort einen Pulli stehlen wollen. Sie habe Hedy abgefangen und mit den Worten „Wenn ich Sie wäre, würde ich den Pulli zurücklegen" zur Rede gestellt. Hedy habe daraufhin geantwortet: „Tun Sie es doch selbst, wenn Sie wollen", habe den Pulli aus ihrer Tasche gezogen, ihn Thomas gereicht und sei gegangen. Im Januar beobachtete die Verkäuferin Lamarr erneut dabei, wie sie ein Paar Hausschuhe in ihre Handtasche steckte, und verständigte daraufhin die Warenhausdetektivin Helen McGarry. Die war also vorgewarnt, als sie Hedy am 27. Januar heimlich durchs Geschäft folgte und am Ausgang abfing.

In den Folgetagen des – von der Presse mit maximalem Interesse verfolgten – Prozesses bemühte sich Hedys Verteidigung, das Bild einer zutiefst verwirrten Frau zu vermitteln, die aus reiner Schusseligkeit gehandelt habe. Zwei Psychiater sagten aus. Beim ersten war sie seit knapp einem Jahr in Behandlung. Er beschrieb sie als physisch wie psychisch „kranke Frau", die unter der Scheidung von Lew Boies sehr gelitten habe und zur Zeit ihrer Verhaftung „aufgebracht und verwirrt" gewesen sei. In normalem Zustand nehme sie niemandem etwas weg. Sie sei keine Kleptomanin. Der zweite Psychiater hatte Hedy kurz nach der Festnahme untersucht, dabei habe sie Symptome von „innerer Unruhe, Stress und einem Realitätsverlust" gezeigt. Auch er sagte, angesichts ihres Zustands habe Hedy vermutlich unabsichtlich gehandelt. Am 25. April sagte Hedy persönlich aus, sie habe nicht stehlen wollen, und erläuterte, sie habe damals unter „extremem finanziellem und emotionalem Druck" gestanden. Sie sei immer vergesslich gewesen, aber diesmal habe sie „so viele Dinge gleichzeitig im Kopf gehabt". Tags darauf sprachen die zwölf Geschworenen sie frei.

Hedy hatte noch mal Glück gehabt. Eine Verurteilung hätte wohl automatisch ihr Karriere-Ende bedeutet, doch auch so verlor sie ihre angestrebte Filmrolle. Zsa Zsa Gabor übernahm in *Picture Mommy Dead* ihren Part. Die Gelegenheit zur Neubesinnung nutzte Hedy dennoch nicht. Nach Verkündigung des Urteils schüttelte sie jedem einzelnen Geschworenen die Hand und sagte lächelnd, sie habe gewusst, sie würde fair behandelt werden. Zeitlebens pochte sie darauf, unschuldig zu sein, und verwies auf den Umstand, dass sie am Tag ihrer Festnahme Schecks im Wert von 14.000 Dollar in ihrer Tasche gehabt hatte. „Warum also hätte ich stehlen sollen", fragte sie später

Hedy bei ihrer Entlassung aus dem Sybil-Brand-Frauengefängnis, Januar 1966

rhetorisch. „Ich versuchte es den Leuten im May Store zu erklären, doch sie hörten einfach nicht zu." Als Nächstes ging Hedy zum Gegenangriff über: Im Mai verklagte sie die May Company wegen falscher Anschuldigungen auf fünf Millionen Dollar Schadensersatz. Den zweiten, noch weit folgenschwereren Fehler des Jahres hatte sie da bereits begangen, auch wenn das Ergebnis erst im Herbst ans Licht kam.

Schon 1959 hatte Hedy Reportern erzählt, sie arbeite an ihrer Autobiografie unter dem Titel *Ekstase und ich*. 1965 wurden die Verträge mit Bartholomew House unterzeichnet, einem Tochterverlag der New Yorker Macfadden-Bartell-Gruppe. Der Vertrag sah eine Aufgabenteilung vor: Über mehrere Monate zwischen Anfang Januar und Anfang April 1966 traf sich Hedy mit dem Autor Cy Rice, einem grauhaarigen, untersetzten Mann, der laut Anthony Loder jedes Mal auf der Couch Platz nahm und

Das Titelfoto ihrer vermeintlichen Autobiografie

stundenlang einfach dasaß, während Hedy erzählte. Etwa fünfzig Stunden Gesprächsmaterial nahm Rice mit ihr auf. Der Autor Leo Guild machte daraus das Buch. Allem Anschein nach haben Guild und Lamarr einander nie getroffen.

Warum Hedy ausgerechnet Guild, ein berüchtigter Boulevardschreiber und Autor mehrerer dubioser Skandalbiografien, als Ghostwriter akzeptierte, zählt zu den größten Mysterien ihres Lebens. Womöglich war sie einfach zu verwirrt und mit dem Diebstahldrama beschäftigt, um die Folgen des Buchprojekts abzusehen. Womöglich interessierte sie allein die Aussicht auf ihr Honorar – manchen Quellen zufolge erhielt sie für *Ekstase und ich* lediglich 30.000 Dollar Vorschuss plus 15 Prozent Gewinnbeteiligung, anderen zufolge insgesamt 200.000 Dollar (inklusive Beteiligung). Jedenfalls hatten weder sie selbst noch ihre engsten Mitarbeiter – Manager Earl Mills und Presseagent Marvin Paige – sich die Mühe gemacht, nachzusehen, wen sie da an Bord geholt hatten. Mills war derjenige, der den Kontakt zum Verlag herstellte und Hedy bei ihren Buchplanungen beriet.

Guild hatte sich in den Fünfzigern und Sechzigern in Hollywood als Ghostwriter-Spezialist für „nachgewürzte" Lebensbeichten etabliert, unter anderem schrieb er *The Loves Of Liberace* (über die Eskapaden des berühmten schwulen Pianisten) und *Jayne Mansfield's Wild, Wild World* (über das Liebesleben des vollbusigen Sexsymbols). Später, in den Siebzigern, verlegte er sich auf pseudo-journalistische Bücher, die er prophylaktisch als Romane ausgab, so *Street Of Ho's*, in dem er „die Wahrheit über minderjährige Huren am Minnesota Strip" in Manhattan erzählte, oder *The Werewolf Vs. Vampire Woman*, in dem er – unter dem Pseudonym Arthur N. Scarm – die abenteuerlich schrottreife Liebesgeschichte zwischen dem Werwolf Waldo und der Vampirin Wandessa ausbreitet, die gemeinsam erst Paris in Schutt und Asche legen und dann berühmte Hollywood-Stars werden. In der Geschichte des renommierten Online-Fanzines *It Goes On The Shelf* ist *The Werewolf Vs. Vampire Woman* das bislang einzige Buch, das auf einer Werteskala von 1 bis 100 bei 1 eingestuft wurde.

All das hinderte Hedy nicht daran, am 17. April 1966 das Buchmanuskript zu autorisieren. Ihr Sohn Anthony war damals dabei:

HEDY WAR ZU DER ZEIT seit einigen Monaten mit André Andreoli zusammen, einem jungen italo-amerikanischen Künstler. André, geboren in Holland, hatte eine Weile in New York gelebt und malte mit Vorliebe idyllische Häuserimpressionen aus Italien. Schöne, großformatige Gemälde. Er war damals Anfang dreißig, also gut zwanzig Jahre jünger als Hedy, hübsch und sehr wahrscheinlich bisexuell, so wie viele ihrer damaligen Freunde. Er wohnte nicht in der Hidden Valley Road, aber er hatte

dort ein kleines Zimmer. Fast täglich stellte er seine Staffelei in unserem Wohnzimmer auf, um dort zu arbeiten. Hedy schaute ihm oft stundenlang von ihrer weißen Couch aus zu. Er schien ihr gutzutun. Sie fühlte sich jung und europäisch mit ihm. Auch ich hatte ein eigenes Zimmer in der Hidden Valley Road. Dafür verlangte Hedy von mir, dass ich ihr Zimmer aufräumte und ihr Bett machte. Sie behandelte mich wie einen Diener, das hatte sie schon immer getan. Einmal fand ich einen Dildo in V-Form unter den Laken. Wie gesagt, Hedy war sehr sexuell, sie mochte Männer wie Frauen. Zu der Zeit hatte sie eine Liebhaberin, die sie regelmäßig in der Hidden Valley Road besuchte. Hedy genoss Sex oft und ausgiebig, sie war promisk, aber sie sprach nie darüber.

Eines Abends saßen Hedy und ich beisammen auf der Couch, als Earl Mills mit dem Manuskript erschien. Hedy war damals in schlechter Verfassung, der bevorstehende Prozessbeginn beschäftigte sie. Mills reichte ihr den Stapel Papier, sie warf einen kurzen Blick darauf und fragte ihn: „Steht da drin, was ich gesagt habe?" Mills bejahte und Hedy unterschrieb zur Autorisierung die erste Seite. Es ging alles wahnsinnig schnell. Mills war nur ein paar Minuten da, er nahm nicht mal Platz. Als loyaler Manager wäre es seine Pflicht gewesen, sie zumindest einige Stellen probelesen zu lassen, aber das kümmerte ihn kein bisschen. Ich bin mir sicher, Mills wusste, mit welchem Ghostwriter wir es zu tun hatten und dass das Buch „nachgewürzt" worden war. Er war ein ziemlich schmieriger Typ. Immer perfekt gekleidet, Anzug, Krawatte, eine Spur von Zuhälterlook. Er hatte Dorothy Dandridge gemanagt, Star aus Otto Premingers aufsehenerregender Bizet-Adaption *Carmen Jones* und die erste schwarze Frau, die für den Oscar nominiert wurde. Als sie unter Depressionen litt, ließ er sie fallen. Er war ein Geschäftsmann ohne die geringsten Skrupel.

Soviel ich weiß, hat Hedy das ganze Buch selbst nie gelesen. Was wirklich darin stand, erfuhr sie von Freunden, die sie nach der Veröffentlichung anriefen und ganze Passagen am Telefon vorlasen.

WAS WIRKLICH DARIN STAND, erfuhr die Öffentlichkeit ab dem 3. Oktober 1966. *Ekstase und ich* wurde rasch ein Bestseller und zählte, nach Cornelia Otis Skinners Sarah-Bernhardt-Buch *Madame Sarah*, zu den meistverkauften Biografien des Jahres 1967. Doch im Gegensatz zum Werk der ehrwürdigen US-Autorin Skinner (die unter anderem selbst Schauspielerin und Kolumnistin des *New Yorker* gewesen war) ist *Ekstase und ich* eindeutig der Rubrik „Guckloch-Biografie" zuzuordnen. Einleitung

·········
Mit Anthony vor Gericht, April 1966

und Vorwort sind von einem Arzt und einem Psychologen verfasst. Hedy Lamarr wird als klinischer Fall dargestellt. Als Frau, die „Glück gegen Ruhm" eintauschte, und noch viel mehr als therapiebedürftige Nymphomanin, deren „ungehemmter Geist", „eingestandenes Talent für schnelle und freudvolle Orgasmen" sowie „freimütige Freude an unerwarteten sexuellen Episoden" im folgenden Buch als „hinreißend persönliches Dokument" und „mutige Beichte" zutage treten sollen, wie Dr. Philip Lambert im Vorwort schreibt.

Was folgt, erfüllt die so geschürten Erwartungen vollauf. Wohl nie wurde der Spruch „Sex sells" konsequenter als Rezeptur angewandt als in diesem Buch. *Ekstase und ich* folgt mehr oder minder den biografischen Stationen von Hedys Leben. Die meisten Daten sind durchaus korrekt. Ungewöhnlich – und nirgendwo anders erwähnt, geschweige denn dokumentiert – sind die zahlreichen, gezielt eingestreuten Sexszenen. Gleich zu Beginn landet Hedy, auf der Flucht durch Wien vor ihrem manisch eifersüchtigen Ehemann Fritz Mandl, im Séparée eines „berüchtigten Nachtclubs", wo sie sich spontan von einem Freier vernaschen lässt, während Mandl draußen an die Tür klopft und dabei „einen unerwarteten Kitzel" verspürt.

So geht es in einem fort. Mal beschreibt sie ihre Gewohnheit, nackt zu baden, mal steht ein Voyeur in ihrem Hotelzimmerschrank, mal massiert ihr Clark Gable die Füße, mal hat sie Freiluft-Sex mit einem Cowboy, mal Sadomaso-Sex ans Bett gefesselt, mal Sex zu dritt mit einer originalgetreuen Hedy-Gummipuppe, die ihr Lover hatte nachbauen lassen. Enthüllungen über sexuelle Eskapaden von oder mit Prominenten finden sich nur wenige – Errol Flynn zum Beispiel wird als Sexmaniac beschrieben, auf dessen Poolpartys halbnackte Mädchen zur Trophäenjagd ausgeschrieben wurden. Und Cecil B. DeMille wird mit seiner angeblichen „Theorie von der Verschiedenheit der Geschlechter" zitiert, derzufolge Frauen insgeheim „genommen, beherrscht und vergewaltigt werden" wollen. Kein kluger Schachzug, ein solch krudes Gewäsch zu kolportieren, auch wenn der mächtige Hollywood-Regisseur bereits 1959 gestorben war. Ansonsten ist das Buch in der Hinsicht eher diskret, womöglich aus Angst vor einstweiligen Verfügungen. Am skandalträchtigsten waren, gemessen an damaligen moralischen Standards, die lesbischen Liebesszenen. Es gibt da ein Liebesspiel unter jungen Mädchen im Schweizer Internat, eine erotische Begegnung mit einem Calendar Girl zu Beginn ihrer Karriere und die sehr unumwundene Verführung durch eine penetrante Kollegin namens „Lolly" in Hedys Garderobe, die Hedy mit „unfreiwilligem Stöhnen" über sich ergehen lässt.

Seit Mai 1966 waren erste Leseexemplare im Umlauf. Hedy war also schon früh im Bilde, was auf sie zukam, aber sie konnte es nicht mehr aufhalten. Ihr Antrag, die

Veröffentlichung von *Ekstase und ich* zu stoppen, wurde am 26. September vom Superior Court in Los Angeles abgelehnt. Die zweiundzwanzig Audiokassetten mit fünfzig Interviewstunden, die Hedys Anwälte vorlegten, ließ das Gericht als Beweismaterial nicht zu, nicht einmal Transkripte wurden angefertigt.

Welche Passagen des Buches Hedy tatsächlich selbst so erzählt hat und welche von Guild hinzugedichtet wurden, wird womöglich für immer ein Geheimnis bleiben, denn die Interviewmitschnitte sind verschollen. Ein Großteil der Sexszenen könnte sich so zugetragen haben – dass Hedy detailliert über sie gesprochen hat, ist aber wenig wahrscheinlich. Ausgeschlossen ist es allerdings nicht. Angesichts von Hedys mentalem Zustand sowie ihrer finanziellen Situation ist durchaus denkbar, dass sie

Während des Diebstahl-Prozesses; im Vordergrund Hedys Tasche nebst den entwendeten Gegenständen

Los Angeles, Herbst 1967:
vor dem Auktionshaus,
das weite Teile von Hedy
Lamarrs Möbeln und Kunst-
schätzen versteigert, bilden
sich lange Schlangen

selbst sich zum Pfeffern ihrer Memoiren hat überreden lassen. Dafür spricht, dass das Buch in seiner Tonart einen homogenen Eindruck macht und, wie der Lamarr-Biograf Stephen Michael Shearer schreibt, „Hedys Stimme im Hintergrund stets zu hören ist". Und die notorische Selbstgefälligkeit und -beweihräucherung, die offensichtliche Sucht nach Bewunderung und Komplimenten, das Maßschneidern historischer Begebenheiten zum eigenen Vorteil – solche Lamarr-Eigenarten finden sich in *Ekstase und ich* auf fast jeder Seite.

Als das Buch erschien, war Hedy am Boden zerstört. „Ich wollte sterben, aber zugleich wollte ich ihnen den Gefallen nicht tun", erinnerte sie sich später. „Dabei war der Titel das Einzige in diesem Buch, das von mir stammte." Sie ahnte, dass dieser Fehler in Hollywood nicht zu korrigieren, dass ihre Karriere als Leinwandstar ein für allemal erledigt war. Und sie behielt recht. Am Tag, als das Buch erschien, trat sie noch einmal im Fernsehen in Erscheinung. In der Wochen zuvor aufgezeichneten Comedy-Show *Bob Hope Special* auf *NBC* hatte sie einen mehrminütigen Auftritt. Sie spielt sich selbst, Hedy, die fälschlicherweise annimmt, von Bob Hope für eine Musicalversion von *Vom Winde verweht* als Scarlett O'Hara besetzt worden zu sein, genauso wie Joan Fontaine, Lucille Ball und Dorothy Lamour nach ihr. Ironischerweise ist Hedy die meiste Zeit der Show weggesperrt. In einem Kleiderschrank soll sie ihre vermeintliche Rolle einstudieren.

So niedergeschlagen Hedy nach *Ekstase und ich* auch war – eine Lebensinventur kam nicht infrage. Dabei war sie überfällig. 1966 war Hedy weniger denn je die Regisseurin ihres eigenen Lebens. Einen Hang zur gezielten Legendenbildung hatte sie schon immer gehabt. Nun aber nahmen, wie auch ihre Therapeuten bestätigten, die zunehmende Entfremdung von ihren Lebensumständen, das unkoordinierte Ineinandergreifen von Realität und Einbildung allmählich Züge von Schizophrenie an. Ihre Identität, auch ihre Anziehungskraft auf Männer, speiste sich zum Gutteil aus der Spannung zwischen ihrem unnahbaren Image und der nahbaren Privatperson Hedy. Zugleich verleiteten die Privilegien einer Hollywood-Göttin Hedy zu immer kapriziöserem Verhalten und entfremdeten sie von ihrer Umgebung. Als dann irgendwann die Privilegien wegfielen, war die Katastrophe unausweichlich. „Die einzige Sicherheit war ihre Schönheit gewesen", schrieb die Lamarr-Biografin Ruth Barton, „und diese verlor sie nun."

Die folgenden Jahre suchte Hedy ihr Heil in der Flucht nach vorn. Sie ging zum juristischen Großangriff auf den feindlich verschworenen Rest der Welt über. Prozess reihte sich an Prozess, Millionenklage an Millionenklage. Los ging es mit Verfahren gegen die May Company und den Buchverlag, danach verlangte Hedy vor Gericht unter anderem Schadensersatz für ihre verlorene Rolle in *Picture Mommy Dead* sowie einen verlorenen Werbevertrag mit einer Kosmetikfirma. Ein Privatermittler verklagte sie wegen ausstehender Honorare, ebenso ihr Manager Earl Mills, von dem sie sich nach dem Erscheinen von *Ekstase und ich* getrennt hatte. Cy Rice und Leo Guild verklagten sie wegen Verleumdung, was sie wiederum mit einer Gegenklage beantwortete. Der Autor Gene Ringgold verklagte Hedy, Rice und Guild wegen angeblichen Abkupferns weiter Teile seines 1965 in *Screen Facts* erschienenen Lamarr-Artikels. Hedy zeigte den zweiundvierzigjährigen Büromaschinenmonteur Donald Ross Blyth wegen eines angeblichen Vergewaltigungsversuchs an, ließ die Vorwürfe anderntags fallen und sah sich Wochen später selbst einer Verleumdungsklage von Blyth ausgesetzt, der 1969 15.000 Dollar Schadensersatz zugesprochen bekam. Und so weiter und so fort. Die Jahre 1966 und 1967 waren stürmische vor Gericht und trostlose daheim. Wegen akuter Geldsorgen tauschte Hedy das Haus in der Hidden Valley Road gegen ein kleines Apartment auf dem Beverly Glen Boulevard ein. „Room 106" war das bescheidenste Zuhause seit Hedys Anfängen in Hollywood.

1966 war auch das Jahr, in dem Andy Warhols eingangs erwähnter Film *The 14 Year Old Girl* erschien. Kurioserweise ging Hedy gegen Warhol nicht gerichtlich vor, obwohl sein Film der bislang schonungsloseste Kommentar zu ihrem Niedergang war. Vielleicht nahm sie den Film gar nicht zur Kenntnis. Oder aber ihr noch verbliebener Kunstsinn hielt sie von einer Klage gegen Warhol ab. Oder aber ihre zwischenzeitlich erworbene Portion Selbstironie im Umgang mit ihren Ausrutschern. Zum Geburtstag ihres Freundes Robert Osborne – eine Woche nach ihrem Freispruch im May-Store-Prozess – schmiss Hedy eine Überraschungsparty. Bei der Ankunft des Jubilars trugen alle Anwesenden Kaufhaus-Preisschilder an der Kleidung.

Ein paarmal gab es 1966 und 1967 auch familiäre Gründe zum Feiern. Am 26. Juli 1966 brachte Denise Loder ihre Tochter Wendy zur Welt. Hedy war nunmehr Großmutter – Tochter und Enkeltochter wohnten damals in Georgia, wo Denises Mann Larry als Baseballspieler unter Vertrag stand, Hedy erschien kurz zu Besuch. Weihnachten 1966 verbrachte dann die gesamte Familie in Hedys Haus an der Hidden Valley Road. Denise erschien mit Mann und Tochter zu einem ihrer seltenen Besuche – sie versuchte bereits seit Jahren, den Eskapaden ihrer Mutter möglichst aus dem Weg zu gehen und die Zahl der Treffen zu begrenzen.

Auch Anthony war dort kurz zuvor wieder ausgezogen. Er hatte genug vom Studieren, von Los Angeles, vor allem aber von den Skandalen, Querelen, Lügen und Psychospielen seiner Mutter. Er ging so weit weg, wie man in Amerika von L.A. aus gehen kann. Er zog nach New York.

EINES TAGES GING ICH zu meiner damaligen Freundin Leslie und sagte ihr: „Ich verlasse die Uni, ich will Schauspieler werden. Und ich verlasse L.A. Ich gehe nach New York." Die Schule langweilte mich, die Stadt sowieso. Ich war gerade volljährig geworden, die Zeichen standen auf Aufbruch. Leslie war ein bisschen perplex. „Ich muss das jetzt tun, ich hab keine Zeit zu verlieren", erklärte ich Leslie. „Es liegt bei mir im Blut, weißt du."

Zuerst wollte ich trampen, doch ich kam nicht weit. In Gardena, rund zwanzig Kilometer südlich von Beverly Hills, kaufte ich mir einen original 1944er „Willys"-Militärjeep aus dem Zweiten Weltkrieg, für 800 Dollar. Er hatte statt eines Dachs nur eine Plane und war an den Seiten offen, aber da ich mein Leben lang in L.A. verbracht hatte, wusste ich damals noch nicht, wie sich so etwas wie Winter andernorts anfühlt. Spätestens als ich nach Nevada kam, wusste ich es. Es war ein ziemlich verrücktes Unterfangen, und auf dem Weg nach Osten dachte ich mehrfach, ich würde erfrieren. Am Ende kam ich natürlich durch.

In New York hatte ich eine aufregende Zeit. Ich schlug mich mit kleinen Engagements in Off-Broadway-Theatern durch, nahm nebenbei Schauspielunterricht und verbrachte die meiste Zeit mit Sinnsuche. Ich vertiefte mich in buddhistische und scientologische Lehren, besuchte Kurse des großen Astrophysikers und liberalen Vordenkers Andrew J. Galambos, der zum wichtigsten Lehrer meines Lebens wurde. Vor allem aber interessierte ich mich für indische Philosophie, wohnte eine Weile in Swami Satchidanandas Integral Yoga Institute in Greenwich Village, lernte die Kunst der Akupunktur bei Michio Kushi und genoss ansonsten das zügellose Leben der Stadt. Frauen interessierten mich besonders. Ich kam ganz gut an bei ihnen, damals. An der Cooper Union School traf ich ein hübsches blondes Mädchen namens Roxanne Chase. Sie kam aus New Jersey. Ein paar Monate später waren wir verheiratet. Ein knappes Jahr nach meiner Ankunft in New York holte die Vergangenheit mich schlagartig wieder ein. Meine Mutter zog mir hinterher.

„Nach dem Geschmack des Starseins ist alles andere Armut."

Kapitel 9

Eine Dame Verschwindet

– New York, Miami, Corel, Casselberry –

ls Hedy Lamarr im Herbst 1967 ihre Koffer packte und nach New York zog, auf die andere Seite von Amerika, war sie Anfang fünfzig. Mehr als zweiunddreißig Jahre lagen noch vor ihr. Die Informationen über diese Zeit – immerhin weit mehr als ein Drittel ihres Lebens – sind spärlich, denn als öffentliche Figur von allgemeinem Interesse hatte Hedy Lamarr sich selbst ad acta gelegt. In den Medien trat sie fortan kaum noch in Erscheinung. Ihre Fernsehauftritte beschränkten sich zumeist auf Game- oder Talkshows, in denen man kaum Persönliches über sie erfuhr, und die Reporter gewöhnten sich langsam, aber sicher ab, sie ausführlich zu befragen, da ihre Antworten immer skurriler ausfielen. Die Zahl der Artikel nahm rapide ab. Vor allem die ersten knapp fünfzehn Jahre in New York lebte sie sehr zurückgezogen, als eine Art „unfreiwillige Einsiedlerin". Marlene Dietrich und Greta Garbo zogen sich zurück, um ihren Mythos nicht zu beschädigen. Bei Hedy gab es damals wenig zu beschädigen, sie war schlicht zu wunderlich für die Welt. Viele Vorkommnisse, viele Daten aus der New Yorker Zeit sind im Nachhinein nicht genau zu klären, und die wenigen Auskünfte stammen von den wenigen Leuten, mit denen sie damals in regelmäßigem Kontakt stand. Noch mehr als in ihren früheren Lebensphasen müssen wir die Bausteine ihres Lebens aus spärlichen – teils widersprüchlichen – Informationen zusammensetzen.

Ihre Tochter Denise telefonierte während jener Zeit etwa einmal pro Woche mit ihrer Mutter. Meist waren es kurze Gespräche, zumal Hedy laut Denise immer verworreneres Zeug redete, je persönlicher die Themen wurden. Als sie nach New York umzog, erging sie sich in Andeutungen, man sei in Hollywood „hinter ihr her", sie habe verschwinden müssen, auch Charles Manson zähle zu den Verschwörern. Genauer wurde sie nicht. „Wenn es um sie selbst ging, war meine Mutter unberechenbar, launisch und konnte immer weniger zwischen Realität und Einbildung unterscheiden. Wenn es dagegen um meine Probleme ging, hatte sie stets einen guten, praktischen Ratschlag

Anthony, Denise und Hedy Ende der Sechzigerjahre

parat. So sehr ich meiner Mutter aus dem Weg ging – wenn ich eine klare Meinung wollte, rief ich stets als Erstes sie an."

Die ersten drei Jahre wohnte Hedy im Blackstone Hotel an der East 58th Street, später bezog sie Apartments in der 57th und 63rd Street, alle unweit des Central Parks. Verloren, wie sie sich fühlte, begann sie wenige Wochen nach ihrer Ankunft eine Affäre mit dem Sexfilmproduzenten und notorischen Hochstapler Barnard L. Sackett. Der Journalist Gaeton Fonzi (der Jahrzehnte später ein aufsehenerregendes Buch über die Kennedy-Ermordung schrieb) traf die beiden im November 1967 in Sacketts Upper-East-Side-Apartment. In der Januar-1968-Ausgabe des *Philadelphia*-Magazins beschreibt er, wie Hedy, gekleidet in „weiße Go-Go-Boots, Netzstrümpfe und einen knallengen Minirock in Pink, Weiß und Olivgrün", in der Wohnung die Hüften schwingt und einen selbst ernannten „Frog Dance" hinlegt, eine Art „Hybrid aus Hula-Tanz und Kinderhüpfspiel", während Sackett Angebergeschichten erzählt,

ab und zu zu Hedy hinüberblickt und dem Reporter Fragen zuraunt wie „Isn't she something?" oder auch „Isn't she wild?"

Beruflich lief es für Hedy zunächst einigermaßen. Zwischen 1967 und 1970 brachte sie es auf eine Reihe von Gastauftritten im Fernsehen – unter anderem in der Rateshow *To Tell The Truth*, bei der sie mit ihren beiden Kindern auftrat, sowie in den damals populären Talkshows von Dick Cavett, David Frost und Merv Griffin. Darüber hinaus gab sie den Schweizer Filmemachern Donatello und Fosco Dubini eines ihrer raren Interviews, in dem sie überraschend gut und glamourös aussah und sich in gebrochenem Deutsch über ihr Fremdsein in Amerika und ihre Sehnsucht nach Wien äußerte. Danach war jahrelang kaum etwas von ihr zu hören.

Finanziell ging es ihr mäßig. Im Winter 1967/68 hatte sie einen Großteil ihrer Kleider, Möbel und anderer Habseligkeiten in Los Angeles versteigern lassen. Die Auktion erregte einiges Aufsehen, immerhin 300.000 Dollar kamen zusammen,

Großmutter Hedy: mit ihrer Enkelin Wendy, 1966

wovon Hedy drei Viertel zufielen. Zudem bezog sie eine kleine Pension von der Screen Actors Guild, Amerikas Schauspielergewerkschaft. Doch das Geld schien nicht zu reichen, oder aber es entsprach nicht Hedys hohem Lebensstandard – jedenfalls gab sie ihre Angewohnheit, jede scheinbar günstige Gelegenheit zum lukrativen Gerichtsgang zu nutzen, keinesfalls auf. Vor allem People-Magazine zerrte sie vor Gericht, so oft sie konnte. Im Sommer 1974 schoss sie dann den Vogel ab: Von dem US-Filmemacher Mel Brooks forderte sie vor Gericht zehn Millionen Dollar – wegen Verletzung ihrer Persönlichkeitsrechte. Der Satiriker Brooks hatte in seinem Film *Blazing Saddles (Der wilde wilde Westen)* einen seiner Charaktere „Hedley Lamarr" genannt. Hedley ist in dem Film zugleich Vizegouverneur und Staatsanwalt einer Wildweststadt und ein ziemlich unsympathischer Typ. Von den Stadtbewohnern wird er notorisch mit „Hedy" angesprochen, was er stets mit einem gespreizten „Ich heiße Hedley, nicht Hedy" erwidert. In einer Szene korrigiert er auf diese Art seinen Vorgesetzten (gespielt von Mel Brooks), woraufhin dieser erwidert: „Was zum Teufel wollen Sie? Wir schreiben das Jahr 1874, Sie können mich jederzeit verklagen."

„Ich habe mich damals bei ihr dafür entschuldigt, beinahe ihren Namen genannt zu haben", sagte Brooks Jahre später genüsslich. Man einigte sich außergerichtlich. Hedy bekam 1000 Dollar. Viel tiefer konnte man als Ex-Star in den Vereinigten Staaten damals nicht sinken.

1969 BESUCHTE ICH HEDY oft in ihrem Apartment in Manhattan. Es ging ihr nicht gut. Allmählich wurde ihr klar, dass ihre Karriere unwiderruflich vorbei war, und sie reagierte mit Selbstmitleid, Depressionen, noch mehr Drogen, noch mehr Schönheitsoperationen. Sie verließ kaum ihre Wohnung. Oft saß sie stundenlang auf ihrem King-Size-Bett und sagte Dinge wie: „Meine Schönheit war mein Fluch." Oder auch: „Ich fühle mich ganz allein, in einem Ruderboot, mitten auf dem Meer."

Oft wirkte sie abwesend. Besonders dann, wenn sie mal wieder bei Dr. Jacobson gewesen war. Max Jacobson, gebürtiger Berliner, war 1936 nach New York geflohen und machte sich unter Künstlern, Politikern und Hollywood-Stars schnell als Wunderdoktor einen Namen. Marlene Dietrich und Anthony Quinn, Truman Capote und John F. Kennedy ließen sich regelmäßig durch seine „Vitamin Shots" aufpäppeln, die im Wesentlichen aus Amphetaminen, Schmerzmitteln, Steroiden und Plazenta bestanden. Sie nannten ihn „Dr. Feelgood" oder auch „Miracle Max".

Die Stars scherten sich wenig darum, welche Stoffe Jacobsons Injektionen genau enthielten. Was zählte, war der Effekt. „Meinetwegen kann er auch Pferdepisse beimischen", ließ sich John F. Kennedy damals zitieren, „Hauptsache, es wirkt." Dass Leute wie Jacobson einen Großteil der Stars zu Drogensüchtigen machten, sprach sich weniger schnell herum. Meine Mutter jedenfalls vertraute ihm voll und ganz und besuchte ihn bei jeder Gelegenheit, erst recht nach ihrem Umzug nach New York. Als Jacobson 1975 seine Arztlizenz verlor, weil er nachweislich systematisch Amphetamine in hohen Dosen verabreicht hatte, war Hedy längst hoffnungslos drogenabhängig.

Ich selbst hatte nach meiner Ankunft in New York andere Sorgen. Sinnsuche war mein Thema. Ich wollte unbedingt ein guter Mensch werden, jedenfalls einen besseren Charakter haben als meine Mutter damals. 1969 zog ich zurück nach Kalifornien. Ich hörte mir an, was Jehovas Zeugen in der Kingdom Hall zu sagen hatten und was die orthodoxen Rabbis im Wilshire Boulevard Temple. Ich besuchte das yogische Self-Realization Center am Sunset Boulevard, wo angeblich ein Teil von Mahatma Gandhis Asche lagert. Ich aß Peyote mit Indianern und Magic Mushrooms in Mexiko. Ich sprang nie auf einen dieser Züge auf, die zu Gott führen sollen. Ich trat nie einem Gottesclub bei, um mich besser zu fühlen. Meine Schwester wurde getauft, ich nicht. Eine Taufe hatte Hedy offenbar gereicht.

Eine Weile arbeitete ich auf der Ranch des berühmten Pferdetrainers Buford „Corky" Randall in Newhall. Ich strich Zäune an, fegte die Ställe, ritt junge Wildpferde und genoss die stille Weite. Hedy und ich sprachen zu der Zeit kaum miteinander. Zurück in L.A. nahm ich einen Job als Lkw-Fahrer an und begegnete zwei Französinnen, die ein halbes Jahr lang bei mir wohnten: Roseanne und Dominique Rongier. Ich hatte beschlossen, meinen Vater zu finden, und es war mir gelungen, ihn ausfindig zu machen. Er lebte mittlerweile in Buenos Aires. Ich schrieb ihm, ich wolle ihn sehen. Und er antwortete, wenn ich wolle, empfehle er mir, Spanisch zu lernen und auf einem Schiff nach Argentinien anzuheuern. Ich beschloss stattdessen zu trampen. Roseanne und Dominique begleiteten mich. Als wir mehr als ein Jahr später in Buenos Aires eintrafen, waren wir um viele Abenteuer reicher. Dominique und ich waren ein Paar. Gegen halb vier nachmittags klopften wir an die Tür, die mein Vater als Adresse angegeben hatte. Eine attraktive Frau öffnete.

„Hallo, ich bin Anthony Loder. Ich bin hier, um meinen Vater zu sehen."

Die Frau machte ein Gesicht, das zugleich Überraschung, Schockstarre und Trauer verriet.

„Dein Vater ist hier nicht mehr."

„Oh Gott, wann ist er gestorben?"

Sie lächelte jetzt. „Wir sind geschieden. Vor drei Monaten ist er zurück nach England gezogen. Du hast ihn wohl verpasst. Warum hast du nicht geschrieben?"

„Ich wollte ihn überraschen. Außerdem waren wir eh unterwegs."

Es dauerte weitere zwei Jahre, bis ich meinen Vater tatsächlich zu Gesicht bekam. Dominique und ich waren inzwischen verheiratet und hatten eine kleine Tochter, Lodi Minou. Auf dem Weg zu Dominiques Familie nahe Lyon legten wir einen einwöchigen Zwischenstopp in London ein. John hatte ein winziges Ein-Zimmer-Apartment in Fußentfernung zum Buckingham Palace, das er uns überließ. Er zog für die Zeit zu einer seiner damaligen Freundinnen. Mein Vater war zeitlebens ein Womanizer. Und ein Alkoholiker. Seine Ex-Frau Alba – die uns in Buenos Aires die Tür geöffnet hatte – war die Tochter eines reichen Landbesitzers. Sie zahlte in London seine Miete, bis an sein Lebensende übrigens. Mein Dad war also auch ein Schnorrer. Täglich trank er eine Menge Scotch und Wodka, um sich zu betäuben.

Die Woche mit ihm habe ich dennoch sehr genossen. Wir schauten uns gemeinsam die Stadt an, wir besuchten Greenwich, Big Ben und Westminster Abbey, spazierten durch den Hyde Park und redeten miteinander, als ob nichts Besonderes zwischen uns passiert wäre. Er erzählte von all den Briefen, die er mir und meiner Schwester geschickt habe, als wir kleiner waren. Meine Mutter hatte sie alle ungeöffnet an ihn zurückgesendet. Irgendwann, meinte er, habe er es aufgegeben. Er sprach von all den Geburtstags- und Weihnachtsgeschenken, die er uns gesendet hatte. Meine Mutter hatte sie uns gegeben. Im Namen von Santa Claus. Der Name meines Vaters fiel bei uns zu Hause nie.

Als die Woche vorüber war, sagte mein Vater plötzlich zu mir: „Du bist der netteste Mann, den ich je getroffen habe." Keine Ahnung, warum er das sagte. Jedenfalls ist es nicht wahr. Ich bin nicht nett. Es war der letzte Satz, an den ich mich von ihm erinnere. Wir haben uns nie wieder gesehen. Ich hatte mir vorgenommen, meinen Vater wenigstens einmal im Leben zu sehen, das war mir geglückt, es war ein schönes Erlebnis, aber es hatte mich auch nicht sonderlich beeindruckt. Äußerlich war er ein Riese, aber innerlich doch ziemlich klein. Ich machte im Geist unter meinen Vater ein Häkchen.

Von seinem Tod erfuhr ich aus der Zeitung. „Actor John Loder; Dead at 90", stand da. Jemand hatte den Artikel ausgerissen und mir auf den Schreibtisch meines Büros in der Telefonfirma gelegt, die ich damals leitete. Er war schon ein paar Monate alt. Es war das Jahr 1989. Mein Vater war wieder einmal verschwunden, diesmal für immer. Ich blieb für ein paar Momente sitzen, ein Anflug von Traurigkeit stellte sich ein. Dann klingelte mein Telefon. „Ich habe gerade gelesen, dass mein Vater tot ist", sagte ich und ging zurück an die Arbeit.

IN DEN SIEBZIGERJAHREN BRACHTE die Presse, wenn überhaupt, zumeist gehässige Storys über Hedy. Die meisten erschienen in Klatschblättern wie dem *National Enquirer* und betrafen entweder ihre kosmetischen Schönheitsoperationen oder ihr derangiertes Privatleben in Manhattan. Ab wann und in welchem Umfang Hedy chirurgische Eingriffe an ihrem Körper vornehmen ließ, ist rückblickend nicht genau zu klären. Den frühesten Hinweis darauf lieferte das Magazin *Look* wie erwähnt im Frühjahr 1948 mit seinem Nasen-OP-Report. Da Hedy umgehend klagte, war die Presse eingeschüchtert und unterließ im Folgenden weitere Geschichten. So bleiben als Indizien nur die vielen Fotos, auf denen Hedy zu sehen ist, die nahelegen, dass sie ab Mitte der Sechzigerjahre Teile ihres Gesichts einem Lifting unterzog. Im 1969 geführten Interview mit den Gebrüdern Dubini sieht sie gut aus, aber ihre Nasen- und Wangenpartie macht keinen natürlichen Eindruck, vor allem der obere Nasenknochen wirkt stark geschwollen. Der Make-up-Spezialist Peter Shen, mit dem Hedy in ihrer New Yorker Zeit gut befreundet war und regelmäßig im Central Park spazieren ging, nimmt an, dass sie in den Sechzigerjahren mit Schönheits-OPs begann. Belege dafür gibt es nicht. Das erste offiziell bestätigte – und wirklich unübersehbare – Facelifting ihres Lebens ließ Hedy erst im Jahr 1976 an sich vornehmen. Die Haut wurde gestrafft, die Lippen und Backen gefüllt, die Wangenknochen erhöht.

Der Eingriff fiel in eine Zeit ihres Wiederauflebens nach einer Phase sprichwörtlicher Dunkelheit. Im Jahr 1975 war Hedy praktisch blind. Sie litt unter der sogenannten Makuladegeneration, einem Funktionsverlust der Netzhaut, zudem unter grauem Star im fortgeschrittenen Stadium. Der bekannte US-Underground-Regisseur Kenneth Anger (*Lucifer Rising*) – nebenbei Autor des Gossip-Buchs *Hollywood Babylon* – lernte Hedy in den frühen Siebzigern über einen befreundeten Physiotherapeuten kennen, der Hedy mochte und sie regelmäßig gratis massierte. Während eines Termins kam auch Anger dazu. „Sie hatte kein Problem damit, dass ich mich mit ihr unterhielt, während sie nackt dalag. Sie war immer noch ziemlich attraktiv", erinnerte sich Anger später.

Die beiden freundeten sich an und Anger besuchte sie zu Hause. Ihre Drei-Zimmer-Wohnung habe in einem hübschen Apartmenthaus gelegen, erinnerte er sich später, „doch in Hedys Wohnung sah es aus wie in einem Slum. Sie selbst sah nicht, wie schmutzig es bei ihr war, und sie ließ es nicht zu, dass irgendein ihr unbekanntes Hausmädchen die Wohnung betrat, um sauberzumachen. Sie war damals viel zu stolz, um eine Brille zu tragen. Sie ging kaum aus und lebte in ihrer eigenen, seltsamen Apartmentwelt, in ihrem eigenen Traumland." Im April war ihr Sehvermögen so eingeschränkt, dass sie einen Behindertenausweis beantragte und auch bekam. Der *New*

Mit Paul Anka auf der Dupont Fashion Show, Dezember 1976

York Times erzählte sie damals, sie fühle sich „wie im Londoner Nebel". Sie sei unfähig zu arbeiten. „Wenn du nichts siehst, kannst du auch nichts tun."

Zwischen Sommer 1975 und Frühjahr 1976 ließ sie beide Augen operieren und erlangte einen Gutteil ihrer Sehschärfe zurück. Das gab ihr Auftrieb. Die große Rundumerneuerung ihres Gesichts folgte im Herbst. Im Dezember 1976 präsentierte sie ihren neuen Look im Waldorf Astoria Hotel bei der im Fernsehen ausgestrahlten Dupont Fashion Show, bei der sie mit anderen „Living Legends" wie Raquel Welch und Paul Anka auftrat. Sie sah glatt aus, jung, strahlend und furchterregend künstlich. In *Ekstase und ich* hatte sie zehn Jahre zuvor geklagt: „Mein Gesicht ist mein Unglück gewesen … Mein Gesicht ist eine Maske, die ich nicht entfernen kann. Ich muss ständig damit leben. Ich verfluche es." 1976 erhielten solche Sätze eine sarkastische Pointe.

Die Zeit der künstlichen Maskierung Hedys in New York war zugleich die Zeit, als Hedys Mutter in Los Angeles dem Tod entgegensah. Obwohl sie zu Beginn des Zweiten Weltkrieges wenig unversucht gelassen hatte, um ihre Mutter nach Los Angeles zu holen, äußerte sich Hedy in späteren Jahren unverhohlen abfällig über Trude. „Sie sprach selten über Gertrud", sagte der Autor Patrick Agan, der mit Hedy seit den frühen Siebzigern befreundet war, in einem Interview, „aber wenn, dann beschrieb sie sie als kalte und unnahbare Frau, von der sie sich um ein klares weibliches ‚Role Model' betrogen fühlte."

Im Winter 1976/77 lag Trude Kiesler im Sterben. Ihr Enkel Anthony war damals bei ihr. Ihre Tochter nicht.

DIE LETZTEN JAHRE IHRES LEBENS verbrachte Trude Kiesler bei meiner Familie. Seit ihrer Ankunft in L.A. wohnte sie im zweiten Stock eines Apartmenthauses am 1352 Havenhurst Drive, zwischen Sunset und Santa Monica Boulevard. Nach unserer Rückkehr aus Südamerika bezogen Dominique und ich eine Wohnung im Erdgeschoss desselben Hauses. Ich jobbte als Hausmeister und Taxifahrer. Meine beiden ersten Kinder, Lodi und Andrew, wurden dort geboren. Dominique, ihre Mutter, war eine starke und mutige Frau, sie erledigte die ganze Arbeit. Granny war immer da, und sie genoss es sichtlich, ihren Enkelkindern nahe zu sein. Auch für Denises Tochter Wendy war sie eine tolle Oma, doch Wendy lebte in Seattle. Meine beiden Kinder lebten nur ein Stockwerk unter ihr. Sie erfüllten Grannys Leben mit neuem Glück und Stolz.

Trude war eine sehr kultivierte, elegante Dame. Zu mir war sie stets nett und warmherzig, geduldig und ermutigend, und sie beschwerte sich niemals. „Bleib für eine Weile an Ort und Stelle, lange genug, um Wurzeln zu bilden, und du wirst Erfolg haben", pflegte sie mir zu sagen. Gleich nach ihrer Ankunft in L.A. 1942 nahm sie einen Job bei Lanz of California an, einem erfolgreichen Label für deutsch-österreichische Kleidung im Dirndl-Stil, betrieben von den beiden Exildeutschen Kurt und Werner Scharff. Ihr Job war es, die Kleider auf perfekten Sitz und eventuelle Mängel hin zu kontrollieren, bevor sie über den Ladentisch gingen. Sie blieb dort mehr als drei Jahrzehnte lang. Hedy und ich besuchten sie oft, und da meine Mutter Trude den Job besorgt und mit zur Prominenz der Lanz-Kette beigetragen hatte, nahm sie jede Gelegenheit wahr, im Laden zu „shoppen". Sie dachte wohl, auf eine Art gehöre Lanz auch ihr. Werner Scharff hatte eigens eine Verkäuferin darauf abgestellt, genau zu notieren, welche Textilien Hedy in ihren Taschen verschwinden ließ, um ihr dann eine Rechnung über die besagten Artikel zu schicken.

Über weite Strecken meines Lebens war Trude eine Art Mutterersatz für mich. Sie gab mir Sicherheit und Stabilität, sie kochte meine Lieblingsgerichte – Wiener Schnitzel, Leberpaté oder Rahmspinat –, sie saß mit mir beim Abendessen und ging mit mir ins Kino. Als kleiner Junge trank ich mein erstes „echtes" Bier in ihrer Gegenwart. Sie sagte, ich müsse es schnell trinken, wie Wasser, und das gefiel mir.

In ihrem letzten Jahr ließ Trudes Gesundheit rasant nach. Vor allem seit sie aus einem Krankenhausbett gefallen war, wo sie sich von einer Lungenentzündung erholte, und sich mehrere Rippen gebrochen hatte. Danach ging es abwärts, körperlich wie geistig. Ihre alte Wohnung im zweiten Stockwerk am Havenhurst Drive war nicht mehr das Richtige für sie. Gemeinsam zogen wir in ein geräumiges Backsteinhaus am 5721 West Olympic Boulevard und richteten Granny ein Schlafzimmer im Erdgeschoss ein. Dominique und ich teilten uns die Pflege.

Nicht lange bevor sie starb, trug ich Granny ins Wohnzimmer, setzte sie in ihren alten Schaukelstuhl und zeigte ihr Fotos aus ihren Wiener Jahren mit dem Diaprojektor. Trude hatte jede Menge Familienfotos aus Europa mitgebracht und in einer alten Kiste aufgehoben. Sie hatte sie lange nicht gesehen. Sie begann zu strahlen und sprach mit einem Mal Ungarisch. Sie schien im siebten Himmel zu sein.

Ich bedauere es bis heute, dass Trude nicht im Schlaf starb, friedlich, sondern in jenem warmen Schaumbad, das ich selbst ihr kurz zuvor eingelassen hatte. Es war der 27. Februar 1977. Ich war dreißig.

Ich hatte sie ausgezogen, ins Bad getragen und in die Wanne gehievt. „Mmmmmm, wunderbar! Danke, Darling", sagte sie.

„Ich bin gleich zurück, Granny, mit einem Glas frischem Karottensaft für dich", sagte ich.

Ich ging in die Küche. Als ich Minuten später mit dem Glas in der Hand zurückkam, lag Granny leblos in dem türkisfarbenen Wasser. Verzweifelt zog ich sie heraus und versuchte sie zu reanimieren. Es war zwecklos. Der Ausdruck auf ihrem Gesicht war so, als ob sie nach Luft geschnappt hatte. Sie war ertrunken und ich war mitschuldig daran. Ich hatte die Wanne zu voll gemacht und ich war nicht rechtzeitig zurückgekehrt, um ihr zu helfen. „Accidental Drowning", notierte der Leichenbeschauer später als Todesursache. „Grandson Neglect" hätte er schreiben müssen. Man hatte Wasser in ihrer Lunge gefunden. Ihr Tod war schmerzvoll und schrecklich gewesen. Bis heute mache ich mir Vorwürfe wegen meiner Unachtsamkeit.

Als ich Hedys Nummer wählte, um ihr zu sagen, dass Großmutter bei einem Unfall in der Wanne umgekommen sei, sagte sie nur: „Es gibt keine Unfälle."

Ein paar Wochen zuvor hatte ich sie bereits angerufen und gebeten, ja angefleht, den nächsten Flieger aus New York zu nehmen, um von ihrer Mutter Abschied zu nehmen. Ich wusste, dass es schlecht um Trude stand, sie hatte Wundgeschwüre an den Beinen, starke Schmerzen und ließ in ihren klaren Momenten keinen Zweifel, dass sie die Erde verlassen wollte. Ich sagte: „Mom, komm ein paar Tage herüber, sag Auf Wiedersehen zu deiner Mutter. Sie ist sehr schwach. Sie kann nicht mehr laufen. Sie wird bald sterben."

„Wozu sollte ich?", entgegnete Hedy nur. „Sie hat sich eh immer einen Jungen gewünscht." Ich konnte kaum glauben, was ich hörte. Und ich war sehr, sehr enttäuscht. Mir wurde klar, wie herzlos Hedy geworden war. Nachdem ich aufgehängt hatte, nahm ich mir vor, meine Mutter fortan genau so zu behandeln, wie sie ihre Mutter auf dem Sterbebett behandelt hatte.

Meine Mutter erschien nicht zur Beerdigung. Später, einige Wochen nach Trudes Tod, beging ich den fatalen Fehler, die alten Familienfotos aus Trudes Box per Post an Hedy zu schicken, zusammen mit einer Diamantbrosche und einem Diamantring, die Hedy ihr einst vermacht hatte. Ich dachte, dort seien sie gut aufgehoben. Jahre später fragte ich Mom, wo die Box geblieben sei. Sie sagte, sie wisse es nicht. Irgendein „Freund" habe sie wohl genommen. Die Fotos sind bis heute verschwunden.

EINIGE MONATE NACH TRUDES TOD, am 8. September 1977, starb Hedys erster Ehemann Fritz Mandl in Wien. Er hatte Hedy bis zu seinem Tod regelmäßig geschrieben. Im Dezember 1977 starb Charlie Chaplin, im August 1978 Charles Boyer, im Mai 1980 Ehemann Nummer zwei, Gene Markey, im Juli 1980 ihr geliebter Freund und Gelegenheitslover Reginald Gardiner. Von Hedy selbst findet sich in den Jahren 1977 bis 1980 kaum eine Spur.

Landpartie nahe New York, frühe Siebzigerjahre

Die Achtzigerjahre begannen mit ihrem erneuten Auftauchen aus der Dunkelheit. Im Oktober 1980 ließ sie ihre wieder akut gewordene Sehschwäche durch den renommierten New Yorker Augenarzt Dr. Charles Kelman mittels implantierter Linsen korrigieren, und wie schon 1976 verlieh ihr das erstarkte Sehen neue Lebensenergie. Kurz nach ihrer Operation machte sie zum ersten Mal auf der niederländischen Antilleninsel Aruba Urlaub und verliebte sich sofort in Klima, Land und Leute. Erst wollte sie zwei Wochen bleiben, dann wurden sechs daraus. Bei ihrer Rückkehr erzählte sie dem *Hollywood Reporter*, sie wolle auf Aruba ein Hedy-Lamarr-Spa eröffnen. Im September 1981 flog sie erneut hin, und diesmal traf sie Lawrence und Arlene Roxbury, ein wohlhabendes Ehepaar aus Long Island.

Arlene wurde für Hedy zur besten Freundin ihrer letzten zwei Lebensjahrzehnte. „An unserem ersten Tag am Strand", erinnert sich Roxbury, „setzte sich eine elegante Dame neben uns, fragte uns nach der Uhrzeit und verwickelte uns in ein kurzes Gespräch. Als wir aufbrachen, kam sie erneut zu mir und sagte: ‚Ich mag dich sehr', fragte mich nach meinem Sternzeichen und meinte, wir würden sicher gut und lange befreundet sein. Sie war sehr direkt und unglaublich charmant. Wir luden sie ein, uns zum Dinner zu treffen, und hatten eine wundervollen Abend. Von da an verbrachten wir jede freie Minute zusammen. Irgendwann meinte Hedy, sie würde gern mit uns gemeinsam zurück nach New York fliegen. Als Reiseagentin hatte ich Kontakte und organisierte die Umbuchung für sie. Auf der Rückreise wich sie keinen Moment von meiner Seite."

Die kommenden sechs Jahre blieb es ähnlich. Im Sommer verbrachte Hedy Wochen und Monate am Stück in der großen Dachwohnung der Roxburys im fünften Stock eines Apartmenthauses, zehn Minuten vom Strand entfernt. Lawrence und Arlene hatten ihr ein eigenes Studio hergerichtet. Auch bei den Roxburys behielt sie den Tagesrhythmus bei, der ihre zweite Lebenshälfte prägte: spät ins Bett gehen, sehr spät aufstehen. Tagsüber guckte sie meistens fern. „TV war ihr Buddy", sagt Arlene Roxbury. Sie hörte gern Wiener Walzermusik, ging gern schwimmen und liebte es, wenn Arlene ihre Lieblingsmahlzeiten zubereitete, Fleischbällchen oder Steak Tartar. Sie malte gern und viel – vor allem Stillleben mit geschwungenen Pflanzen, abstrakten Formen und Gesichtern. Und sie schulte ihren Erfindergeist, indem sie sich regelmäßig Neues ausdachte. Zu ihren späten Projektideen zählten unter anderem intelligente Ampeln, verbesserte Designs für Überschallflugzeuge, ein fluoreszierendes Hundehalsband, eine Badewanneneinstiegshilfe für alte und behinderte Menschen sowie ein platzsparender Behälter für gebrauchte Taschentücher.

Außerdem liebte sie Flohmärkte. Regelmäßig gingen Arlene und sie gemeinsam hin, und sie putzte sich stets heraus, wie überhaupt jeden Tag, egal ob sie ausging oder nicht. „Wenn sie jemand fragte, ob sie Hedy Lamarr sei, verneinte sie jedes Mal. Sie entgegnete dann zumeist mit regloser Stimme, sie heiße nicht Hedy, sondern Mimsy. Sie hasste es, von den Leuten erkannt zu werden", sagt Arlene Roxbury. Als die beiden sich kennenlernten, sei Hedys Facelifting unverkennbar gewesen: „Sie machte keinen Hehl daraus, sie hatte ihren Frieden damit gemacht. Sie sagte damals, sie hätte zwei Gesichts-OPs sowie Eingriffe an den Beinen, Knien und Händen hinter sich. Und sie bereute es nicht. Mehr Probleme bereitete es ihr, dass sie ständig Tabletten nahm, vor allem zum Schlafen, und regelmäßig bei irgendeinem ‚Dr. Feelgood' in Behandlung war."

Außer zu Arlene hatte Hedy in den Achtzigern in New York kaum Kontakt zu anderen Menschen. Laut Arlene Roxbury war auch Hedys Liebesleben eher karg – von 1981 bis 1987 unterhielt sie demnach eine unregelmäßige Affäre mit einem Mann, den sie nur den „Captain" nannte und den niemand je zu Gesicht bekam. Mit Anthony und Denise telefonierte sie regelmäßig, aber persönlich blicken ließ sie sich kaum. 1982 brachte Dominique Loder Thomas zur Welt, ihr drittes Kind mit Anthony nach Lodi (geboren 1971) und Andrew (1975). Im selben Jahr ließen Anthony und Dominique sich scheiden. Anthony sattelte ins Kommunikationsgeschäft um, gründete die Telefonfirma PhonesUSA und stattete die Häuser zahlreicher Prominenter mit Kommunikations- und Sicherheitsanlagen aus. Im Juni 1987 wurde Marie-Lise Verzotti seine dritte Ehefrau. Tony und Lise hatten sich 1985 in einem Hotelrestaurant kennengelernt, wo sie kellnerte. Drei Monate später zog sie bei ihm ein. Im März 1986 bezogen sie ihr gemeinsames Haus in Culver City. Ebenfalls im Sommer 1987 heiratete auch Denise ein drittes Mal, diesmal fernab von der Familie in Italien, den Immobilieninvestor Vincent DeLuca. Beide Ehen halten bis heute.

Hedy war bei beiden Hochzeiten nicht anwesend. Im selben Jahr siedelte sie nach Florida um und bezog ein kleines Apartment im Norden von Miami. Sie hatte genug von New York, die Beziehung mit dem „Captain" war vorüber und sie sehnte sich nach einem milderen Klima. Gesundheitlich war sie längst angeschlagen. Nach Angaben ihres damaligen Arztes litt sie unter zu hohem Blutdruck, Kreislaufproblemen und mangelnder Herzdurchblutung. Im Februar 1991 zog sie erneut um, diesmal vierhundert Kilometer weiter nördlich, in die Wohnanlage „Sandy Cove" in Altamonte Springs, unweit von Orlando. Es war dort unaufgeregter als in Miami, und deutlich billiger auch. Hedy lebte damals von Sozialhilfe und einer kleinen Rente. Zwar liegt Altamonte Springs nicht am Meer, doch von ihrem Apartment im zweiten Stock aus konnte man den Dachpool überblicken, in dem Hedy spätnachts zu schwimmen pflegte, wenn die anderen Hausbewohner längst im Bett lagen. Arlene und sie telefonierten mehrmals täglich. Sie lebte zurückgezogener und verhielt sich wunderlicher denn je. Und sie wurde immer misstrauischer – ständig hatte sie Angst um ihre Juwelen, die sie als „goldene Reserve" betrachtete, und vermutete bei freundlichen Nachbarn schnell finanzielle Hintergedanken. Ihre damalige Haushälterin Robin Petts sagt, Hedy habe fast nie das Haus verlassen. Einmal habe sie ihr unterstellt, zwei Dollar vom Flurtisch gestohlen zu haben. „Ich war empört. Bei meiner nächsten Schicht legte ich ihr zwei Scheine auf den Tisch und sagte: ‚Hier, Ihre zwei Dollar.' Da entschuldigte sie sich herzlich bei mir. Sie war eine sehr exzentrische Frau."

Am 1. August 1991 wurde Hedy ein zweites Mal wegen Ladendiebstahls festgenommen – diesmal hatte sie mehrere Kosmetikprodukte im Gesamtwert von 21,48 Dollar in einer Drogerie in ihre Tasche gesteckt und nicht bezahlt. An besagtem Tag trug sie Schmuck, Sonnenhut und Sonnenbrille und war in Begleitung einer Freundin, die laut Zeitungsangaben ein Transvestit war und umgehend verschwand, nachdem der Ladenmanager Hedy festgesetzt hatte. Nach zwei Gerichtsanhörungen und einigem Medienecho beschloss die Staatsanwaltschaft im Oktober unter Hinweis auf Hedys Alter und Gesundheitszustand, keine Anklage zu erheben. Hedy musste sich schriftlich verpflichten, sich ein Jahr lang nichts zuschulden kommen zu lassen, andernfalls werde die Diebstahlsklage nachträglich fällig. Im November 1991 wurde sie siebenundsiebzig Jahre alt.

Hedy Lamarr Anfang der Achtzigerjahre

• • • • • • • •

Die kommenden Jahre lebte sie ziemlich geräuschlos. Wie seit ihrer letzten Zeit in Los Angeles sowie den New Yorker Jahren hatte sie eine Reihe von Freunden, die deutlich jünger waren als sie, im weitesten Sinne Künstler und im engeren Sinne homosexuell. Einer dieser Freunde war Marc Ericsson, ein junger, gut aussehender Typ, der ihr allerlei Gefälligkeiten erwies. Mit anderen Freunden wiederum telefonierte sie regelmäßig, oft stundenlang nachts, etwa mit dem Ingenieur Don Nardone in Los Angeles und mit Michael Tilson Thomas, dem Chefdirigenten des San Francisco Symphony Orchestra. Schließlich schloss sie in Altamonte Springs noch zwei engere Freundschaften vor Ort. Erstens zu Madeleine Merrill, die für Hedy schnell zu einer Art Mädchen für alles wurde – Buchhalterin, Sekretärin, Köchin, Weggefährtin.

Außerdem war sie vom Sternzeichen her Skorpion, was sie in Hedys Augen besonders vertrauenswürdig machte. Hedy hatte Madeleine 1993 über deren Tochter kennengelernt. Jessica arbeitete damals in einem Drugstore in Altamonte Springs, wo Hedy shoppte. Die zwei freundeten sich an, Jessica begann, kleine „Erledigungen" für Hedy zu machen, und als sie aufs College ging, übernahm ihre Mutter. Madeleine Merrills Erinnerungen an die späte Hedy Lamarr sind voller Wärme und Hochachtung. „Sie war stets sehr unterhaltsam", sagt Merrill, „und erzählte gern und oft von ihrer Hollywood-Zeit. In ihrem Wohnzimmer hingen handsignierte Fotos von James Stewart und Clark Gable. Über Poker konnte man mit ihr genauso sprechen wie über Puccini."

1991 schloss Hedy Freundschaft mit der Familie des Polizisten Chuck Stansel. Stansel, Polizeileutnant in Altamonte Springs, war damals von einer Organisation kontaktiert worden, die Hedy wegen ihres Einsatzes für Kriegsanleihen 1942 ehren wollte, keine Kontaktdaten fand und es nun über die Polizei in Florida probierte. Stansel überbrachte die Kontaktanfrage Hedy persönlich. Sie war freundlich. Er hinterließ seine Telefonnummer und bot seine Hilfe an, falls sie etwas brauche. Ein paar Tage später klingelte in seinem Polizeibüro das Telefon: „Charles, könnten Sie mir etwas Cranberrysaft vorbeibringen?" Es war der Anfang einer jahrelangen Gefälligkeitsbeziehung nach Lamarr-Art. Mitunter rief sie ihn mehrmals pro Tag an. Chuck war stets hilfsbereit und Hedy dankte es ihm mit Herzlichkeit. Mal brachte er sie zum Arzt (sie fuhr kein Auto mehr), mal besorgte er ihr eine Kaffeetasse, ein Medikament oder frische Erdbeeren. Mal spielte er mit ihr eine Partie Schach oder lauschte ihren Hollywood-Geschichten. Oft brachte er ihr abends eine warme Mahlzeit, gekocht von seiner Frau Edie, die später auch das Saubermachen bei Hedy übernahm. Nach einer Zeit kamen die Stansels zwei- bis dreimal pro Woche, mittwochs, freitags, oft auch sonntags. „Miss Lamarr war eine tolle Frau", sagt Chuck Stansel. „Sie war stets schick gekleidet, trug Sonnenbrille, um ihre Augen zu schützen. Sie sagte, sie sei fast blind. Und sie würde sicher hundert Jahre alt werden." Als sie nach Casselberry umzog, war Stansels Tochter Caitlin gerade acht Jahre alt. Hedy mochte Caitlin sehr. Regelmäßig lud sie sie ein, in ihrem beheizten Pool zu schwimmen, schaute ihr von ihrem Balkon aus dabei zu und gab ihr Tipps beim Tauchen. Manchmal malten die beiden zusammen Schmetterlinge, kämmten sich gegenseitig ihr langes Haar oder kauften gemeinsam Modeschmuck ein.

Im Februar 1996 flogen Arlene und Lawrence zu Hedy nach Florida. Während des Besuchs machte Arlene einen Videofilm, heute eines jener raren Dokumente, auf denen Hedy Lamarr in ihren letzten Jahren zu sehen ist. Sie macht ständig Scherze, wirkt sehr jugendlich, fast ein bisschen überdreht. Ähnlich also wie in einem Artikel der *New York Post* zwei Jahre später, als sich Hedy mit den Worten zitieren ließ, sie sei zwar dreiundachtzig Jahre alt, aber „ich fühle mich wie vierzig."

Im Februar 1997 brachte Denises Tochter Wendy ihren Sohn Robert zur Welt. Hedy war nunmehr Urgroßmutter. Von ihrer Familie war sie da längst abgekoppelt. Denise hatte sie in den frühen Achtzigern letztmals gesehen und den Kontakt stark reduziert, nachdem Hedy ihr bei dem Treffen unvermittelt ins Gesicht geschlagen hatte. Anthony besuchte sie ein letztes Mal im November 1987, wenige Monate nach seinem vierzigsten Geburtstag, an ihrem neuen Wohnort Miami.

SPÄTESTENS ALS MOM NACH Florida umzog, wurde es immer schwieriger, mit ihr am Telefon sinnvolle, zusammenhängende, in irgendeiner Weise konstruktive Gespräche zu führen. Irgendwann kam der Punkt, an dem es nichts mehr zu sagen gab. Ich hatte einen Geschäftstermin mit meiner Telefonfirma in Miami, also wählte ich Hedys Nummer und kündigte einen Besuch an, den ersten seit vielen Jahren. Ich erschien wie angekündigt an einem Samstag um zehn Uhr. Die Rollläden waren heruntergelassen, niemand rührte sich und ich traute mich nach alter Gewohnheit nicht zu klingeln, aus Angst, Mom könnte ausrasten. Irgendwann tauchte ein Nachbar auf und erzählte, Hedy habe schon am frühen Morgen das Haus verlassen. Ich hinterließ meine Telefonnumer auf einem Zettel unter ihrer Tür und fuhr zurück ins Motel. Gegen fünfzehn Uhr rief sie an und fragte: „Wo bist du?"

Als ich erneut bei ihr eintraf, saß Mom allein auf der Terrasse am Pool, bekleidet mit einem schwarzen Badeanzug, umgeben von gelben Sonnenschirmen. Ich erklärte ihr, wir seien schon morgens verabredet gewesen. Sie tat ungerührt. Dann zog ich die Geldscheine hervor, die ich mitgebracht hatte, um mit ihr shoppen zu gehen. Tausend Dollar genau, monatelang angespart, mein ganzer Reichtum. Auf einmal sagte sie, eins verstehe sie nicht: „Warum hast du eigentlich damals so viel Geld für Mutters Grabstein ausgegeben? So viel war sie doch gar nicht wert."

Ich saß am Pool mit Hedy und war so verletzt von dem, was sie sagte, dass ich meinte, ich wolle nicht länger bei ihr sein. Ich legte die tausend Dollar vor sie hin, stand auf und ging. Später, als ich im Motel ankam, rief sie an, tat, als sei nichts gewesen und wollte mit mir reden. Ich sagte nur: „Mom, du bist für mich gestorben", und hängte ein.

Von diesem Tag an sprachen wir rund sechs Jahre nicht miteinander. Ich konnte sie einfach nicht mehr ertragen. Ich habe meine Mutter zeitlebens geliebt und gehasst, wir waren uns nah und fern zugleich. Ich hatte Angst vor ihr und Mitleid mit ihr.

Hedys Stern auf dem Hollywood Walk of Fame

Aber irgendwann tat es nur noch weh, in ihrer Gesellschaft zu sein. Die Drogen, die falschen Freunde und schlechten Angewohnheiten gaben ihr den Rest. Für mich glich meine Mutter mehr denn je einer Spinne, die ihre Umwelt in ein Netz aus Bedürfnissen, Gefälligkeiten und Kontrolle einspann. Ständig fand sie ein paar Leute, die ihr Gefälligkeiten erwiesen, die sie als Diener benutzen konnte. Manche genossen es sogar, ihre Wünsche zu erfüllen – Besorgungen machen, Anrufe für sie erledigen. Sie ließen sich gern von ihr benutzen, und sie benutzten sie im Gegenzug selbst. Aber fast immer ging es dabei um Bedürftigkeit und Besitzgier.

Nichtsdestotrotz tat ich mein Bestes, um Hedys Bild und Renommee in der Welt aufwerten zu helfen. Es hat etwas Therapeutisches; ich hatte beschlossen, mich auf die guten Seiten meiner Mutter zu konzentrieren. Als ab Mitte der Neunzigerjahre die Öffentlichkeit plötzlich Hedys Verdienste als Erfinderin entdeckte, gab ich Interviews, nahm Preise in ihrem Namen entgegen, hielt Lobreden und arbeitete mit TV-Produzenten an Features über Hedys Leben. Wir redeten wieder miteinander. Ich erzählte ihr von den Preisverleihungen, und für das Magazin *Micro Times* organisierte ich eine Telefonkonferenz mit Hedy, während der sie zum ersten Mal öffentlich über ihre und George Antheils Erfindung sprach. Ich bemühte mich, das Gute an meiner Mutter zu fokussieren und dafür zu sorgen, dass sie in bester Erinnerung blieb. Und irgendwann in dieser Zeit schickte sie mir ein Gedicht, das sie mir geschrieben hatte. Sie schrieb seit jeher Gedichte, oft nur ein paar Verse. Dieses hat mich besonders berührt, nicht zuletzt seiner handschriftlich hinzugefügten Zeilen wegen. Übersetzt geht es in etwa so:

Lieber Sohn
Werde lieber nicht braun
Deine Haut verbrennt zu schnell
Du hast braune Haare
Mach sie besser nicht hell
Du wirst zu dünn
Du brauchst mehr Gewicht
Aber wie immer isst du ja nicht
Du kannst nicht immer Bluejeans tragen
Du bist ein Star und du musst strahlen.
Ich bin damit durch ---
Ich find mich so, wie ich bin, ganz fein
Falls es dir nicht gefällt
Mir soll's recht sein

Verzeih mir!
Mom

DER ZUFALL WOLLTE ES, dass Hedy in ihren letzten Lebensjahren ein Teil des ihr gebührenden Ruhms als Erfinderin und Technikpionierin zuteilwurde – und das zu einem Zeitpunkt, als in Hollywood kaum jemand wusste, dass sie überhaupt noch lebte. Ein Großteil dieses späten Nachhalls war dem Ingenieur Robert Price zu verdanken, einem Spezialisten für Spreizbandtechnik, der sich seit den frühen Achtzigerjahren für eine nationale Ehrung Lamarrs einsetzte und sogar im US-Kongress Lobbyarbeit betrieb, um ihr eine Medal of Honor zu verleihen (die höchste Militärauszeichnung der USA).

Entscheidenden Anteil an Hedys spätem Forscherruhm hatte überdies der bekannte Internetaktivist und Netzwerkpionier David R. Hughes. Er war laut *Wired*-Magazin im Jahr 1993 „die bekannteste Online-Persönlichkeit" der USA. Im selben Jahr hatte er selbst den Pioneer Award der Electronic Frontier Foundation (EFF) erhalten, für seine Verdienste als „Grassroots-Evangelist und Sprachrohr der Computer-Vernetzung". In den Folgejahren machte Hughes sich für Lamarr als Preisträgerin stark. Er wusste um den Folgenreichtum ihrer und George Antheils Frequenzsprung-Idee. Und er hatte in der Online-Community viel Einfluss.

∴∴∴∴∴∴

In Florida, um 1990

Im März 1997 wurde Hedy Lamarr Pioneer-Preisträgerin der EFF. Mit einem Mal war Hedys erfinderische Seite in aller Munde. Dem *Micro-Times*-Artikel folgten ein ausführlicher Report in der *New York Times* sowie eine ganze Welle von Pressetexten und weiteren Preisen. Anthony Loder nahm in Hedys Namen den EFF-Award entgegen und spielte eine Grußnachricht von Hedy vom Band ab, in der sie sich bedankte und meinte, nun sei immerhin „nicht alles umsonst gewesen". Auch die Kaplan-Medaille des österreichischen Innovatorenverbands OPEV 1998 nahm er an Hedys Stelle entgegen. 1998 startete auch die Ausstellung „Hommage à Hedy Lamarr" auf dem Festival Ars Electronica in Linz, 1999 wurde sie in der Kunsthalle Wien fortgesetzt. Mit fünfundachtzig Jahren war Hedy Lamarr zurück im Rampenlicht, und das – erstmals in ihrem Leben – aufgrund ihrer geistigen Errungenschaften. „Es wurde auch Zeit", soll sie damals gesagt haben. Aber das mag auch wieder eine Legende sein.

Öffentlich blicken ließ sie sich jedenfalls nicht mehr. Stattdessen machte sie endlich Geld damit, dass andere sie nicht aus dem Blick ließen. In einer Art spätem Racheakt für erlittenes Unrecht und vorenthaltenen Reichtum nutzte sie 1998 den Anfängerfehler eines Unternehmens kaltschnäuzig aus. Die aufstrebende kanadische Softwarefirma Corel hatte 1996 einen Wettbewerb für das Design ihres Grafikprogramms Corel Draw ausgeschrieben. Es gewann der Vorschlag eines Grafikkünstlers, der Hedys Gesicht als Vektor-Illustration zeigte. Zwei Jahre später zierte der Vorschlag den Titelumschlag der im Handel erhältlichen Programm-CD von Corel Draw. Dummerweise hatte niemand Hedy um Zustimmung gefragt. Sie klagte auf fünfzehn Millionen Dollar – und erhielt im November 1998 immerhin fünf Millionen. Zum ersten Mal seit Jahrzehnten war sie wieder eine reiche Frau ohne jede Geldsorgen. Was sie allerdings nicht davon abhielt, den Weinhersteller E. & J. Gallo im Juli 1999 zu verklagen, weil der in einem TV-Spot für einen Sekundenbruchteil Hedys Gesicht aus *Algiers* verwendet hatte. Die landesweit ausgestrahlte Werbung zeigt zwei Eheleute beim Streit mit der Fernbedienung – er will Sport gucken, sie *Algiers* mit Hedy Lamarr. Sie einigen sich, indem sie den Fernseher ausmachen und gemeinsam ein Glas Wein trinken. Hedy hatte Blut geleckt. Sie verlangte 17,5 Millionen Dollar von Gallo. Ihr Haus in Altamonte Springs verließ sie seltener denn je, aber sie interessierte sich vermehrt für Aktiengeschäfte und schloss, wie ihre Freundin Arlene Roxbury erzählt, „eine ganze Reihe lukrativer Börsendeals".

Hedy Lamarr blieb wenig Zeit, den neuen Wohlstand zu genießen. Im Oktober erwarb sie ein geräumiges Haus am 968 Wesson Drive in dem Ort Casselberry, fünf Meilen östlich von Altamonte Springs und direkt an einem kleinen See gelegen. Der Umzug war nicht freiwillig, ihre alten Vermieter hatten ihr wegen Eigenbedarfs gekündigt. Aber sie konnte sich nun ein eigenes Haus leisten. Es gab vier Schlafzimmer, einen beheizten Pool, auf den man durch große Fenster von Wohnzimmer und Küche aus blickte. „Hedy fühlte sich damals etwas matt, und sie sagte, das Schwimmen im warmen Wasser werde ihr sicher guttun", erinnert sich Madeleine Merrill. Sie wohnte dort nur ein paar Monate. Die Dom-Perignon-Flasche, die sie zur Feier der Jahrtausendwende gekauft hatte, blieb ungeöffnet. Die Gallo-Klage blieb unerledigt. Stattdessen kam es zu einer späten Annäherung an ihren Sohn.

WÄHREND DER LETZTEN VIERUNDSECHZIG Jahre meines Lebens war ich fünfmal fast tot. Am Tag meiner Geburt. Bei meinem Fahrradunfall. Und mit dreiunddreißig brachte mich ein harmloses Ohrenleiden fast um, weil ich nicht behandelt werden wollte – ich hatte gerade Selbstheilungskünste und Akupunktur bei Michio Kushi studiert, ignorierte die moderne Medizin und glaubte, ich könne mir selbst helfen. Das war ein Riesenfehler. Die verdammte Ohreninfektion fraß sich durch meine Schädelknochen, bis fast ins Hirn, um ein Haar wäre ich daran krepiert. Penizillin rettete mich. Heute ist hinter meinem linken Ohr, wo die Infektion war, ein kleines Loch.

Im Dezember 1999, mit zweiundfünfzig Jahren, wurde zum ersten Mal Krebs bei mir diagnostiziert. Blasenkrebs im fortgeschrittenen Stadium. Eine Acht-Stunden-Operation rettete mich. Ich bekam eine neue Harnblase aus meinen eigenen Eingeweiden sowie eine neue Prostata. Und ich verlor meine linke Niere.

Vor der Operation rief Hedy mich an. Sie war wie ausgewechselt. Sie sprach mir Mut zu, wirkte warm, besorgt, wie eine echte Mutter. Sie sagte mir, dass sie mich liebe und dass ich unbedingt weiterleben müsse. Sie meinte, sie wolle endlich meine Fotografien sehen, die ich seit Jahrzehnten als leidenschaftlicher Hobbyfotograf machte und für die sie sich nie sonderlich interessiert hatte. Ich müsse nach Florida kommen, auf dass wir ein paar Projekte gemeinsam angehen könnten. Und wir sollten endlich ein Buch gemeinsam schreiben. Die wahre Geschichte der Hedy Lamarr. Das überfällige Korrektiv zu *Ekstase und ich*. Ich sagte: „Ja, Mutter, das sollten wir tun." Wir verabredeten, uns im nächsten Sommer zu treffen. Als der Tod an unsere beiden Türen klopfte, kamen wir uns endlich nahe.

Einen Monat nach dem Telefonat, in der Nacht zum 19. Januar 2000, starb meine Mutter friedlich im Schlaf. Der Fernseher war an und sie trug eine Schlafmaske auf dem Gesicht, als Police Officer Chuck Stansel sie am nächsten Mittag gegen zwölf Uhr vollständig angezogen auf ihrem Bett liegend vorfand.

Dear Lou ♡

```
DON'T GET A TAN
YOUR SKIN'S TOO FAIR
YOU'RE A BRUNETTE
DON'T BLEACH YOUR HAIR
YOU'RE GETTING TOO THIN
YOU MUST GAIN WEIGHT
IT'S BECAUSE YOU NEVER ATE
YOU CAN'T WEAR BLUEJEANS ALL THE TIME
YOU ARE A STAR AND YOU MUST SHINE
AFTER LISTENING TO THIS FOR MANY YEARS
I STOPPED-------
I LIKE MYSELF THE WAY I AM
IF YOU DO NOT, WELL,
I DON'T GIVE A DAMN.

                              HEDY LAMARR
```

pardon me !
Mom

„Ich fühle mich ganz allein, in einem Ruderboot, mitten auf dem Meer."

Kapitel 10

INTO THE WILD
– ASCHE, ERBE, ERINNERUNG, BILANZ –

Die Todesursache laut Arztbefund lautete auf Herzstillstand aufgrund „akuter Herzkomplikationen". Hedy hatte seit Längerem Probleme mit dem Herzen. Womöglich hatte sie eine Ahnung gehabt, dass ihr Leben zu Ende ging, jedenfalls machte sie am 3. November 1999 ihr Testament. Ihr Lieblingslied in diesen Monaten war *Time To Say Goodbye*, die englische Version, gesungen von Andrea Bocelli und Sarah Brightman. Sie hatte Pläne geschmiedet, aber wohl nicht mehr recht an deren Realisierung geglaubt. Die Jahrtausendwende hatte sie um knapp drei Wochen überlebt.

Denise und Anthony flogen nach Florida und kümmerten sich um die Formalitäten. Denise suchte Hedys letzte Kleidung aus – Khakihosen, ein weißes Hemd, ein dunkler Blazer, ein samtener Reiterhut und dazu die pinke Sonnenbrille, die sie zuletzt am liebsten getragen hatte. Madeleine Merrill kümmerte sich um Hedys Make-up. Der kurzen Zeremonie in einem Bestattungsinstitut in Altamonte Springs wohnte nur ein Dutzend Leute bei: die Familie, ein paar Freunde, Hedys Börsenmakler sowie ein Abgeordneter ihrer Heimat Österreich. Es dauerte nur wenige Minuten. Bevor die Anwesenden die Magnum-Flasche Dom Perignon köpften, die Hedy in ihrem Kühlschrank hinterlassen hatte, „Mrs. Hedelweiss" zuprosteten (wie Hedy sich in späten Jahren gern nannte) und Hedys Körper im Krematorium verschwand, rezitierte Anthony noch Rudyard Kiplings berühmtes Gedicht *If*. Hedy hatte es ihm als Kind oft vorgelesen. Es endet mit den Versen:

Wenn dich die Menge liebt und du noch du bleibst
Wenn du den König und den Bettler ehrst
Wenn dich nicht Feind noch Freund verletzen können
Und du die Hilfe niemandem verwehrst

Wenn du in unverzeihlicher Minute
Sechzig Sekunden lang verzeihen kannst
Dein ist die Welt – und alles was darin ist
Und was noch mehr ist – dann bist du ein Mensch.

HEDYS TESTAMENT WURDE AM 10. März 2000 verlesen. Nach Abzug der (sechsstelligen) Anwaltshonorare hinterließ sie etwas mehr als drei Millionen Dollar. Davon erhielten Anthony und Lise je 27,5 Prozent, Denise 35 Prozent und Hedys Freunde Arlene Roxbury, Madeleine Merrill, Don Nardone und Chuck Stansel je 2,5 Prozent. James Lamarr Loder wurde in dem Testament nicht bedacht. Er klagte. Man einigte sich darauf, dass Denise und Anthony ihm 50.000 Dollar aus ihrem Erbanteil zahlten. Sie hatten, sagt Anthony heute, ursprünglich vorgehabt, ihm weit mehr zu geben. Doch dann sei er erst nicht zum Begräbnis erschienen und habe sie schließlich ohne vorherige Rücksprache vor Gericht gezerrt. Man war beiderseits gekränkt, doch das hat sich zwischenzeitlich eingerenkt. James Lamarr Loder zählt längst wieder zur Familie, man telefoniert regelmäßig. Heute sagt James, egal ob leiblich oder adoptiert – Familie bleibe Familie, und die große Hedy Lamarr bleibe eben die große Hedy Lamarr.

Drei Jahre nach Hedys Tod flogen Anthony und Denise nach Wien. An einem warmen, sonnigen Montag im September 2003 erfüllten sie Hedys persönlichsten letzten Wunsch. Auf der Hügelstraße „Am Himmel", von wo aus man nach allgemeiner Einschätzung den schönsten Blick über die Stadt genießt, verstreuten sie Hedys Asche im Wind. Es war das erste Mal, das Anthony und Denise die Heimat ihrer Mutter besuchten. Anthony lernte saftige Schnitzel und frische Heurige kennen und lieben. Nach seiner Rückkehr in die USA erfuhr er, dass die Asche, die er im Wienerwald verteilt hatte, nur rund die Hälfte von Hedys Asche war. Die andere war auf ungeklärten Wegen im Archiv des österreichischen Filmemachers Georg Misch gelandet. Dort lagert sie bis heute – auch wenn Misch dies aus rechtlichen Gründen nicht offiziell bestätigen mag.

Nach rund drei Jahrzehnten Quasi-Abstinenz hat das öffentliche Interesse an Hedys Leben, Wirken und Scheitern zuletzt merklich zugenommen – seit 1997, vor allem aber in den Nullerjahren, und das vor allem in ihrer Heimat Österreich. Die Dokumentarfilme *Calling Hedy Lamarr* (2004) und *Secrets Of A Hollywood Star* (2006) versuchten, das Mysterium ihres verblassten Ruhms zu ergründen. Auf dem US-Markt sind zuletzt drei Biografien erschienen – Richard Rhodes' *Hedy's Folly* (2011) fokus-

Hedy mit ihrer Freundin Arlene Roxbury, wenige Jahre vor ihrem Tod

siert vor allem die Torpedo-Erfindung, während Stephen Michael Shearers *Beautiful* (2010) und Ruth Bartons *The Most Beautiful Woman In Film* (2010) Hedys Lebensstationen chronologisch-detailliert nacherzählen. Der Autor Patrick Agan bemüht sich seit mittlerweile mehr als dreißig Jahren um eine Veröffentlichung von Lamarrs „wahrer Autobiografie" namens *Beyond Ecstasy*, die er mit ihr gemeinsam entwickelte, die sie aber nie autorisierte. In Wien gibt es seit 2006 einen Hedy-Lamarr-Weg (im Stadtteil Meidling) und einen Hedy-Lamarr-Preis (für „besondere Leistungen von Frauen im Bereich der Nachrichtentechnik", ebenfalls seit 2006). Nur das geplante Hedy-Lamarr-Denkmal auf dem Wiener Zentralfriedhof, auf dem dann auch die übrig gebliebene Hälfte ihrer Asche beherbergt werden soll, lässt seit Jahren auf sich warten.

Warum also diese leise Renaissance, woher dieses neu erwachte Interesse? Was können uns das Drama Hedy Lamarrs, ihr Erfolg und ihr Scheitern über das Leben heute erzählen?

Hedys Biografie hat Lehrstückcharakter, heute vielleicht mehr denn je. Es ist eine Praxisschulung, wie man als junge, intelligente, gut aussehende Frau mit dem Showgeschäft umgehen sollte – und wie nicht. Was Star-Sein bedeutet – und was nicht. Wofür man in Hollywood geliebt wird – und wofür nicht. In der Geschichte der Traumfabrik zählt Hedy Lamarr zu den Stars, bei denen der Gegensatz zwischen kreiertem Image und tatsächlichem Charakter am extremsten ausfiel. Die öffentliche Hedy hatte mit der privaten nur wenig gemein. Irgendwann erlag die private Hedy der Versuchung, den göttlichen Status der öffentlichen Hedy auch für sich zu beanspruchen. Die Grenzen zwischen Realität und Legende, Ruhm und Vergänglichkeit, außen und innen verschwammen zusehends. Die Gegensätze zwischen Reden und Handeln wuchsen. Sie sagte, es sei ihr zuwider, von Hollywood auf ihr Äußeres reduziert zu werden – sie scheute keine Kosmetik-OP, um Makellosigkeit wiederherzustellen. Sie sagte, ein einfaches Leben sei ihr am liebsten – Konsum, Luxus und allerlei Preziosen prägten ihren Alltag, solange sie es sich leisten konnte, und noch eine Weile darüber hinaus. Sie sagte, sie suche einen starken Partner – ihre Ehemänner waren ihr hoffnungslos unterlegen, und wenn einer (wie John Loder) mal hinter ihre Fassade blickte, wurde sie zur Furie. Sie sagte, Mutter zu sein sei ihr wichtiger als alles andere – um ihre Kinder kümmerte sie sich jahrelang kaum.

Hedy Lamarr glaubte, sie sei größer als andere, wichtiger, begnadeter, anbetungswürdiger, spezieller. Sie glaubte, die Welt schulde ihr etwas und der Superstar-Status stehe ihr zu. Erst verdarb Hollywood ihren Charakter, dann setzte Hollywood sie vor die Tür. Mehr als jede andere Biografie ruhmreicher Schauspielerinnen erinnert Hedy Lamarrs Leben daran, dass der Star, den wir zu kennen glauben, immer auch ein Konstrukt ist. Ein Konglomerat unserer Wünsche, Werte und Fantasien. Sowie nicht zuletzt ein Produkt von Studiobossen und Marketingstrategen. Insofern liefert die Geschichte von Hedys Lamarrs Aufstieg und Fall auch einen Beitrag zum besseren Verständnis des Stardaseins in einer Zeit, da die Online-, People- und Castingshow-Branche alle paar Tage einen neuen Star aus dem Hut zaubert. Ruhm kommt schnell, er geht schnell, und nur ganz selten hat er viel mit Talent zu tun, geschweige denn mit Charakter. Für Models gilt das in besonderem Maße. Ausschließlich aufgrund äußerer Schönheit verehrt, geliebt und besetzt zu werden, kann ein ganz schön doppelbödiger Job sein.

Folgt man der modernen Psychologie, dann zeigt Hedys Persönlichkeitsstruktur zahlreiche Merkmale des sogenannten Borderline-Typs: Intensive Beziehungen zu Männern, bei denen der Weg von Euphorie zu Desinteresse, von Sympathie zu Verachtung sehr kurz ist. Ein notorisches Bedürfnis nach Bestätigung durch Dritte, nach Verehrung, Begierde, Beifall, Rampenlicht. Ausgeprägte Launen, leichte Reizbarkeit, geringe Impulskontrolle. Sucht nach Drogen und Sex. Verschwörungsgedanken. All das sind psychologische Abfallprodukte im Prinzessinnenleben einer Frau, die daran zerbrach, dass sich die Welt irgendwann nicht mehr um sie drehte. Sich nicht mehr nach ihr umdrehte. Nicht mehr vor ihr niederkniete.

Außergewöhnliche Schönheit kann im Leben einer Frau auch heute vieles leichter machen. Sie kann aber auch zu Allüren verführen, die sich spätestens dann gegen die Frau wenden, wenn sie altert. Und sie kann den Blick auf andere Interessen, die Nutzung anderer, versteckterer Talente spürbar erschweren. Auch von diesen Aspekten der Schönheit erzählt das Leben der Hedy Lamarr.

Anthony Loder hat unter den Schattenseiten des Ruhms seiner Mutter viele Jahre gelitten. Für ihn ist ihr Schicksal heute vor allem eine einzige große, tragische Hollywood-Parabel:

MEINE MUTTER VERFING SICH in einem Netz aus Oberflächlichkeiten, das sie täglich umgab. Sie war mehr als ein Jahrzehnt lang „hot". Und dann, als sie nicht mehr auf ihr Rollenprofil der verführerischen Brünetten passte, ließen die Puppenspieler bei MGM sie fallen. Die Charakterrollen, nach denen sie sich sehnte, bekam sie nicht. Und für die anderen kam sie nicht mehr infrage. Mit einem Mal stand Hedy Lamarr wieder im Schatten. Die Mentalität einer typischen Hollywood-Diva – jede Sekunde des Lebens zu glauben, der Mittelpunkt der Welt zu sein – hatte sie da längst verinnerlicht. Als Hollywood sie hinauswarf, hatte sie sich bereits von der strahlenden Prinzessin aus dem Wienerwald zur kapriziösen Nervensäge gewandelt, die andere Menschen für sich benutzte, um sie dann wegzuwerfen. Der Bruch war umso grausamer, da Mom ihren Ruhm fast ausschließlich ihrer Äußerlichkeit verdankte. Und er war umso ungerechter, als sich niemand die Mühe machte, ihre Intelligenz, ihre Kreativität für die Leinwand nutzbar zu machen. Mom vertraute den falschen Leuten. Irgendwann vertraute sie niemandem mehr, nicht einmal sich selbst.

Der Rest ihres Lebens bestand weitgehend aus Leere, Einsamkeit, Verwirrung und Verzweiflung. Er wäre, da bin ich ziemlich sicher, anders verlaufen, hätte Hollywood sie nicht systematisch mit Drogen vollgepumpt. Hätten ihr die Bosse geholfen, aus der Traumwelt zurück in die reale Welt zu finden, in ein Leben jenseits des Glamours, ein Leben als Hollywood-Veteranin. Hätten ihre Berater ihr Geld vernünftig angelegt, anstatt sie auszunehmen. Und wäre es in ihrer Karriere auch um Filmkunst gegangen, nicht nur um „Looks". Meine Mutter war insofern auch ein Opfer des Studiosystems, das es so nicht mehr gibt. Aber anders.

Schauspieler sind prädestiniert, als Persönlichkeiten zu scheitern. Sie kriegen viel Geld und Ruhm, sie werden von einem ganzen Stab an Leuten hofiert und sind allseits begehrt, heute mehr denn je. Sie sind „bigger than life". Die überbordende Aufmerksamkeit verführt sie leicht dazu, zu glauben, sie hätten einen Anspruch auf Teilhabe am öffentlichen Interesse. Genau so war es bei meiner Mutter. Wird man erst einmal so verwöhnt wie Frauen von diesem Format, wird es ganz schwer, auf dem Teppich zu bleiben. Meine Mutter ist losgeflogen. Und später umso tiefer gestürzt.

Die Abwesenheit eines Vaters hat in meinem Leben eine große Rolle gespielt. Da war kein starker Mann, um die Macht meiner Mutter abzufedern. Ich war ihr ausgeliefert, und mich ihr gegenüber zu behaupten, hat mich jahrzehntelang geprägt. Auch deshalb hat Hedy in meinem Leben eine so immense Bedeutung gehabt, bis zum heutigen Tag, zwölf Jahre nach ihrem Tod. Ich hätte diese Erinnerungen nicht über so viele Jahre gesammelt, notiert und aufgeschrieben, wenn nicht für sie.

Meine Schwester lebt heute in Seattle und hat ein gutes Leben. So geht es ihrer Tochter Wendy, ihrem Enkelsohn Cole. Und meinen Kindern. Meine Tochter Lodi, die am gleichen Tag wie ich geboren wurde, ist bis heute das schönste Geburtstagsgeschenk, das mir je gemacht wurde. Sie ist süß, zart und wunderbar. Dann kam Andrew – groß, dünn und großherzig. Und Thomas – still und smart. Meine Frau Lise brachte drei Kinder aus ihrer Ehe mit, die mein Leben bereichert haben: Julien, Matthew and Aaron. Und schließlich bekamen Lise und ich einen gemeinsamen Sohn, Nikola Max Anthony Loder. Max ist ein „Gentle Giant". Gemeinsam bilden wir eine herzliche Familie. Und das ist für mich das Wichtigste.

Meine Großmutter ist tot, meine Mutter ist tot und bald werde ich es auch sein. Im vergangenen Jahr befiel mich der Krebs von Neuem, diesmal Leukämie. Ich blieb ein halbes Jahr im Krankenhaus. Es war das fünfte Mal in meinem Leben, dass ich so gut wie tot war. Die Chemotherapie hielt mich am Leben, doch mein Körper wird immer schwächer. Ich habe manches bereut in meinem Leben – vor allem, dass ich meine kreative Seite nicht mehr ausgeschöpft habe. Anstatt hauptberuflich Anrufbeantworter zu verkaufen und Telefonanlagen und Videoüberwachungssysteme zu installieren, wäre ich rückblickend lieber Filmemacher geworden, oder Fotograf, oder auch Schriftsteller. Wenn ich irgendetwas über das Leben gelernt habe, dann dies: Warte nicht mit dem, was du eigentlich am allerliebsten tun willst. Verliere dich nicht in Sachzwängen, sonst bereust du es, wenn es zu spät ist. Das Leben ist nicht geeignet, auf Nummer sicher zu gehen. Oder wie es Pablo Picasso einmal formulierte: „Verschiebe nur dann etwas auf morgen, wenn es dir nichts ausmacht, darüber zu sterben."

Meine Mutter ist selten auf Nummer sicher gegangen. Ich habe es niemals bereut, ihr Sohn zu sein. Wie sollte ich auch? Mein Leben als Hedy Lamarrs Sohn hat viele Tränen mit sich gebracht, aber auch viele Lektionen. Es hat mich zu dem gemacht, der ich bin. Es ist jetzt auch meine Geschichte.